国家社会科学基金项目（16BJL064）最终成果

学文
术库

以人为核心的
新型城镇化动力机制
与路径重构研究

赵永平 等◎著

中国财经出版传媒集团

经济科学出版社
Economic Science Press

·北京·

图书在版编目（CIP）数据

以人为核心的新型城镇化动力机制与路径重构研究/
赵永平等著 . -- 北京：经济科学出版社，2024.2
（兰州财经大学学术文库）
ISBN 978 - 7 - 5218 - 5660 - 6

Ⅰ. ①以…　Ⅱ. ①赵…　Ⅲ. ①城市化 - 研究 - 中国
Ⅳ. ①F299. 21

中国国家版本馆 CIP 数据核字（2024）第 050294 号

责任编辑：杜　鹏　武献杰　常家凤
责任校对：刘　昕
责任印制：邱　天

以人为核心的新型城镇化动力机制与路径重构研究

YI REN WEI HEXIN DE XINXING CHENGZHENHUA DONGLI JIZHI YU
LUJING CHONGGOU YANJIU

赵永平　等◎著

经济科学出版社出版、发行　新华书店经销
社址：北京市海淀区阜成路甲 28 号　邮编：100142
编辑部电话：010-88191441　发行部电话：010-88191522
网址：www. esp. com. cn
电子邮箱：esp_bj@ 163. com
天猫网店：经济科学出版社旗舰店
网址：http://jjkxcbs. tmall. com
固安华明印业有限公司印装
710×1000　16 开　12 印张　220000 字
2024 年 2 月第 1 版　2024 年 2 月第 1 次印刷
ISBN 978 - 7 - 5218 - 5660 - 6　定价：99.00 元

前　言

　　城镇化是现代化的必由之路，我国城镇化经过 70 余年的风雨兼程，城镇化率从 1949 年的 10.64% 起步，2011 年首次突破 50%，2022 年达到 65.22%①，取得了举世瞩目的发展成就。但由于特定的历史条件与制度环境导致城镇化进程中的民生问题日益凸显和严峻，面临诸如物的城镇化重于人的城镇化、城乡旧二元结构与城市新二元结构并存、城镇创新发展动力不足、城市管理的运行效率以及生态环境质量有待提高、大小"城市病"困扰不断、公共服务供给能力有限等问题，城镇化发展质量亟待提升。因此，如何推进以人为核心的新型城镇化进而有效改善民生已经成为当前和今后一个时期的重要任务，这对打造我国城镇化升级版以及推动经济社会高质量发展都具有重要理论价值和现实意义。

　　中国是一个拥有 14 亿人口的大国，所以中国的城镇化无论规模还是数量都堪称史无前例，既没有现成的国际经验和模式可循，也没有其他国家的城市化路径可复制，属于一个全新的中国式命题。本书认为科学推进以人为核心的新型城镇化，重点在于寻求新动力和重构新路径。因此，本书基于以人为核心的新型城镇化高质量发展的内在要求，以质量提升与民生改善为要旨，在全面分析传统城镇化扭曲化发展的历史条件与制度环境的基础上，主要围绕新旧动力协同效应、创新驱动、人力资本、市场化、产业集聚、城市规模、公共基础设施建设等多层面重构以人为核心的新型城镇化动力机制与发展路径，并对其进行理论与实证研究，得出如下基本结论。

　　第一，本书首先系统考察了中国城镇化的历史演进与现实发展情况，阐述了中国城镇化发展的历史阶段性特征，重点分析了中国传统城镇化扭曲化发展的历史条件与制度环境，在此基础上提出以人为核心的新型城镇化是中国城镇化高质量发展的必然选择，并分析了以人为核心的新型城镇化基本内涵、发展目标与具体要求。基于以人为核心的新型城镇化本质内涵，从人口发展质量、经济发展质

---

① 资料来源于《中国统计年鉴（2023）》。

量、基础设施质量、公共服务质量、城乡融合质量、生态环境质量六个方面构建有机统一的新型城镇化质量评价指标体系，对以人为核心的新型城镇化质量进行测度，发现我国以人为核心的新型城镇化发展质量稳步提高，总体向好发展，但各省份个体差异显著，城镇化发展的空间分异现象明显。

第二，在高质量发展阶段，以人为核心的新型城镇化依然离不开劳动、资本以及自然资源等传统要素，但在高质量发展阶段，城镇化模式转变孕育着新动能，发展动力开始从旧动能向新旧动能转化，科技创新、金融支持、产业现代化等新动能对以人为核心的新型城镇化发展起到重要推动作用，因此，本书立足我国以人为核心的新型城镇化发展实际，将推动以人为核心的新型城镇化动力划分为传统动力和新动力，提出以人为核心的新型城镇化二元动力机制，在此基础上对两者的协同动力机制及其空间效应进行理论分析与实证考察。研究结果表明，新型城镇化的动力机制及其空间效应存在明显的区域分异特征，新型城镇化存在正向空间溢出效应，但只有东部地区表现得比较显著。总体而言，传统动力中劳动、资本对城镇化质量具有促进作用，但能源消耗、土地投入不利于提高新型城镇化质量；新动力中技术进步、消费升级有利于提升新型城镇化质量，但金融支持和工业深化存在阻力效应。通过进一步的效应分解，发现传统动力和新动力均存在直接效应和空间溢出效应，主要表现为传统动力对东部地区新型城镇化质量提升促进作用不明显，甚至出现显著为负的情形，增加土地投入对中部地区新型城镇化发展有利，西部地区仍需加速资本的形成；新动力中金融支持和工业深化对东部地区的新型城镇化质量具有明显促进作用，中部地区受益于技术进步和工业深化，西部地区则更需增强金融支持以加速资本积累。

第三，随着经济社会进入新发展阶段，城镇化高质量发展需要更多地注入创新元素，人力资本、技术创新、制度创新等具有边际报酬递增特点的因素无疑是推动以人为核心的新型城镇化高质量发展的重要动力，因此，本书将人力资本、创新与以人为核心的新型城镇化纳入同一个理论框架，采用中介效应和调节效应分析方法识别人力资本、创新促进以人为核心的新型城镇化高质量发展的协同优化机制与差异化作用路径。研究发现，人力资本通过技术创新促进新型城镇化质量的中介效应并不明显，但产业结构升级具有明显的中介效应，技术创新能够通过提升劳动生产率路径改善新型城镇化质量。总体上，户籍制度创新、土地制度创新、金融制度创新对新型城镇化质量具有正向促进作用。人力资本、技术创新、户籍制度创新、土地制度创新、金融制度创新对新型城镇化质量的影响效应则分别受到市场化水平、政府行为、社会固定资产投资强化抑或弱化的调节作用。人力资本对新型城镇化发展质量具有负向空间溢出效应，技术创新、户籍制度创新、土地制度创新具有正向空间溢出效应，金融制度创新的正向空间溢出效应并不明显。

第四，城镇化的迅速发展强化了劳动力和资本等生产要素的空间集聚，进而促进市场规模不断发展壮大，推动产业集聚化和城市集群化发展。随着市场化发展的全面推进，市场机制对人口和其他要素的配置效率不断提高，经济发展中的产业集聚现象越发明显，不同地区的产业集聚受市场化水平影响而呈现不同发展趋势，从而对城镇化高质量发展产生差异化的影响作用。因此，本书将市场化和产业集聚作为刻画新型城镇化动力机制的重要视角，从理论机制与实证分析两个层面系统分析三者之间复杂的作用关系，进一步运用门槛效应模型揭示三者之间的作用机理及其区域异质性背后的内在原因。研究结果表明，全域层面市场化对以人为核心的新型城镇化质量的影响效应不明显，分域层面的影响效应存在明显的区域异质性特征，在东部地区具有促进作用但不明显，在中西部地区表现出一定的抑制效应。产业集聚有助于提升新型城镇化发展质量，并且促进作用在东部地区更为明显。进一步通过门槛效应分析发现，较高水平的市场化才能有效促进新型城镇化质量的提升。同时，市场化水平越高，产业集聚对新型城镇化的促进作用越明显。因此，要进一步推进市场经济体制改革，发挥产业集聚效应，提高要素使用效率，促进以人为核心的新型城镇化高质量发展。

第五，随着区域经济一体化步伐的加快，地区间的交流联系更加频繁和紧密，交通基础设施有助于提高地区间的可达性，助力区域一体化和城乡一体化。可见，城镇规模的扩大和要素自由流动都离不开交通基础设施供给，如何基于交通基础设施有效推动要素更高效地流动和配置，发挥大国城镇该有的规模经济，进而推动我国以人为核心的新型城镇化更高质量发展已经成为亟须解决的重要命题。基于此，本书理论分析了交通基础设施和城镇规模对新型城镇化质量的作用机理并进行实证考察。研究表明，交通基础设施、城镇规模和新型城镇化质量均存在空间自相关性，且总体表现为正的空间溢出效应。运用偏微分效应分解的方法将空间杜宾模型的估计结果分解为直接效应、间接效应和总效应，结果显示我国交通基础设施的本地效应不明显，更多的则是空间溢出效应，城镇规模的直接效应较小，负向间接效应较大。空间效应的区域异质性明显，东部地区交通基础设施的影响系数高于中西部地区，直接效应在一定程度上制约着中西部城镇化发展，同时由于东部城镇的规模经济处于边际收益递减阶段，中西部处于边际收益递增阶段，东部地区的间接效应在不断减弱，城镇化规模化发展向中西部地区延展的迹象已然出现。人力资本、科教投入及基本医疗保障对于以人为核心的新型城镇化均具有促进作用，其他控制变量的影响有着较为明显的区域差异性。因此，通过增强交通基础设施纽带功能、寻求最优城镇规模、提升区域可达性、增强区域集聚力、发挥规模经济效应、破解要素和资源过度集聚的扭曲化发展，是推动我国新型城镇化高质量发展以及城乡一体化发展的有效途径。

最后，本书立足我国新型城镇化发展现实，结合以上研究结论，提出推进以人为核心的新型城镇化高质量发展的可行路径。以人为核心的新型城镇化路径选择应避免传统城镇化规模和数量观的发展道路，要着重突出高质量发展的主旋律，坚持以质量提升与改善民生为要旨，关键在于将"人"在城镇化进程中的核心地位落到实处，重点从实施创新驱动发展路径、要素优化配置发展路径、空间集聚引领发展路径、区域协调发展路径、因地制宜发展路径等五个方面重构以人为核心的新型城镇化高质量发展路径，从而明确以人为核心的新型城镇化建设的着力点和推进方向，助力新时代城镇化高质量发展。

作者

2023 年 12 月

目　录

第一章 导 论

第一节 研究背景与意义

一、研究背景

（一）以人为核心的新型城镇化成为我国城镇化转型与高质量发展的必然选择

自改革开放以来，中国城镇化发展取得了世界为之瞩目的成就，无论其速度还是规模都堪称世界城镇化的发展奇迹。1978 年，我国城镇化率仅为 17.92%，在 2011 年达到 51.27%[①]，首次突破 50% 的临界线，即城镇人口占比超过我国总人口的半数，这一历史性量变标志着我国从农村型社会向城市型社会的历史性转变，中国城镇化发展进入新的发展阶段，同时也意味着中国的城镇化再次迈进世界城市发展的前沿。1978~2019 年，我国城镇化率从 17.92% 攀升至 60.60%[②]，年均增长 1.04 个百分点，城镇常住人口从 1.72 亿增加到 8.48 亿，根据诺瑟姆曲线规律，我国城镇化发展正处于加速发展阶段。中国是一个有着 14 亿人口的发展中大国，占世界人口约 1/5 的中国迈入城市社会，对世界的经济增长与提升人类发展水平和整体素质具有不可估量的积极作用，诺贝尔经济学奖得主斯蒂格利茨也曾断言，21 世纪对世界发展影响最大的两件事就是美国高科技产业和中国的城市化。顺应世界城市化发展潮流，波澜壮阔的中国城镇化风雨兼程，利用短短 40 余年的时间走完西方国家 200 余年的城镇化历程，城镇化率已经达到世界平均水平，成效不言而喻，但这种快速"压缩式"的发展模式使城镇化率迅速上升的同时，城镇化质量并没有实现同步提升，这种快速且不完全的城镇化发展模式导致城镇化建设存在很多发展欠账和短板，为校正和优化城镇化发展局面，我国自 2012 年及时开启了新型城镇化战略，从中央到地方都高度重视并多

[①] 资料来源于《中国统计年鉴（2012）》。

[②] 资料来源于《中国统计年鉴（2020）》。

措并举全力补齐城镇化发展短板，但依然存在发展和前进中的矛盾和问题，主要表现为物的城镇化重于人的城镇化，资源要素驱动的城镇化重于内涵集约的城镇化，城乡旧二元结构与城镇内部新二元结构并存，城镇创新发展动力不足，公共服务供给能力相当有限，要素资源流动能力与配置水平亟待提高，城市管理水平与运行效率有待提高，"大城市病"与"小城市病"亟待破解，常住人口城镇化快于户籍人口城镇化，城镇空间分布和规模结构不尽合理等，这种不完全或不彻底的传统城镇化对"人"的关注不够，对民生福祉与保障权益等方面重视不足，背后潜藏的诸多社会矛盾与问题也日益显著，导致城镇化进程中的民生问题日益凸显和严峻，城镇化的提质增效已刻不容缓，从传统城镇化到以人为核心的新型城镇化已经成为我国城镇化转型与高质量发展的必然方向。21 世纪是城市的世纪，城市化也将成为 21 世纪经济社会发展的主题，在国内外经济形势复杂多变，多种风险挑战明显上升，经济增长持续乏力的条件下，以人为核心的新型城镇化将成为推动我国经济持续稳定增长的重要引擎，是高质量发展的主战场，对助力我国经济社会持续健康发展前景可期。

（二）以人为核心的新型城镇化成为国家致力保障和改善民生的重要战略抉择

城镇化是一个经济社会的变迁升级过程，是民生改善与发展的重要过程，同时也是民生改善与发展的产物。以人为核心的新型城镇化是以习近平同志为核心的党中央治国理政新理念、新思想、新战略的重要组成部分，是坚持以人民为中心的发展思想在城镇化建设与发展方面的具体化，也是中国特色社会主义理论体系的最新成果（魏后凯，2016）。自 2012 年 11 月党的十八大首次提出新型城镇化战略，标志着我国城镇化进入以人为核心、规模与质量并重的新阶段。为深入推进以人为核心的新型城镇化，全面保障和改善民生福祉，国家出台了一系列政策文件，2012 年 12 月，中央经济工作会议明确提出积极稳妥推进城镇化，着力提高城镇化质量将是 2013 年的经济工作的重点任务之一，要围绕提高城镇化质量，因势利导、趋利避害，积极引导城镇化健康发展。2013 年 12 月，中央召开改革开放以来第一次城镇化工作会议，会议提出要以人为本，推进以人为核心的城镇化，提高城镇人口素质和居民生活质量，把促进有能力在城镇稳定就业和生活的常住人口有序实现市民化作为首要任务。2014 年 3 月，中共中央、国务院印发《国家新型城镇化规划（2014~2020 年）》，对未来城镇化的发展路径、主要目标和战略任务做了具体部署，该规划的最大亮点在于正视传统城镇化路径的不足，致力于人的城镇化。2014 年 7 月，国务院出台《关于进一步推进户籍制度改革的意见》，提出了有序推进农业转移人口市民化，加快户籍改革，实行不同规模城市差别化落户政策的明确要求，标志着进一步推进户籍制度改革开始进入全面实施阶段。2015 年 12 月，时隔 37 年，中国再次召开中央城市工作会议，会议指出当前和今后一个时期，要转变城市发展方式、完善城市治理体系、提高城市治理能力、解决城市病等突出问题。2016 年 2 月，中共中央、国务院印发《关于进一步加强城市规划建设管理工作的若干意见》，勾画出中国特色的城市发展"路线图"。2016 年 3 月，"十三五"规划出台，对新型城镇化建设提出了更高要求，要求坚持以人的城镇化为核心，缩小城乡发展差距，全面推进城乡一体化发展。2016 年 7 月，国务院印发《关于实施支持农业转移人口市民化若干财政政策的通知》，住建部、国家发改委、财政部联合下发《关于开展特色小城镇培育工作的通知》等。根据《关于开展国家新型城镇化综合试点工作的通知》《国家新型城镇化综合试点方案》，国家发改委分别于 2015 年 2 月、2015 年 11 月、2016 年 12 月公布了三批国家新型城镇化综合试点名单。2019 年的政府工作报告提出，促进区域协调发展、提高新型城镇化质量要围绕解决发展不平衡不充分问题，改革完善相关机制和政策，促进基本公共服务均等化，推动区域优势互补、城乡融合发展。2019 年 4 月，国家发改委发布了《2019 年新型城镇化建设重点任务》，提出了深化户籍制度改革、促进大中小城市协调发展等任务。由此可见，以人为核心的新型城镇化建设受到党中央、国务院的持续高度重视，推进城镇化的各项工作和政策措施从始至终都强调以人为核心、坚持以人民为中心、坚持人本发展理念、坚持民生改善与保障，使城镇化发展的文明成果惠及广大民众，促进人的全面进步与发展。

（三）寻求新动力和重构新路径成为推进以人为核心的新型城镇化高质量发展的当务之急

传统城镇化的发展动力呈现出多元化特征。农业是城镇化的基础动力，工业是城镇化的根本动力，服务业是城镇化的后续动力，还有政府外生推动力和市场内生推动力，城乡收入差距导致的城市拉力与农村推力，中心城市发展的虹吸力，地区生产总值竞争的驱动力，依赖土地财政的惯性力等都是城镇化发展的动力因素。城镇化发展实践已经表明，上述诸多传统城镇化发展动力中多数动力都一度受传统经济增长一元化目标思维的影响，使传统城镇化发展过于依赖资源要素，以物为本的特征明显，导致传统城镇化发展存在着诸多缺陷和一定的局限性，给国民经济和社会发展造成了多重困扰。以往衡量城镇化发展缺少对人口质量、经济效率、社会功能、生态环境等多方面的综合考量，而是主要看城镇化率这个单一指标，片面地认为城镇化发展就是城镇化率的不断提高，本质上就是城镇人口数量的不断增加和城镇规模的持续扩张，这种数量规模化的粗放与蔓延扩张发展模式的背后主要是对 GDP 的崇拜，这也是政府积极推动新城、新区和城市扩容建设等行动计划的内在动力，目的是通过城镇化建设的大量投资带动地方经济增长，光鲜漂亮的经济增长率背后是能源的过度消耗、土地资源的浪费、大量农业人口的被市民化以及产业与城镇之间的脱节化。实践证明，传统城镇化的动力扭曲导致其发展路径畸形化，不利于城镇化发展质量的稳步提升，出现政府与市场的界限不明晰，市场失灵与政府失灵同时并存，大城市越来越强，中小城市日益萎缩，城乡发展此消彼长，农村转移劳动力在城与乡之间"候鸟型"生产生活，留守儿童和留守妇女问题备受关注，城市内部新二元结构特征明显等。随着我国城镇化迈入新的历史阶段，站在新的发展起点，结合我国当前城镇化发展的实际，城镇化需要转向人本、公平、高效、持续的发展方式。因此，紧紧围绕从物的城镇化向人的城镇化转变这一核心，突破传统城镇化的扭曲化发展的动力和路径依赖，寻求新动力和重构新路径已经成为推进以人为核心的新型城镇化高质量发展的当务之急和关键之举，也是当前城镇化高质量发展过程中亟须破解的重要课题。

二、研究意义

（一）理论意义

城镇化问题一直备受学术界的关注。追根溯源，从区位论、结构论、人口迁移论、非均衡增长论到生态田园城市论等，无不反映了理论界对城镇化发展规律的不断探索与拓展，从资源要素的优化配置开始，到利润最大化或成本最小化、工资差距、资本效率再到对城市生态环境的关注等，无疑为长期以来城镇化发展动力与路径提供的客观的理论阐释。我国的城镇化历史源远流长，经历了长期艰难曲折的发展演变，但真正意义上进入城镇化发展快车道则始于改革开放。由于中国的城镇化发展波澜壮阔，城镇化规模史无前例，无现成经验和模式可供复制，发展道路和模式也不同于先发国家。因此，如何开拓和发展具有中国特色社会主义的城镇化理论引起学术界的高度重视。学者们就中国的城镇化动力机制与发展路径问题进行了广泛研究，取得了许多有益于城镇化发展的理论观点，但整体看来，很多观点受制于经济短期发展的影响，具有明显的阶段性特征和局部性特点，存在时代的局限性，导致大中小城市化发展道路之争、二元城镇化与一元城镇化道路之争、城镇化发展速度之争、政府主导模式与自发城镇化模式之争等。同样，很多定量性研究文献在过度关注经济增长单维目标的框架下进行实证研究，而且针对不同区域的城镇化动力机制和路径分析也不尽相同，没有达成统一的分析范式和研究框架，对城镇化进程中人力资本、技术创新、制度变革、空间可达、社会功能、城乡协调、生态环境等多维目标与动力缺少关注，缺少关乎人的发展的本质内容。人是城市的主体，是城镇化的出发点和归宿，城市化进程，首先要确立人本思想。我国的城镇化发展至今日，已经开始发生从物化到人化、从数量到质量、从外延到内涵的发展阶段，以人为核心的新型城镇化已经成为当代中国城镇化高质量发展的必然路径与关键抉择，成为一个全新的中国式命题，如何全面推进以人为核心的新型城镇化，走有效惠及和改善民生的城镇化道路已然成为全面建设社会主义现代化国家的重要任务，这也为本书提供了研究的契机和方向。因此，本书重点对以人为核心的新型城镇化动力机制与路径重构进行理论与实证研究，深入分析我国传统城镇化发展机理，重构以人为核心的新型城镇化动力机制与发展路径，科学设计推进机制与政策措施，进一步丰富和发展我国当代新型城镇化理论相关内容，为我国新型城镇化高质量发展提供理论依据。

（二）现实意义

城镇化是工业化和现代化发展的必然结果，这也被工业革命以来世界发达国家的发展经验所证实。中国要成功实现现代化，必须在推进工业化的同时，同步推进城镇化，充分发挥城镇化的载体和平台功能，不断优化经济社会资源的空间配置。党的十八大以来，以人为核心的新型城镇化成为我国城镇化转型与高质量发展的必然选择，也是国家致力保障和改善民生的重要战略抉择，是中国实现社会主义现代化的必经之路。本书认为以人为核心的新型城镇化是对传统城镇化的校正和优化，是注重质量和效益，强调体制机制创新，利用有效市场和有为政府双轮驱动的城镇化，是从传统的农村型社会向城市型社会的转变，是从城乡二元经济结构的传统的城镇化向城乡一体化的新型城镇化的转变，是从对自然资源的过度干扰和浪费的传统城镇化模式向绿色、集约与低碳的新型城镇化发展模式转变。当前，面对国际国内日益复杂的经济发展形势，国际贸易摩擦不断升级，出口持续下滑，投资驱动模式逐渐淡出，内需成为推动经济持续增长的最重要引擎，如工业化创造供给一样，城镇化可创造大量有效需求，是推动我国经济社会高质量发展的主战场。2019 年，我国常住人口城镇化率已达到 60.60%，比 2018 年末提高 1.02 个百分点，户籍人口城镇化率为 44.38%，比 2018 年末提高 1.01 个百分点（国家统计局，2020），但不完全或半城镇化问题依然突出，存在 16.22 个百分点的短板需要弥补，以人为核心的城镇化依然任重而道远，因此，系统、深入地研究以人为核心的新型城镇化发展的动力机制和有效路径具有重要的现实意义，有助于在坚持以人民为中心的发展理念下探索新型城镇化持续健康发展的动力源泉和最优路径选择；有助于构建以人为核心的新型城镇化高质量发展的运行机制，形成人口、经济、社会、生态全面协调可持续发展的城镇化模式；有助于优化人口结构、产业结构、经济结构、社会结构、制度结构、生态质量等，全面提升民生福利和保障水平；有助于清晰政府与市场的边界，使市场在资源配置中起决定性作用，同时更好地发挥政府作用，形成以市场为主导、政府为引导的二元协同发展方式；有助于破解"三农"难题，有效衔接乡村振兴，促进城乡融合互补发展，推动农业转移人口有序市民化、城乡公共服务均等化，不断提高人口素质，促进人的全面发展和社会公平正义，使全体居民共享现代化建设成果。

第二节　文献综述

一、城镇化水平测度

城镇化是一种复杂的经济社会现象，准确衡量和评价城镇化发展水平也就成为广大学者关注的重要内容。国内外学者关于城镇化的测度主要采取单一指标法和复合指标法两种方式。单一指标主要是指城镇化率指标，即国家或地区城镇人口与该国家或地区总人口的比值，此方法简单易行且具有一定的科学性，在世界范围内得到广泛的使用（Northam，1979；吴福象、刘志彪，2008；张红宇，2011；吕健，2011），还有使用人口密度（Qadeer，2004）等单一指标来衡量城镇化水平，随着经济的发展和生活水平的提高，学者们逐渐认识到城镇化在社会、经济、人口等方面的丰富内涵，认为单纯利用单一指标对城镇化水平进行测度具有一定的片面性，因此学者们更倾向于采用复合指标法来测度城镇化水平。从国内外使用的复合指标来看，不同的复合指标具有各自的独特性，关注的视角也有所不同。联合国经济和社会事务统计处（1973）从社会、经济这两个方面选取了19个评价指标对世界各国的城镇化水平进行评价研究，联合国人居中心于2007年提出了包括基础设施、生产能力、废品处理、健康与教育等5个方面的城市发展指数。朱洪祥等（2011）认为，城镇化不是一个单一的要素，而是一个完整的系统，建立包含经济发展、人口就业、城市建设、社会发展、居民生活和生态环境等 6 个方面 32 个指标的评价指标体系。杜忠潮等（2014）构建了涵盖人口城镇化、经济城镇化、居民生活质量、基础设施与环境建设 5 个方面 22 项指标的指标体系。赵永平（2016）构建了包括经济基础、人口发展、社会功能和环境质量 4 个二级子系统 32 个具体指标的新型城镇化发展水平综合测度指标体系，利用改进的熵权法对新型城镇化水平进行了测度与评价。

二、城镇化的经济与社会效应

城镇化既是一种经济活动也是一种社会活动，具有其自身的运行和演进规律（Chenery & Syrquin，1975；Northam，1979），城镇化对经济增长、产业结构优化升级、生产效率等都具有积极作用（Berry，1971；Henderson，2003；Lucas，2004；李金昌、程开明，2006；吴福象、刘志彪，2008；Peres & Muller，2010；汪川，2017）。学者们普遍认为，城镇化与经济增长之间存在显著的正相关关系，且这种关系因区域、时间的不同而不同。辜胜阻等（1994）通过对我国广东省和韩国城镇化与经济发展的比较研究发现，广东省和韩国的城镇化与经济发展之间存在高度相关性。蔺雪芹等（2013）研究指出中国城镇化主要通过物质资本、人力资本的集聚推动经济发展，而对知识资本、现代服务业等高端生产要素的集聚作用还不强。孙祁祥等（2013）指出城镇化通过发挥要素集聚效应、规模经济效应、分工与专业化效应以及创新中介效应促进经济增长，但"过度"和"弱质"的城镇化也会带来挤出效应与拥挤效应等问题，而不利于经济增长。喻开志等（2014）在研究城镇化对中国经济增长的影响效应时指出人口、产业以及卫生城镇化、居民消费城镇化、教育城镇化和公共基础设施城镇化水平越高，经济增长越快。王平、王琴梅（2015）研究发现，城镇化与经济增长是一种循环累积因果效应关系，新型城镇化对我国经济增长具有显著的正向效应，且这种效应在不断增强。李晋（2016）分析了河南省新型城镇化对经济增长的影响，并认为，从短期来看，城镇化建设对经济增长的推动作用不足，但长期推动作用较强，城镇化建设对经济增长产生一种负向修正机制，且城镇化对经济增长的推动作用要显著高于经济增长对城镇化水平提高的带动作用。兀晶、高辉（2017）考察了经济增长、产业结构调整与城镇化之间的相互作用机制，研究发现城镇化与经济增长之间存在双向格兰杰因果关系，经济增长与产业结构调整存在单向格兰杰因果关系；产业结构调整变量对城镇化产生逐渐减弱的正向冲击，而对经济增长的正向冲击效应较弱。谭凤连等（2018）指出城镇化、经济增长与农民收入三者之间存在长期稳定的均衡关系，城镇化与农民收入、农民收入与经济增长、城镇化与经济增长均只存在单向因果关系，高经济增长对农民收入有明显的正向促进作用，但农民收入对城镇化的促进作用在一段时期内不明显。

同时，城镇化进程中也存在诸如人口过度拥挤、交通堵塞、环境污染、房价高企等城市病。唐斯（Downs，2006）强调交通拥堵是城市经济社会发展的伴生现象，并将拥堵的原因归纳为上下班高峰期交通需求增加、出行方式的转换、人口急剧增长和意外天气事故4个方面。王会、王奇（2011）指出，城镇化过程与环境污染排放关系已经成为影响中国社会经济可持续发展的战略性问题。城镇化率每增加1个百分点，工业化学需氧量、工业二氧化硫排放量分别增长0.48%、0.44%，这将给减排目标的完成增加较大的工作难度。姜洋（2011）指出，中国不仅大城市存在交通拥堵问题，中小城市也日益凸显，不仅延误了人们的正常出行，损害了身心健康，降低了社会经济活动运转效率，也带来了城市污染和能源无效流失，正威胁中国城镇化的健康发展。张延、张静（2016）通过对城镇化与房价关系的实证分析，认为城镇化率的提高将推动房价的上涨，在城镇化加速阶段，房价的上涨速度也将更快，城镇化率与房价具有显著的正相关关系，土地成交价款与房价显著正相关，房屋空置面积与房价显著负相关。王振坡等（2017）在对天津市城市交通拥堵成因及政策评价的研究中指出，随着城镇化进程的加快与机动化水平的提高，城镇的交通拥堵问题日益严重。

三、城镇化发展模式

从学者们对国外的城镇化发展模式研究来看，一般按照政府和市场在城镇化过程中发挥的作用，可将国外城镇化的模式分为政府主导型城镇化、政府调控型城镇化、市场主导型城镇化和自由放任型城镇化四大模式（骆江玲，2012）。政府主导型城镇化主要以拉美国家为代表，政府调控型城镇化主要以西欧国家为代表，市场主导型城镇化主要以韩国等亚洲新兴工业化国家为代表，自由放任型城镇化主要以美国为代表。迈克尔斯（Michaels，2012）指出，城镇化的基本模式有政府调控下的市场主导型和自由放任型两种。我国在不同阶段存在差异化的城镇化发展模式。自费孝通（1984）的《小城镇大问题》发表以来，在整个20世纪80年代，许多学者认为中国的城市化模式就是小城镇模式（周一星，1984；叶克林，1986；辜胜阻，1998；崔功豪，1999；陆升军，2003）。此后，有学者提出市场主导型城乡统筹发展的多元城市化模式（杨益明，2007）、政府干预型模式（景春梅，2012）、内涵型大城市模式（尚启君，2007）、政府和市场共同推动的"双轨"模式（李仙娥等，2003；程建平，2006）、政府主导型与农民自主型并存的二元模式（蔡继明，2012）以及集约式城镇化（卢科，2005）、排斥性城镇化（陶希东，2014）、非平衡的城镇化（刘爱梅，2013）模式。总体上来看，国内的城镇化发展模式主要有小城镇发展模式、大城市发展模式、中小城市发展模式。

随着我国城镇化进程的不断加快，学界对城镇化模式的研究越来越具体化。宋岭（2012）根据新疆的实际情况，提出了新疆新型城镇化的发展模式为重点发展小城镇模式、拓展和延伸次中心城区城镇化模式、大中小城市相结合城镇化模式、新兴园区城镇化模式、新型农村社区准城镇化模式。刘德光、鲍洪杰（2015）通过回顾我国城镇化发展所取得的历史成就和存在的现实问题，借鉴韩国和我国台湾地区城镇化的发展经验，提出我国新型城镇化发展的四种驱动模式为工业驱动模式、资源开发驱动模式、区域发展驱动模式和农业集约发展驱动模式。陈明星等（2016）提出就近城镇化是加快推动实现人的城镇化的重要内容，实现人口就近城镇化的主要模式有本地农业剩余人口转移、农民工返乡就业和农民工返乡创业。张文婷、温宗国（2016）针对中国城镇化过程中日益突出的资源环境瓶颈，提出了四种城镇化的优化发展模式，即参照欧美国家的高强度消费模式、参照日本的集约消费模式、多部门资源利用调控模式、推广国内先进城市建设模式。马骏等（2016）将我国县域经济发展模式归纳为中心城市辐射带动模式、特色产业产城融合模式、新区新城引导拓展模式、旧城改造紧凑发展模式、城市群组整体联动模式、城乡统筹互促共进模式。张明斗、葛于壮（2019）提出了民族地区的城镇化发展模式可采用旅游产业带动型、工业发展助推型、边境贸易推动型、草原牧业发展型四大类型。

四、城镇化动力机制

关于城镇化动力机制的研究一直是学者们关注的重要话题，总体上中国的城镇化动力机制可简化为自上而下和自下而上的二元化理论模式（叶舜赞，1994；许学强，1998）。21 世纪以来国内学者对城镇化动力机制研究的视角更加宽广。傅小锋（2000）以青藏高原为研究区域，指出青藏高原的城镇化动力来自国家投资于资源开发形成新城市、沿海内地工厂企业整体搬迁、行政机构建立与扩大、农业剩余劳动力转移与个体经营者的大量涌入。李世泰、孙峰华（2006）以农村城镇化发展的动力机制为研究目标，提出农村城镇化发展动力系统结构包括推力系统和阻力系统两大系统，推力系统主要包括利益动力、产业动力、制度动力，阻力系统主要包括制度阻力、农民的排斥力（农民迁移的经济成本、距离成本、心理成本等）。张泰城、张小青（2007）在其研究中提出中部地区城镇化的外部动力是政府推动、核心动力是非农产业的发展、内在动力是比较利益机制。王发曾、程丽丽（2010）通过对山东半岛、中原、关中城市群地区的城镇化状态进行定量分析，发现这些地区城镇化的主要动力是经济发展、人口集聚、农业生产水平和医疗卫生条件。丁生喜等（2012）以青海湖少数民族地区为研究对象，指出该地区新时期的城镇化动力包括特色产业发展的推力、城镇对企业和居民的拉力、制度催动力以及其与外部环境的相互作用。李晓梅、赵文彦（2013）通过构建 VECM 模型分析我国城镇化演进的动力机制，结果显示产业结构调整是城镇化长期持续的动力机制，尤其是以实体经济为主的工业对我国城镇化发展的贡献率最高，行政性资源配置虽然初期推动了城镇化发展，但从长远来看会阻碍城镇化发展，城乡收入差距的扩大对城镇化发展具有持续的负效应。刘世薇等（2013）的研究结果表明，1989～2010 年影响黑龙江垦区城镇化的主要动力依次是市场力、内源力、行政力和外向力。曹华林、李爱国（2014）依据结构方程模型研究表明，"城市认同感"和"城市归属感"是"人的城市化"的心理基础和精神驱动力，良好的"社会交往"是"人的城市化"的社会基础和社会驱动力，安居和乐业是"人的城市化"的物质基础和物质驱动力。汪丽、李九全（2014）研究指出，西北省会城市新型城镇化的动力主要包括基础动力——要素力（自然要素、社会要素）、内生与外生经济力、中央与地方行政力。杨新华（2015）利用分工原理与演化分析相结合的方法，探讨了农村城镇化的动力机制，即原生动力、次生动力、辅助动力、自组织动力、他组织动力。王树春、王俊（2016）提出新常态下城镇化的资源汇集机制、产品提供机制、产品分配机制必须作出传统向新型的转变。郝文渊等（2018）运用城镇化动力机制的四维视角分析方法，提出了包括行政动力、内源动力、市场动力、外部动力的城镇化动力机制。张宗军、孙祁祥（2018）构建了一个包括地方政府主导，银行机构、平台公司、债券市场参与的外生型模型来研究城镇化发展的驱动机制。

五、城镇化路径选择

一直以来，学者们对于中国的城镇化应当选择何种发展路径做了许多有益研究，但不同学者之间依然存在分歧。费孝通（1996）认为，小城镇是在中国社会现代化进程中农民融入工业化和城市化的重要载体，小城镇乡镇企业具有大量吸收农村转移人口的潜力。辜胜阻（2000）提出，我国城镇化要坚持城市化与农村城镇化同时并举、政府发动型和民间发动型同时并举、长远目标与渐进发展相结合、自上而下与自下而上相结合、"据点"发展式和"网络"发展式相结合、经济效益和社会效益兼顾、内涵城镇化和外延城镇化同时并举、非农产业集聚与城市文明扩散并重的路径。齐孝福（2005）指出，我国应该选择城镇化、工业化和现代化适度同步发展，大中小城市和小城镇协调发展，市场推动、政府导向的城镇化道路。仇保兴（2009）指出，中国城镇化应该选择适合我国国情的"C 模式"，即走以提高民众的生活质量为目标、促进生态社会和经济可持续发展的城镇化路径。姚士谋（2010）在系统分析和总结不同城市群的变化规律后提出了发展创新型、低碳型、集约型、共生型、数字型的城市群发展路径。顾朝林（2011）在系统阐述城市群的内涵和作用的基础上，提出以城市群为主体推进中国城市化进程成为中国特色城市化道路的重要选择。周祥胜等（2012）以广东省为例，针对不同发展阶段的城市，探讨了"差异性"的城镇化发展路径：Ⅰ类政策地区的发展路径设计为创新、融合、修复；Ⅱ类政策地区的发展路径设计为集约、统筹、平衡；Ⅲ类政策地区的发展路径设计为培育、吸纳、转移。许维勤（2013）提出以做大做强县域经济为重点、改善中小城市发展条件、加快小城镇人口聚集、以户籍制度改革为突破口、促进流动人口相对定居化的路径。龙翠红、易承志（2014）提出了新型城镇化的推进路径选择主要是促进城市文化的创新、城镇化相关制度的完善以及转型行为的主动调适。陈诗波等（2014）提出应坚持市场和政府的双轮驱动，速度与质量并重，通过创新行政管理体制，加快推进财税体制、金融体制和土地制度改革，实施产业促进政策，提升城镇居民公共服务水平和土地利用效率等举措，走出一条大中小城市、小城镇、新型农村社区协调发展、互促共进的新型城镇化道路。廖永伦（2015）指出，就地就近城镇化必然成为新型城镇化的现实路径。王政武（2015）以广西为例，指出现代农业是推进广西新型城镇化建设的重要突破口。优化现代农业产业化经营体系、拓展现代农业功能并与城镇化融合、构建现代农业发展平台、改革城乡联动配套制度是现代农业支撑广西新型城镇化发展的路径选择。李博、左停（2016）提出了在以人为本的基础上，将农民、农业与农村融入城镇化的发展过程中来的具有包容性的城镇化路径。杨佩卿、姚慧琴（2016）在总结西部城镇化经验和教训的基础上，坚持"以人为本"，提出了因地制宜塑造特色城镇的新型城镇化路径。刘国斌、朱先声（2018）指出，小城镇是新型城镇化发展的新载体与新模式，特色小镇是小城镇发展的有效模式，是实现中国特色新型城镇化道路的重要路径。王业强、魏后凯（2018）通过对第六次人口普查数据进行分析，指出在大城市效率锁定的背景下，跨省人口迁入依然是中国城镇化的主要路径。

生态文明理念在城镇化发展研究上得到了更多的关注。葛明岩、刘贵福（2015）指出，生态文明为新型城镇化道路提供理论支持与保障，新型城镇化路径选择应是将生态文明贯穿城镇化的全过程，建设生态化城镇。李雪萍、丁波（2015）以藏区城镇化研究为视角，指出藏区新型城镇化发展路径应该注重发展自身特色，发展以旅游业为主的高原特色经济，以环境保护为主，发展绿色城镇化。张士杰、李勇刚（2016）基于中部六省进行实证研究，并提出加快"以物为本"向"以人为本"发展理念的转变，加快城乡文明融合下的农民工市民化与就地城镇化，加快"工业文明"向"生态文明"的产业生态转型。李娜、钟荣桂（2016）针对目前城镇化进程中出现的自然环境破坏、生态失衡、人居环境恶化等问题，提出了深度城镇化的路径选择，即推行绿色 GDP 考核机制，转变经济增长方式，加强"三农"投入，统筹兼顾城乡发展，加快生态立法，建立生态补偿机制，推广环保理念，提高人民生态素质。冯霞、刘新平（2016）通过定量分析江苏省城镇化与生态环境系统耦合协同发展的情况，认为江苏省城镇化与生态环境系统耦合协同发展的路径主要通过产业现代化、土地集约化、农民市民化来实现。

综上所述，城镇化问题得到了国内外学者的高度重视，但对推进以人为核心的新型城镇化动力机制与路径设计问题的研究还存在很多亟待解决的理论和实践问题，主要体现在：第一，现有研究往往更多地将城镇化置于经济增长框架下进行研究，忽视了城镇化的系统性和复杂性，对城镇化的增长效应关注较多，而对此过程中人的全面发展和民生福祉提升等问题关注较少。第二，已有研究大多主张通过推进工业化以及加快产业转型升级等途径来促进城镇化转型发展，对体制机制创新方面的因素缺乏系统性思考，缺乏真正从源头上深入探究如何推进以人为核心的新型城镇化动力机制与路径。第三，与传统城镇化不同，新型城镇化强调以人为核心和质量提升，大多文献都强调了这一点，但针对全面推进以人为核心的新型城镇化动力机制、路径重构的研究精准性有待加强，缺乏全面系统的、可具操作性的具体推进机制和实施路径。

第三节　基本概念的界定与辨析

一、城市与城镇

关于城市的概念迄今尚未形成一个统一的界定，不同的学科领域、历史时期对城市的界定也有所差异，总体上呈现出动态化和多元化的特点。我国古代就已经存在城市的概念，在中国古籍中"城市"是以复合词的形式出现，即"城市" = "城" + "市"，当时的"城"是用来防御的场地，"市"是用来交易的场所，"城市"是由两者组成的一个复合概念（廖盖隆等，1993），可以看出我国古代城市源于防卫之城与交易之市的结合，是一定地域范围人口聚居相对较集中的活动中心，其后被泛指为人口较为密集、工商业较为发达的区域（胡序威，2014）。城是地理意义上的界定，市是城的经济基础，两者相互促进、共同发展。

"城市"（city）这个词来自拉丁文"civi - tas"，罗马人通常用以称呼独立的高卢人部落，随后用以称呼罗马人的政府所在地。彼得森（Petersen）的《人口学词典》里解释"城市"是一个被上一级政府授予一定权力与特权的定居地；在社会科学领域，"城市"被看作"城镇"（town）或"大城镇"（large town）的同义词，即有或多或少密度的人口集合，它位于主要的运输交通路线上，可以充当一个地区的焦点（侯杨方，2010）。经济学将城市看作是工业、商业、信贷的集中地，是"城"与"市"的统一。社会学家认为城市是当地那些共同风俗、情感、传统的集合（帕克等，1987）。在《简明不列颠百科全书》（第 2 卷）中，城市被定义为"一个相对永久性的、高度组合起来的、人口集中的地方，比城镇和村庄规模大，也更重要"。拉泽尔在其《大城市的地理位置》中将城市定义为城市是占据一定地区、地处若干交通线的、永久性的人类集居区（赵燕菁，2009）。日本著名城市地理学家山鹿诚次（1996）认为城市是一个巨大的人口集团密集地域，它以第二、第三产业为主并与之相互依存。奥沙利文在其《城市经济学》（第 4 版）中指出，如果一个地理区域内在相对小的面积里居住了大量的人口，那么它就是城区，即城区就是一个具有相对较高人口密度的区域。柴尔德（1950）尝试用 10 个一般性特征来描述历史上最初的城市，第一个特征就是超过正常水平的人口密度和规模。芒福德在《城市是什么?》一文中指出，城市是一个集合体，涵盖了地理学意义上的神经丛、经济组织、制度进程、社会活动的剧场以及艺术象征等各项功能。城市不仅培育出艺术，其本身也是艺术，不仅创造了剧院，它自己就是剧院。城市是具有规模性与联系性，具有非农产业、人口以及行政建制的区域（华晨等，2013）。

总体来看，经济、社会、历史、地理、生态、建筑等学科对城市概念的界定，都主要体现在与农村地区相比有较高的人口密度和较发达的交通，工业和服务业是其主要产业。可见城市是在一定条件下产生的，具有一定形式的生产、生活的组织方式，是相对于农村而存在的一种制度安排。具体而言，城市是一个历史的概念，不是自始就存在的，而是人类历史发展到一定阶段的产物。城市是一种组织形式，代表着不同于农村的生产、生活方式。本质上，城市是一种制度安排，是各种特定规则的总和，既有正式规则，也有非正式规则（刘维奇、焦斌龙，2007）。在城市化实践中，城市也可以按照其规模特征来界定，我国传统上一般将100万以上人口界定为特大城市、50万~100万人口界定为大城市、20万~50万人口为中等城市、20万以下人口为小城市。但随着工业化和城市化加速推进，城市数量和规模都出现急剧增长，传统城市规模划分标准已经难以适应城市化发展新形势，为了与快速提高的城市规模体系相适应，2014年，由国务院印发《关于调整城市规模划分标准的通知》，以城区常住人口为统计口径，将城市划分为五类七档。将城区常住人口50万以下的城市界定为小城市，其中20万以上50万以下的城市为Ⅰ型小城市，20万以下的城市为Ⅱ型小城市；将城区常住人口50万以上100万以下的城市界定为中等城市；将城区常住人口100万以上500万以下的城市界定为大城市，其中300万以上500万以下的城市为Ⅰ型大城市，100万以上300万以下的城市为Ⅱ型大城市；将城区常住人口500万以上1 000万以下的城市界定为特大城市；将城区常住人口1 000万以上的城市界定为超大城市。

城镇是指城市和集镇的统称（胡序威，2014）。国家统计局2006年印发的《关于统计上划分城乡的暂行规定》的第4条中明确指出，城镇是指在我国市镇建制和行政区划的基础上，经本规定划定的区域，包括城区和镇区。其中，城区是指在市辖区和不设区的市中的两类地区，即街道办事处所辖的居民委员会地域以及城市公共设施、居住设施等连接到的其他居民委员会地域和村民委员会地域。镇区是指在城区以外的镇和其他区域中的三类地区，即镇所辖的居民委员会地域，镇的公共设施、居住设施等连接到的村民委员会地域，常住人口在3 000人以上独立的工矿区、开发区、科研单位、大专院校、农场、林场等特殊区域。倪鹏飞（2015）认为城镇是聚落发展演变的结果，而聚落是人类社会最基本的单元，具有支撑人群生存发展的功能。马海龙（2016）认为城镇是社会经济生产力与科学技术高度发展的集聚区，也是人类聚居文明发源地和商贸辐射集中地。杨庆育（2016）认为当经济社会发展达到一定水平，或者说在农业经济有剩余农产品的条件下，农业领域会分离出一批劳动力对农业剩余产品进行加工和交换，商业等非农经济活动出现，社会分工和专业化不断增强，集市和城镇应运而生，因此，城镇是人口和非农产业聚集到一定规模的表现形式。王琴梅、方妮（2017）指出，城镇是一个地理名词，是以非农业人口为主，已经发展成为具有一定规模的工商业聚集区。国家标准《城市规划基本术语标准》（GB/T50280 – 98）中将城镇界定为以非农产业和非农人口聚集为主要特征的居民点。

综上所述，"城"和"市"最早是两个不同的概念，"城"的产生早于"市"。"城"最早是一种大规模、永久性的防御设施，主要用于防御野兽侵袭，后来演变为防御外敌入侵，"城"最早主要发挥的是军事和政治功能，即"城"是军事中心与政治中心，"市"则是指进行贸易和交换的场所（唐耀华，2013）。在城市产生之前，"市"通常没有固定的场所。"市"的存在满足了人们出卖劳动产品和购买所需生产和生活用品的需要，随着生产力的进步和社会分工的发展，商品交换也成为城堡中居民必不可少的内容，"市"逐渐被吸引到人口比较集中居住的"城"中，并有固定的位置，"城"与"市"融合为"城市"，真正意义上的"城市"诞生（柳思维，2003）。"镇"最早以军事行政职能为主，直到宋代，"镇"才摆脱军事色彩，以贸易镇市出现于经济领域，成为介于县治和草市之间的一级商业中心，近现代逐渐引申为一级行政区单位和起着联系城乡经济纽带作用的、较低级的城镇居民点。"城"与"镇"又融合为"城镇"（周一星，1995）。由此可见，"城"先于"市"产生，"城市"概念的产生早于"城镇"。"城市"与"城镇"是两个不同的概念，城市有更多的比较发达的经济与社会活动，公共基础设施较为完善，生产与商贸物流活动衔接紧密，有更大规模的人口数量。城镇更多强调有较多工商业但规模小于城市的居民区，在人口的数量规模上也小于城市。

二、城市化与城镇化

"城市化"和"城镇化"都源于"urbanization"，都意味着农村人口不断向非农产业和领域的转移和集聚，实现从农村生活方式向城市生活方式转变的过程，但学术界关于城市化或城镇化的界定并不统一。沃斯（Wirth，1938）认为城市化是现代化历史中的一个过程。崔功豪等（1992）指出城市化包括两个方面，一方面是物化上和形态上的城市化，主要反映在人口集中、空间形态改变和社会经济结构变化等方面；另一方面是精神和意识上的城市化和生活方式的城市化，主要反映在农村意识、行动方式、生活方式向城市意识、行动方式、生活方式的转化过程。饶会林（1999）在其著作中指出城市化本身是个内涵丰富的概念，可从数量特征、性状特征和质量特征三个方面界定广义的城市化，即城市人口和数量的急剧增长过程、城市性状的改变过程、城市质量的不断提高过程。邹农俭（2007）指出城市化的本质是一系列社会关系的变化，在所有社会关系中的中心是人，人的活动引发了一系列其他方面的深刻变化。农村人口从农村进入城市是形式，其实质是人口的劳动方式由农业转向非农业。同时城市化是乡村与城市之间的一种关系，是城乡之间的运动和互动。王晓玲（2009）指出，城市化是产业革命以来非农产业兴起，发达商品经济规律发挥作用，生产要素高度集中化、集约化，社会生产方式、生活方式、思想观念发生革命性变革的自然历史过程。檀学文（2012）将城市化定义为人口、资源以及经济活动等的空间流动和集中过程。刘华芹（2018）指出，城市化是人类社会发展的总体趋势，它不仅意味着城市空间扩张、乡村人口向城市的聚集以及产业的非农化，农业的现代化、城市生活方式和价值观念向农村的渗透、城乡的有机联结也都是城市化的应有之义。

不同学科领域由于研究的目标、角度的不同，对城市化或城镇化的理解亦有所不同，关注城市化的学科主要有人口学、经济学、社会学、地理学等学科。威尔逊（Wilson，1986）从人口学的角度对城市化进行了界定，即指居住在城市地区的人口比重上升的现象。刘传江、王志初（2001）指出，人口学所讲的城市化是指农村人口逐渐转变为城市人口的现象和过程。刘洁泓（2009）指出，城市化强调人口从乡村到城市的流动。刘传江等（2001）指出，经济学所讲的城市化是指各种非农产业发展的经济要素向城市集聚的过程，它不仅包括农村劳动力向城市第二、第三产业的转移，还包括非农产业投资及其技术、生产能力在城市的集聚，城市化与产业结构非农化同向发展。唐耀华（2013）强调，经济学家通常从经济与城市的关系出发，强调城市化是从乡村经济向城市经济的转化，更为强调在不同地区中的经济结构相互转化过程，也就是第一产业向第二、第三产业的转化过程，十分重视生产要素在其中的流动。日本社会学家矶村英一认为，城市化的概念应该包括社会结构和社会关系的特点，城市化应该分为形态的城市化、社会结构的城市化和思想感情的城市化（崔功豪，1992）。周一星（1995）指出，社会学所讲的城市化是指一个城市性生活方式的发展过程，它不仅意味着人们不断被吸引到城市中并被纳入城市的生活组织中去，而且还意味着随城市的发展而出现的城市生活方式的不断强化。地理学中的城市化则是指在一定的地域范围内，由于社会生产力的变革引起人类的生产方式、生活和居住方式发生改变的空间演变过程（唐耀华，2013）。

"城镇化"一词出现明显要晚于"城市化"，这是中国学者创造的一个名词，因此城镇化是针对我国的具体国情提出的具有中国特色的城市化。早在1998年，党的十五届三中全会确定了"小城镇、大战略"的方针。辜胜阻（1991）在其著作《非农化与城镇化研究》中最早使用"城镇化"一词。2000 年，在《中共中央关于制定国民经济和社会发展第十个五年计划的建议》中，正式首次采用了"城镇化"一词，并在 2002 年党的十六大报告中正式提出"走中国特色城镇化道路"，而不是采用"城市化"提法，主要考虑"城镇化"内涵更加符合我国的实际，这标志着"城镇化"这一术语开始被广泛应用。辜胜阻（1999）认为，城镇化是指农村人口向城镇区域转移的过程。孙中和（2001）基于空间和就业的角度，认为城镇化是以乡镇企业为依托，实现农村人口的工作领域由第一产业向第二、第三产业变化的职业转换过程和居住地由农村向城镇迁移的空间聚集过程。周加来（2011）认为，城镇化是农村地域向城市地域的转化过程。倪鹏飞（2013）认为，城镇化不仅表现为城镇数目的增多、面积的扩大、人口的增加，还包括人口职业、产业结构、空间形态的转变以及社会的组织方式、生产方式和生活方式的变化。景普秋（2014）认为，城镇化应包括人口城镇化、经济城镇化（产业非农化）、生活方式城镇化以及空间（景观、土地）城镇化。

综上所述，从发展的过程来看城市化包含城镇化，城镇化就是中国特色的城市化，具有比较强的政策导向，如李秉仁（1983）认为城镇化比城市化更为准确，符合中国的国情，能够反映我国城镇化的特点。温铁军、温厉（2007）指出城镇化与城市化在概念上基本一致，但在实现方式上有所差异。城镇化发展历程表明，中国试图以城镇化作为缓解"三农"困境和推进人口城市化的路径，以此来缓解人口过度向大城市集中。辜胜阻等（2009）认为，我国城镇化具有三个双重性特征，即农业经济向工业经济、计划经济向市场经济转型的"双重转型背景"，人口城市化和农村城镇化的"双重城镇化"表现，"政府推动"和"市场拉动"的"双重动力机制"的驱动。城镇化更侧重于中小城市和小城镇化的发展，中国未来的发展道路仍然不可避免地应当是中国特色的城镇化而不是城市化（侯丽，2011）。城镇化并不意味着重点发展中小城市和小城镇，而是要因地制宜，优化城镇规模结构，宜"大"则"大"，增强中心城市辐射带动功能，加快发展中小城市，有重点地发展小城镇，进而促进大中小城市和小城镇协调发展（谢天成、施祖麟，2015）。究竟是使用城镇化还是使用城市化，各个地区由于区情不同，没有必要采用一种模式、一种提法，应当允许有不同模式、不同提法（向春玲，2004）。

三、新型城镇化

新型城镇化是在传统城镇化面临多重困境的现实条件下提出的，是解决新时代我国社会主要矛盾、推动经济社会高质量发展的强大引擎。自党的十八大明确提出新型城镇化概念以来，新型城镇化得到社会各界的普遍关注。牛文元（2012）认为，新型城市化是坚持实现可持续发展战略目标，坚持实现人口、资源、环境、发展四位一体，坚持实现农村与城市的统筹发展和城乡一体化，坚持实现城乡公共服务的均质化，以城乡之间和城际之间获取财富和分享财富的机会平等为标志，逐步减缓和解消城乡二元结构达到社会和谐的城市化。仇保兴（2012）指出，相对于传统城镇化，新型城镇化是从城市优先发展的城镇化转向城乡互补协调发展的城镇化，从高能耗的城镇化转向低能耗的城镇化，从数量增长型的城镇化转向质量提高型的城镇化，从高环境冲击型的城镇化转向低环境冲击型的城镇化，从放任式机动化的城镇化转向集约式机动化的城镇化，从少数人先富的城镇化转向社会和谐的城镇化。张占斌（2013）认为，新型城镇化是"四化"协调互动、产城融合、实现城乡统筹发展的城镇化，是人口、经济、资源和环境协调发展的集约、智能、绿色、低碳城镇化，是以城市群为主体形态、大中小城市与小城镇协调发展，展现中国文化、文明自信的城镇化，是实现人的全面发展、体现农业转移人口有序市民化和公共服务均等化发展的包容性城镇化。单卓然、黄亚平（2013）认为，新型城镇化是以实现区域统筹与协调一体、产业升级与低碳转型、生态文明和集约高效、制度改革和体制创新为重点内容的崭新的城镇化过程。辜胜阻等（2014）指出，新型城镇化是一个改量变为质变的新过程，应坚持以人为本、市场主导、政府引导的原则，选择正确的改革路径。张永岳（2014）指出，我国新型城镇化不仅要在发达地区打造高质量的城市群，还要提升小城市的聚集能力，密切联系农村地区，建设新型小城镇。李萍等（2014）基于文化资本视角从人口、经济、社会、环境四个维度剖析了新型城镇化的内涵，提出了人本性、集约性、包容性、可持续性是新型城镇化的根本要求。中国新型城镇化研究课题组（2014）指出中国新型城镇化强调城乡统筹、均衡发展，强调"四化"协调发展，强调实现农民工市民化，强调社会管理水平的同步提高。郭彩琴、卓成霞（2014）认为新型城镇化是一项涉及政治、经济、文化、社会和生态建设的五位一体的系统性工程，是推进人口聚居、产业发展、生态环境、基础设施、政府服务等全面协调发展的过程，其本质与核心是实现人的城镇化。王黎明（2014）认为，新型城镇化是大中小城市、小城镇、新型农村社区协调发展、互相促进的城镇化。也有学者强调新型城镇化既要重视大中城市的发展，也要重视小城镇的发展（余欣荣，2013），以及不同层次区域中的城乡关系与城乡协作（孙久文，2013），同时要基于新型城乡关系建立覆盖城乡的空间保障体系，实现城乡共生、社会公平、空间共享（武廷海，2013）。何树平、戚义明（2014）认为，新型城镇化的内涵和要求至少包括质量明显提高、"四化"同步、以人为核心、体现生态文明理念、以城市群作为主体形态、注重文化传承和历史文化保护等方面。吴闰（2014）在其研究中将新型城镇化的内涵概括为以人为本、集约低碳、生态文明、四化同步、多元形态、优化布局、创新发展、功能完善、公平共享、传承文化和城乡协调。魏后凯（2013）基于综合视角指出新型城镇化是人本城镇化、市场城镇化、文明城镇化、特色城镇化、绿色城镇化、城乡统筹城镇化、集群城镇化和智慧城镇化等的统一。董晓峰等（2017）指出，新型城镇化是实现人的城镇化，坚持以人为本，以新型产业化为动力，以统筹兼顾为原则，全面提升城镇化质量和水平，实现城乡统筹、节约集约、生态宜居、社会和谐的发展目标。苏发金、田野（2018）指出，新型城镇化是以城乡统筹、城乡一体、产业互动、节约集约、生态宜居、和谐发展为基本特征的城镇化，是大中小城市、小城镇、新型农村社区协调发展、互促共进的城镇化。新型城镇化的核心在于不以牺牲农业和粮食、生态和环境为代价，着眼农民，涵盖农村，实现城乡基础设施一体化和公共服务均等化，促进经济社会发展，实现共同富裕。

由此可见，不同于传统城镇化的单一化内涵，以人为核心的新型城镇化具有多元化的内涵，涉及人口发展、经济发展、基础设施、公共服务、城乡融合、生态环境等多方面的内容，强调"人"的城镇化，蕴含着"以人为核心"的本质内涵，追求集约化和高质量的发展方式，立足于更加广泛的民生福祉，促进城乡空间格局优化，旨在满足更多人追求美好生活的需要，使文明成果为全民共享。因此，以人为核心的新型城镇化是对传统城镇化的全面修正与合理优化，是传统城镇化转型发展的升级版本，是坚持"以人为核心"的发展理念，注重质量与内涵发展，强调体制机制创新，利用有效市场和有为政府的双轮驱动效应，推动要素自由流动和高效集聚，全面改善民生福祉，促进城乡融合互补发展，逐步形成以城市群为城镇化发展的主体形态，大中小城市和小城镇协同优化发展，使城镇化发展的文明成果惠及广大民众，促进人的全面进步与发展的城镇化道路。

第四节　研究思路、方法及创新之处

一、研究思路与技术路线

本书立足我国城镇化发展现状，紧紧围绕如何推进以人为核心的新型城镇化这一中心命题展开研究。首先，考察我国城镇化历史演变与现实发展，深入剖析城镇化发展过程中的历史条件与制度环境；其次，构建以人为核心的新型城镇化发展质量指标体系并对其进行综合测度，在此基础上，从新旧动能、创新、人力资本、市场化、产业集聚、城市规模、公共基础设施等方面理论和实证分析以人为核心的新型城镇化动力机制；最后，立足现实，结合研究结论，重构以人为核心的新型城镇化高质量发展路径。本书的技术路线如图1－1所示。

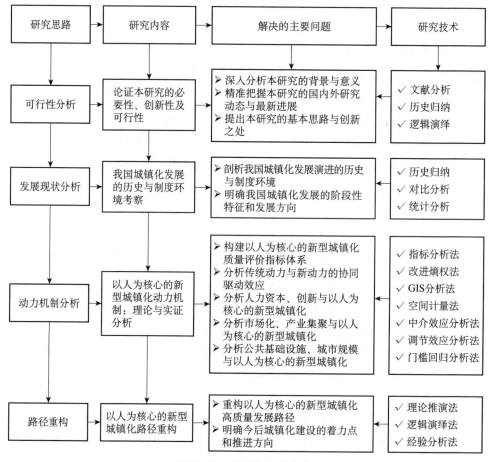

图1－1　本书的技术路线

二、结构安排

本书由四大部分共七章内容构成：第一部分为引论与研究动态；第二部分为中国城镇化的历史演进与现实发展考察；第三部分为以人为核心的新型城镇化动力机制的理论与实证分析；第四部分为推进以人为核心的新型城镇高质量发展路

径选择。各部分具体结构安排如下。

第一部分为第一章，主要阐述了研究背景、研究意义、研究思路、研究方法、技术路线、结构安排、可能的创新之处等内容，并系统梳理了以人为核心的新型城镇化相关文献成果，对相关基本概念进行了界定与辨析，以准确把握本研究领域的前沿动态与研究进展。

第二部分为第二章，系统考察了中国城镇化历史演进与现实发展情况，阐述了中国城镇化发展的历史阶段性特征，重点分析了中国传统城镇化发展的历史条件与制度环境，在此基础上提出以人为核心的新型城镇化是中国城镇化高质量发展的必然选择，并系统分析了以人为核心的新型城镇化基本内涵、发展目标与具体要求。

第三部分为第三章至第六章，主要系统分析了以人为核心的新型城镇化的动力机制及其空间效应。其中，第三章立足以人为核心的新型城镇化现实，认为在高质量发展阶段，以人为核心的新型城镇化依然离不开劳动、资本以及自然资源等传统要素，但在高质量发展阶段，城镇化模式转变孕育着新动能，发展动力开始从旧动能向新旧动能转化，因此，本章将新型城镇化动力划分为传统动力和新动力，对以人为核心的新型城镇化传统动力与新动力协同作用机制及其空间效应进行理论分析与实证考察。第四章将人力资本、创新与以人为核心的新型城镇化纳入同一个理论框架，采用中介效应和调节效应分析方法识别人力资本和创新推动以人为核心的新型城镇化高质量发展的协同优化机制。第五章将市场化和产业集聚作为刻画新型城镇化动力机制的重要视角，从理论机制与实证分析两个层面系统分析三者之间复杂的作用关系，进一步运用门槛效应模型揭示三者之间的作用机理及其区域异质性背后的内在原因。第六章主要分析了交通基础设施与城镇规模促进以人为核心的新型城镇化的作用机理，并运用偏微分效应分解的方法深入分析其空间效应。

第四部分为第七章，主要内容为以人为核心的新型城镇化高质量发展路径重构，本章主要从体制机制创新、要素配置优化、空间集聚引领、区域协调发展、因地制宜策略等方面重构以人为核心的新型城镇化发展路径，明确以人为核心的新型城镇化建设的着力点和推进方向。

三、研究方法

本书主要运用理论与实证相结合、定性与定量相结合的研究方法，重点探讨以人为核心的新型城镇化动力机制与路径重构问题。运用历史归纳和逻辑推演方法，考察我国城镇化发展的历史演变与制度环境。基于统计学原理和计量经济学理论，利用改进的熵值法对以人为核心的新型城镇化发展质量进行客观测度，主要利用固定效应模型、随机效应模型、空间计量方法、门槛效应分析法、对比分析法、文献分析法、中介效应分析法、调节效应分析法、GIS 分析法等实证分析法，为理论分析提供更加科学准确的经验支持。此外，本书所运用的工具主要包括 SPSS、STATA、GEODA 和 GIS 等统计和计量分析软件。

四、可能的创新之处

（1）从理论上解析传统城镇化发展的历史条件与制度环境，揭示传统城镇化发展机制及其强化过程，为分析新时期以人为核心的新型城镇化动力机制和路径重构提供了重要的切入点，从而取得历史与现实的统一、理论与实际结合的效果，在学术思想上具有一定的创新性。

（2）突破传统的城镇化衡量范式，基于以人为核心的新型城镇化的多元化内涵，突出城镇化高质量发展特征，从人口发展质量、经济发展质量、基础设施质量、公共服务质量、城乡融合质量、生态环境质量 6 个方面构建有机统一的、以人为核心的新型城镇化质量评价指标体系，在衡量范式上具有一定的创新性。

（3）从新旧动力协同、创新驱动、人力资本、市场化、产业集聚、城市规模、基础设施等多层面构建以人为核心的新型城镇化动力机制，并对其空间效应进行实证检验，提出我国推进以人为核心的新型城镇化路径，明确新型城镇化建设的着力点和推进方向，在研究视角与方法上具有一定的创新性。

（4）基于以人为核心的新型城镇化高质量发展的内在要求，以质量提升与民生改善为要旨，科学设计推进以人为核心的新型城镇化、多元优化路径选择，激发要素创新活力，提高要素配置效率，推动城乡基本公共服务均等化，统筹城乡融合发展，使全民共享城镇化发展成果，在学术观点上具有一定的创新性。

第二章　中国城镇化历史演进与现实发展考察

第一节　中国城镇化发展的历史演进及其阶段性特征

一、中国古代城市发展（公元前 21 世纪至 1840 年）

中国的城市化发展可以追溯到 4000 年前，其发展的延续性没有任何一个文明可与之媲美，但由于中国古代生产力长期徘徊于低水平的循环发展模式之中，城市发育和发展程度较低（戴均良，1992），战国时期的城市化水平为 15.9%，西汉时期城市化水平为 17.5%，唐朝时期的城市化率达到 20.8%，南宋时期达到 22%，成为古代城市化率最高时期，自此，城市化率持续下降，清朝嘉庆年间（1820 年）的城市化率仅为 6.9%（赵冈，2006）。纵观中国古代城市的发展史，或围"城"而建，城市、城墙具有军事防御功能，同时城市也是统治阶级、各级官僚、贵族及其附属人员等特殊阶层居住的场所，因此，中国古代城市的政治职能和军事职能一直是其主导特征；或因"市"而兴，早在西周时期就在较大的都邑中出现了市场（朱绍侯，2010），随着农业、手工业及商业的进一步发展，促进了城市的迅速发展，《史记·苏秦列传》中就有"临淄之途，车毂击，人肩摩，连衽成帷，举袂成幕，挥汗成雨"的描述，反映了当时商业的繁荣及城市的繁华。

汉代初建，通过颁发一系列的政策法令，稳定了社会秩序，缓和了阶级矛盾，使社会生产得到恢复，促进了经济的发展，随后的"文景之治"进一步减轻了农民负担，对农业生产的恢复和发展起到重要助推作用。到汉武帝时期，西汉经济出现空前繁荣的景象，农业、商业、手工业及对外贸易都获得很大发展。西汉中期，全国有郡国（中等城市）130 个，县城（城镇）1 314 个，道（城镇）32 个，诸侯国（城镇）241 个，可见城镇发展已具规模（张呈琼，1998），其中，最大城市当属京师长安，城市道路阡陌纵横，城中商业区有"九市"，而以东西市最为著名。

盛唐时期，城市人口大幅增加，城市规模进一步扩大，也是我国古代商品经济的重要繁盛时期。由于先进的生产工具及水利设施的应用，农业发展迅速，且由于马在战争中的突出作用，畜牧业蓬勃发展。部分手工业的技术水平、产品种类和生产规模都超过前代。另外，唐朝十分重视交通建设，唐大运河的贯通不仅沟通了南北的经济、文化，使航运事业出现空前发展的局面，而且对沿线地区的工农业经济起到巨大推动作用，这些都为商业的大发展奠定了基础，其外显形式便是城市的繁荣，至唐朝中期（唐玄宗开元二十八年，公元 740 年），县城总数约为 1 639 个（庄林德，2002）。由于唐前期政局稳定，人民生活富足，部分城市不仅是富商大贾云集之处，而且人口众多，有数据显示，唐朝时长安城人口就有百万户，很多诗人对此也有印证，如贾岛"长安百万家，家家张屏新"、韩愈"长安百万家，出门无所之"。杭州处于隋唐大运河的终点，经济社会发展更是令人侧目，"万商所聚，百货所殖……骈樯二十里，开肆三万室"，可知杭州城市发展的繁盛（葛剑雄，2002）。

北宋时期城市发展的最大特点是突破了之前的"坊""市"的界限，商人可以随处开设店铺，营业时间也不再受限制，夜市兴起从另一侧面也反映了城市的繁荣及发展。北宋时为解决以往货币携带不便的问题，出现了交子铺，发行纸币。东京汴梁是北宋的政治、经济、文化、商贸和交通中心，更是一个农副产品和手工业产品的消费中心（雷绍锋，2008）。有学者指出北宋东京最盛时有 13.7 万户、150 万人左右（吴松弟，2000），是当时世界上最大的城市。北宋城市风貌及经济发展状况，在《清明上河图》中有生动的描绘——城中街道鳞次栉比，商铺林立，行人摩肩接踵，河里船只往来，络绎不绝，其中亦有对对外贸易的描述。

明清时期在前朝城市发展的基础上又有了新特点。首先，政府十分重视水利建设，大兴水利工程，提高了农田的有效灌溉率，加之通过开垦荒地所带来的耕地面积的扩大，使粮食产量大大提高，同时通过对河道的疏通使得上下游地区间的联系更加紧密、便捷。政府对经济作物的种植采取鼓励措施，进一步加大了对荒地的利用效率，经济作物的大量种植也为手工业生产提供了原材料，农业生产出现专业化、商业化的趋势，由此形成一些以手工业为特色的城镇，如以丝织业闻名的杭州、浆染业为主的芜湖、造纸业之乡铅山等，地区间生产的专业性倾向明显。由于经济作物种植面积的不断扩大，部分地区粮食生产已不能自给，需要大量输入，因此大批地主富商开始投资粮食买卖等工商业，并逐渐形成抱团经营的方式，由此出现以地区和行业划分的各类商帮。其次，因手工业的快速发展，出现了很多大规模的私营手工作坊，加之赋役制度的改革使农民获得了较多人身自由，农民的自由流动成为可能，两方面原因促使大量雇佣劳动力产生，出现了资本主义萌芽，这些都大大促进了明清城市的发展。有数据显示，明朝全国共有大中型城镇 100 个，小城镇 2 000 多个，嘉靖后期仅北京城市人口可能就达 120 万（葛剑雄，2000），尼尔·弗格森在其《文明》一书中指出，在 1800 年，世界上 70% 的大城市位于亚洲，北京在很长的时间里规模第一。

二、近代城市发展（1840 ~ 1948 年）

从 1840 年鸦片战争到 1949 年中华人民共和国成立前，这期间的 100 多年被界定为中国的近代历史时期。19 世纪初，北京仍是世界唯一的百万人口城市，约 110 万人，伦敦次之，约 95.9 万人，而到 1850 年，伦敦已达到 230 万人，而北京为 165 万人，人口数量差距猛然拉开，这是工业革命的力量。鸦片战争后，中国城市发展逐步衰落，直到 20 世纪 20 年代，上海兴起之前，中国没有一个城市进入世界十大城市之列（新玉言，2013）。清朝后期，国运世风日下，国防及军备不堪一击，对外长期采取闭关锁国的政策，小农经济和家庭手工业依旧是中国经济的主体，而当时英法等资本主义国家在工业革命后，经济得到快速发展，工场手工业逐渐被机器生产所代替，工业产量大幅增加，在满足本国需要的同时，他们急需寻找产品出口国，而中国幅员辽阔、资源丰富，加之国势衰微，岌岌可危，毫无抵抗之力，势必成为资本主义国家倾销商品的不二之选。

鸦片战争后，一系列不平等条约的签订，中国土地被列强瓜分和掠夺，主权遭到破坏，自给自足的自然经济遭受重创并逐渐瓦解，中国逐步成为世界资本主义的商品市场和原材料供应国，开始沦为半殖民地半封建社会，通商口岸成为这一时期西方列强叩开中国大门以便名正言顺地从中国攫取更多利益的一种方式。1842 年，清政府被迫与英国签下《南京条约》，除割地赔款外，还承诺开放广州、福州、厦门、宁波、上海五处为通商口岸，并允许英国人在通商口岸居住、设派领事，由此打开了帝国主义侵略中国的大门。从 1842 年到 1924 年，中国共开放了 112 个通商口岸，其中约开口岸（帝国主义国家强迫清政府开放的口岸）77 个，自开通商口岸 35 个（张洪祥，1993）。从这些口岸的区域分布来看，大多集中在沿海沿江地区，随着西方列强的进一步入侵，其逐渐扩大到内陆。

中国近代城市的发展与帝国主义的入侵和民族资本主义的兴起相伴随，在沿海、沿江、铁路沿线开始出现拥有近代工业交通运输和公用事业的工商业城市，但由于旧中国社会经济发展十分缓慢，直到 1949 年，除了东部沿海若干帝国主义势力盘踞的大城市和内地个别的经济中心得到畸形的发展外，绝大多数的城镇发展都相当破败和衰微。国民政府主张发展国营经济，节制民间资本①，1928 ~ 1937 年，在冶金、燃料、化工、电气及军工企业方面有所建树，构建了一个国营工业高速发展的高峰期，也是经济发展的黄金十年，工业经济增长大约8.7%，也形成了上海、汉口、天津、南京、北平、重庆、沈阳、广州、青岛、西安等规模性大城市（吴晓波，2013）。

三、现代城市发展（1949 年至今）

新中国成立后，中国以崭新的面貌开始各项建设，城市发展也进入一个全新的时期。2018 年底，我国常住人口城镇化率为 59.58%，是 1949 年的 5.6 倍。新中国伊始，我国缺乏城市建设方面的经验，面对百废待兴、经济停滞的现状，在摸索中不断积累经验，逐步形成符合我国国情的中国特色城镇化发展模式。我国现代城镇化可以划分为以下四个阶段。

第一阶段：城镇化的初步发展阶段——计划经济体制下城镇化的曲折发展（1949 ~ 1977 年）

在遭遇了西方列强的掠夺及战争破坏之后，新中国成立初期，城镇化水平很低，仅为 10.64%，生产生活物资极度匮乏，为尽快恢复经济及社会秩序，国家将工作重心从农村转向城市。"一五"计划又将工业化建设作为工作重点，优先发展重工业，其中尤以苏联援助项目为中心建立社会主义工业化的初步基础。1954 年 6 月，第一次城市建设会议明确了与工业建设相适应的"重点建设，稳步推进"的城市建设方针。1955 年 6 月，《国务院关于设置市镇建制的决定》发布，在建设项目及政策决定的推动下，我国各类城市得到了相应的发展，但需明确这一阶段的城市发展主要在保证工业化建设基础上进行，依工业建设进行城市建设，且城市建设资金投入始终低于工业化建设。如图 2 - 1 所示，1957 年，国内生产总值达 1 068 亿元，是 1952 年 679 亿元的 1.57 倍，其中工业生产发展速度更快，从 1952 年的 119.8 亿元增长到 1957 年的 271 亿元，增长了 126.2%，与此同时，城市也得到相应的发展，大批农村人口迁入城市，使城市原有规模扩大，1957 年底，全国设市城市达 177 个，相较 1949 年增加了 45 个，城镇人口9 949 万人，占全国总人口的 15.39%，是 1949 年的 1.73 倍。

"一五"计划超额完成了预定任务，整个国家都为之振奋，党中央试图凭借这一大好形势及高涨的群众热情，进一步加快工农业生产发展速度，以期将经济

---

① 吴晓波. 历代经济变革得失 [M]. 杭州：浙江大学出版社，2013：163.

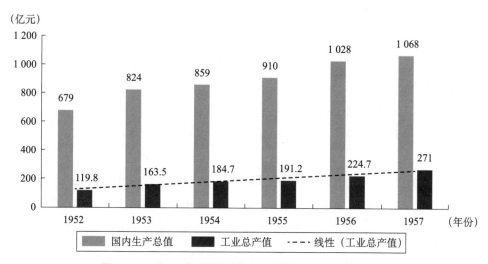

图 2 - 1　"一五"期间国内生产总值与工业总产值对比

资料来源：《中国统计年鉴（1999）》。

发展推向另一个高潮，迅速摆脱我国"一穷二白"的局面，也希望在预定期限内实现赶英超美的目标，因此，于 1958 年在全国范围内开展"大跃进"运动。"大跃进"的初衷是力求在全国人民共同努力下实现经济建设的跃进式发展，但在实际执行过程中却由于忽视了我国当时的生产力实际，制定的目标不切实际，使得全国上下盲目地以目标为目标，使"左"倾思想不断蔓延扩大。在这样的浪潮中，城镇化建设也出现了"大跃进"，提出"用城市建设的大跃进来适应工业建设的大跃进"，据此各城市不切实际地扩大城市规模，提升城市建设标准，发展大城市，相应地对"一五"期间编制的城市总体规划也进行了重新修订。随着"大跃进"运动，浮夸风蔓延，加之自然灾害及苏联政府撕毁合同，1960 年全国开始出现粮荒，各项生产陷入窘境。此时，党中央再一次认真审视、开展了新一轮的纠"左"，并于 1961 年中央八届九中全会上提出"调整、巩固、充实、提高"的方针，最终结束了"大跃进"运动（王向清，2012）。城市经济政策也作出相应改变，即调整城市工业项目，缩减城市人口，部分新设置的市被退回到县建制，部分地级市降为县级市。"大跃进"造成的经济滑坡经过 1961～1965 年 5 年的调整后才恢复到 1957年的水平，之后爆发的"文化大革命"使城市发展再次受到较大冲击。

　　1958 年，《中华人民共和国户口登记条例》发布，该条例对人口自由流动实行严格限制和政府管制，客观上将农民排斥在工业化和城镇化进程之外（李小静，2019）。另外，由于重工业的资本密集属性难以吸纳大量劳动力，为缓解城市就业压力，这一时期在全国范围内开展了知识青年上山下乡运动，1 600 万（戴均良，

1992）城市青年被下放至农村，形成人口倒流，在一定程度上限制了城镇化的发展。由于我国国防工业最初大多聚集在东部地区，为应对潜在战争威胁，于 1964 年开始"三线"建设，将一线城市的部分企业搬迁至"三线"城市，分散军工企业布置。1966～1980 年，国家在"三线"地区共投入资金 2 050 亿元，建设了一大批至今仍发挥重要作用的钢铁、煤炭、武器制造、水电、石油、化工、航天、铁路线等项目（徐有威，2015）。这对我国西部地区城市发展产生深远影响，大批"三线"地区借此契机发展工业化，推动了城市及小城镇的发展。

在此期间，我国城镇化的发展受到国际形势、时代背景及国内大政方针的影响，城镇化随经济政策及形势的变化而变化，受外界影响因素大，城市发展没有明确的方针政策，基本上处于无序发展的状态（李秉仁，2008），因此这一阶段的城镇化经历了快速发展（20 世纪 50 年代）、起伏不定（"大跃进"时期）、长期停滞（20 世纪 60～70 年代）的发展历程，显现出明显的时代特征。如图 2－2 所示，我国城镇化率从 1949 年的 10.64% 稳步上升至 1960 年的 19.75%，年均增速为 0.06%，虽然在 1955 年有些许下降，但不影响总体的上升趋势；随后三年困难时期出现下滑，1960～1963 年，年均下降 0.05 个百分点，1964 年在 1963 年基础上又上升了 1.53 个百分点，且城镇人口年增长率在这一时间段内最高达 11.2%，最低时为 -8.2%，经历这一大起大落，之后的近 15 年间，我国城镇化处于反向城镇化状态，至 1973 年才又开始逐步上升。1961 年，全国城市数为 208 个，比 1949 年的 136 个增加了 72 个（戴均良，1992）。根据《2018 年城市建设统计年鉴》（2018）的数据显示，1978 年全国城市数为 193 个，相比于 1961 年不增反降。中国 1949～1978 年城镇化率如表 2－1 所示。

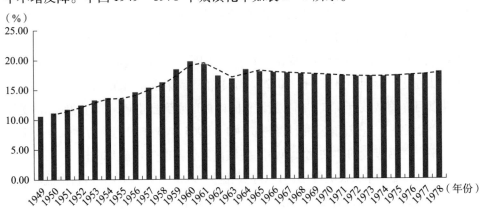

图 2－2　1949～1978 年中国城镇化率变动趋势

资料来源：《中国统计年鉴（2019）》。

表 2-1　　　　　　　　　　　中国 1949~1978 年城镇化率

年份	城镇化率（%）	年份	城镇化率（%）	年份	城镇化率（%）
1949	10.64	1959	18.41	1969	17.5
1950	11.18	1960	19.75	1970	17.38
1951	11.78	1961	19.29	1971	17.26
1952	12.46	1962	17.33	1972	17.13
1953	13.31	1963	16.84	1973	17.2
1954	13.69	1964	18.37	1974	17.16
1955	13.48	1965	17.98	1975	17.34
1956	14.62	1966	17.86	1976	17.44
1957	15.39	1967	17.74	1977	17.55
1958	16.25	1968	17.62	1978	17.92

资料来源：《中国统计年鉴（2019）》。

第二阶段：城市化的加速阶段——改革开放后城市的迅速发展（1978~1996 年）

1978 年，党的十一届三中全会召开，会议中心议题是把党的工作重点转移到社会主义现代化建设上来，自此我国进入对内改革、对外开放的新的历史时期。早在 1978 年 3 月，国务院在北京召开第三次全国城市工作会议，强调了城市在国民经济发展中的重要地位和作用，并提出了一系列整顿城市工作的方针、政策，提出控制大城市规模、发展中小城镇的基本工作思路。1980 年，国务院批转《全国城市规划工作会议纪要》，提出"控制大城市规模、合理发展中等城市、积极发展小城市"的方针。1984 年初，国务院颁布《城市规划条例》，其中明确指出城市规划应考虑城市的长远发展，与国家和地方的经济技术发展水平及人民生活水平相适应。1984 年，党的十二届三中全会明确提出加快改革步伐，推动以城市为重点的整个经济体制的改革。1986 年，《关于调整设市标准和市领导县条件的报告》出台，县改市对这一时期城市化的发展起到了积极作用，1979~1994 年，全国撤县改市数量为 373 个（王婷、缪小林，2016）。另外，在农村，实行家庭联产承包责任制极大地提升了农民的生产积极性，大批农村生产力因此得到解放，农业获得大发展，农村市场化改革逐步推行，摆脱束缚的农民有了更多非农就业机会，加速了劳动生产力从农业部门向非农业部门的转移，从而满足了城市扩张的需求。与此同时，城市规划在社会主义建设中的重要地位和作用越来越受到各级地方政府的关注，此后城市从布局到建设、从规模到作用都依照城市发展指导方针进行，这些都为城市发展奠定了制度保障。

改革开放所构建的对外开放体系投射在空间上就是城市的逐步对外开放（李天健、赵学军，2019）。1980 年设立四大经济特区，1984 年开放 14 个沿海港口城市，1985 年在长三角、珠三角等地开辟经济开放区，市场经济的活力使得这些地区的城市集聚效应增强，逐步形成城市群。1992 年在上海浦东设立经济开发区，开放黑河、绥芬河、伊宁等 14 个城市为沿边开放城市，1996 年开放太原等 11 个内陆省会，再到 2000 年实施西部大开发战略，改革的步伐一步步将开放由沿海地区逐步扩大到内陆、沿江、沿交通线地区，为城镇化的发展注入了新的活力。

1980 年，我国城镇化率为 19.4%，同年世界城镇化率为 39.4%，高出我国 20 个百分点。1996 年，我国城镇化水平为 30.48%，与世界城镇化水平相差 15.02%。这一阶段我国城市数量从 193 个增长到 666 个，19 年间共增加了473 个，增长幅度为 6.74%，其中，地级市从 98 个增加到 218 个，增加了 120个，县级市从 92 个增加到 445 个，增加了 353 个。与此同时，我国城镇人口从 17 245 万人增加到 37 304 万人，平均每年净增加 1 055.7 万人，城镇化率也由 17.92% 增长到 30.48%（见表 2-2）。从以上数据不难发现，这一时期我国城市数量和城镇化率均迅速上升，但城市数量的增长幅度快于城市人口的增长幅度。中国 1978~1996 年城镇化率变动的趋势如图 2-3 所示。

表 2-2　　　　　　　　中国 1978~1996 年城镇化率

年份	城镇化率（%）	年份	城镇化率（%）
1978	17.92	1988	25.81
1979	18.96	1989	26.21
1980	19.39	1990	26.41
1981	20.16	1991	26.94
1982	21.13	1992	27.46
1983	21.62	1993	27.99
1984	23.01	1994	28.51
1985	23.71	1995	29.04
1986	24.52	1996	30.48
1987	25.32		

资料来源：《中国统计年鉴（1981、1997）》。

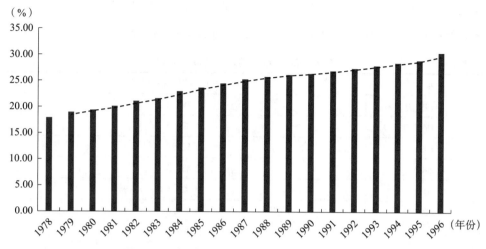

图 2 – 3 中国 1978 ~ 1996 年城镇化率变动趋势

资料来源：《中国统计年鉴（2019）》。

第三阶段：高速发展阶段（1997 ~ 2011 年）

1997 年 6 月，国务院批转公安部《小城镇户籍管理制度改革试点方案》和《关于完善农村户籍管理制度的意见》，允许已经在小城镇就业、居住并符合一定条件的农村人口在小城镇办理城镇常住户口，户籍制度改革有力地推动了农村人口进入城市的步伐，为城市发展带来契机。但这一阶段土地城镇化明显快于人口城镇化。由于住房制度改革，房价持续走高，大量进城务工人员的收入无法支付城市高昂的房价，形成离土不离乡模式，严重阻碍了农民工市民化的进程。

1998 年，党的十五届三中全会指出要制定和完善促进小城镇健康发展的政策措施。2001 年，我国加入世界贸易组织，经济全球化的影响被进一步深化，对外开放由区域性转为全方位，开放领域由传统的货物贸易向服务贸易扩展（陈宗胜等，2018），我国经济在全球化浪潮中获得了广阔的市场空间，同时更为城镇化发展注入活力，是改革开放后城镇化进程最快的一个阶段，城镇建成区面积由 20 791.3 平方公里增长到 43 603.2 平方公里，增长了 109.7%（见表 2 – 3），苏州、东莞、无锡、佛山等城市依托制造业的快速发展，成为这一时期的明星城市（肖金成、刘保奎，2018）。2002 年，党的十六大提出逐步提高城镇化水平，坚持大中小城市和小城镇协调发展，引导农村劳动力合理有序流动。党的十七大提出走中国特色城镇化道路，以大带小促进大中小城市和小城镇协调发展，以增强综合承载能力为重点，以特大城市为依托，形成辐射作用大的城市群，培育新的经济增长极。2009 年，《国务院关于进一步实施东北地区等老工业基地振兴战略的若干意见》发布，要求积极推进资源型城市转型，促进可持续发展。各项政策都对城镇化发展提出了相应的战略要求，助推城镇化向好发展。

表 2 - 3 　　　　　　　　　1997 ~ 2011 年中国城市建成区面积

年份	城市建成区面积（平方公里）
1997	20 791. 3
1998	21 379. 6
1999	21 524. 5
2000	22 439. 3
2001	24 026. 6
2002	25 972. 6
2003	28 308. 0
2004	30 406. 2
2005	32 520. 7
2006	33 659. 8
2007	35 469. 7
2008	36 295. 3
2009	38 107. 3
2010	40 058. 0
2011	43 603. 2

资料来源：《城市建设统计年鉴（2018）》。

这一阶段，我国城市人口增长迅速，从 39 449 万人增加到 69 079 万人，城镇化率从 31.91% 增加到 51.27%，且 2011 年我国城镇人口首次超过农村人口，城镇化率达到 51.27% （见图 2 - 4）。美国学者诺瑟姆在 1979 年提出的城镇化过程曲线，对城镇化发展阶段进行了划分，城镇化水平在 30% 以下为城镇化的初始阶段，30% ~ 70% 为城镇化加速发展阶段，70% 以上为城镇化后期阶段。依据该曲线，我国正处于城镇化的加速发展时期。2011 年，世界城镇化率为 52%，我国与世界城镇化水平相差 0.73%，城镇化发展水平与世界间的差距逐渐缩小。我国用短短 30 多年时间完成了西方国家上百年才完成的城镇化进展，创造了世界历史上规模最大、速度最快的城镇化进程。

第四阶段：提质增效的新型城镇化发展阶段（2012 年至今）

自 2012 年党的十八大明确提出新型城镇化战略以来，党和国家高度重视城镇化建设，坚持实施以人的城镇化为核心、以提高城镇化质量为导向的新型城镇化战略，我国城镇化发展进入了质量和规模共进的新阶段。新型城镇化就是城镇

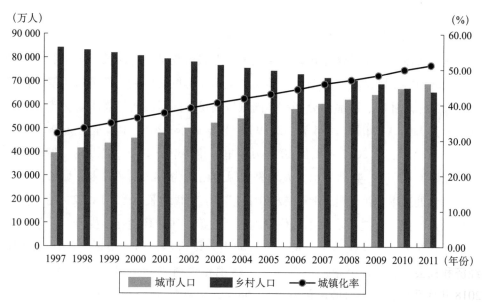

图 2 - 4　中国 1997～2011 年城市人口、乡村人口及城镇化率

资料来源:《中国统计年鉴（2019）》。

化与工业化、信息化、农业现代化的同步发展，信息化与工业化深度融合，工业化和城镇化良性互动，城镇化和农业现代化相互协调（唐任伍，2013），四者有机结合，联动发展。2013 年 12 月，中央城镇化工作会议关于城镇化对现代化建设、"三农"问题、区域协调发展、产业转型以及全面建设小康社会等的作用、影响和现实意义做了明确阐释，并提出了推进城镇化的六大任务。2014 年 3 月，国务院印发了指导全国城镇化健康发展的宏观战略性规划——《国家新型城镇化规划（2014—2020）》。2015 年，中央城市工作会议指出，城市工作要坚持集约化发展，框定总量、限定容量、盘活存量、做优增量、提高质量，立足我国实际，在尊重、顺应和保护大自然的前提下改善城市生态环境，以提高城市发展的持续性、宜居性。农业人口向市民转化的过程中，要注重人口与土地运用相匹配，城市规模与资源环境承载力相匹配，积极推进土地、财政、教育、就业、医疗、养老、住房等领域的保障，提前规划并逐步改善城市交通、供排水、供热、天然气、污水、垃圾处理等基础设施建设，明确城市发展的功能定位，结合区位历史，做好文化传承，城市发展进入外延扩张式向内涵提升式转变的过程。党的十八大以来，面对全新的经济格局，我国先后在天津、上海、广东、福建、辽宁、河南、浙江、重庆、四川等多地设立自由贸易区，深化与国际市场的对接，这些城市从沿海到内地，在更广阔的范围内推进城镇化进程。尤其自 2013 年我国提出"一带一路"倡议，让中国的经济轴带和发展走廊进一步延伸，促进了城镇格局的网络化和开放化（肖金成、刘保奎，2018）。

这一阶段，我国城镇化建设不断完善，大城市数量快速增长，国家级中心城市以及城市群不断形成，逐渐形成多层次城镇住房供给体系，经济适用房、限价房、公共租赁住房、商品房分别在不同领域满足不同居民居住需求。城市各类设施不断完善，《中国统计年鉴（2019）》数据显示，2018 年，全国公路总里程484.65 万公里，比 2012 年增加 60.9 万公里，年均增长 10 万多公里；《城市建设统计年鉴》（2018）数据显示，人均公园绿地面积为 14.11 平方米，城镇生活垃圾无害化处理率、污水处理率都较 2012 年有了大幅增长。《2018 年农民工监测调查报告》显示，进城农民工居住设施不断改善，居住环境逐步提升，小学阶段随迁子女在公办学校就学率达 82.2%，初中阶段达 84.1%。根据《2018 年国民经济和社会发展统计公报》《国家新型城镇化规划 2014—2020 年》数据显示，2018 年底我国常住人口城镇化率为 59.58%，比 2012 年提高 7.01 个百分点，年均提高 1.16 个百分点，户籍人口城镇化率为 43.37%，比 2012 年提高 8.04 个百分点，年均提高 1.34 个百分点，户籍和常住人口间城镇化率差距逐渐缩小。

总体而言，我国城镇化发展不断取得新进展，各阶段城市人口、城市数量和城镇化率变动如表 2 - 4 所示。

表 2 - 4　　　　　　　　　中国各阶段城镇化发展水平

阶段	城市人口（万人）	城市数量（座）	城镇化率（%）
初步阶段（1949～1977 年）	5 765～16 669	136～185（1975 年）*	10.64～17.55
迅速发展阶段（1978～1996 年）	17 245～37 304	193～666	17.92～30.48
高速发展阶段（1997～2011 年）	39 449～69 079	668～657	31.91～51.27
提质增效阶段（2012～2018 年）	71 182～83 137	657～673	52.57～59.58

注：*初步阶段城市数量来源于（庄林德、张京祥，2002），由于查阅资料后并无 1977 年我国城市数量的准确数据，因此以 1975 年城市数量进行统计。

资料来源：根据《城市建设统计年鉴（2018）》《中国统计年鉴（2019）》整理所得。

第二节　中国传统城镇化发展的历史条件与制度环境考察

一、城乡二元结构惯性与新三元结构并存

（一）城乡二元结构的形成

新中国成立后，公安部于 1951 年 7 月颁布了《城市户口管理暂行条例》，这

是新中国成立后第一部户口管理条例，该条例第一条"为维护社会治安，保障人民之安全及居住、迁徙自由"就明确表明国家对人口自由迁徙没有限制；1955年发布的《国务院关于建立经常户口等级制度的指示》，其中公民迁入迁出需要在相关部门登记，但也未对自由迁徙作出其他限制性的规定；1958年1月，全国人民代表大会常务委员会通过了《中华人民共和国户口登记条例》，对农村户口迁往城市作出明确规定：须持有城市相关部门出具的录用证明（上学、参军等）或经城市户口登记机关批准，再经迁出地户口登记机关审批批准后方可迁移，开始对公民自由迁徙进行约束；1964年8月，《公安部关于处理户口迁移的规定（草案）》，对从农村迁往集镇、城市，从集镇迁往城市作出"严加限制"的规定；直到1984年《国务院关于农民进入集镇落户问题的通知》颁布，"各级人民政府应积极支持有经营能力和有技术专长的农民进入集镇经营工商业"，该通知明确规定，申请到集镇务工、经商、办服务业的农民和家属，在集镇有固定住所，有经营能力，或在乡镇企事业单位长期务工的，公安部门应准予落常住户口，统计为非农业户口，相应地解决粮食购买问题，给予建房、买房、租房的便利，农民要落户集镇时要事先办好承包土地使用权转让手续，不得摞荒，一旦因故返乡也应准予迁回落户，当地政府部门不得拒绝。农民进入集镇落户有所松动，首次突破了城乡间严格的户籍政策限制，拉开了我国户籍制度改革的帷幕，此后一系列户籍制度的出台使人口自由迁徙的限制逐步消弭，城乡二元户籍制度逐步弱化。

新中国成立之初，我国仍是一个农业大国，农村人口占全国总人口的89.4%，当时国内一穷二白，各项建设在战争中被迫停止或被破坏，国外虎视眈眈，面对如此内忧外患的局势，党和人民都迫切希望尽快改变贫穷落后面貌，因此，我国作出优先发展工业尤其是重工业的决策，但面对几近为零的工业化发展基础，我国采取计划经济体制。在城市采取统一的工资、福利政策，实行严格的粮食、副食品等生活品供给制，尽可能压低城市居民的生活消费支出，为工业发展积累资金；在农村运用行政手段人为地对农产品实行统购统销，通过降低农产品价格为工业发展提供稳定的原材料，并最大限度地从农业收益中提取工业发展所需资金（李学，2006；黄永涛、李万鹏，2011）。此时，如果大量农业人口迁往城市势必会影响农业生产，进而影响工业化的发展。当时新中国的城市发展也处于起步阶段，城市无法吸纳过多农业人口，从而给城市各项供给带来压力，因此，实施严格的户籍政策既可以限制农村人口的盲目流动，避免出现部分农村衰败、城市过度扩张，进而出现各种社会问题，又为农村发展积蓄了力量，所以户籍政策的出台符合我国当时所处的特定时代背景，城乡二元结构由此形成。

但随着我国经济社会的不断发展，城乡二元分割的弊端日渐显露：第一，城乡发展不平衡且差距越来越明显。1978 年，我国城乡居民人均可支配收入分别为 343.4 元、133.6 元，两者差距比为 2.57∶1，1985 年，两者间的差距比缩小为 1.86∶1，此后逐年上升，2009 年，两者差距比达到 3.11∶1，其后差距慢慢缩小，2018 年，两者间差距依旧为 2.69∶1。纵观改革开放 40 年我国居民人均可支配收入数据（见图 2－5），可以清晰地发现，农民收入增长缓慢，包括就医看病难、教育资源弱、住房条件差等差距以及城乡二元结构导致的地区贫富差距很突出。第二，限制了农村剩余劳动力的有效转移，阻碍城镇化的发展。城乡二元结构严格限制农村人口流向城市，依据户籍制度，相应的就业、养老、医疗、粮食供应等配套制度只有城镇居民才能享受，农民则被排斥在外，将农民牢固地束缚在土地上，剩余劳动力无法自由流动，更无法创造更大价值，导致农村在农闲时闲散人员过多，各种社会问题频发。长期的城乡分割，致使城市与农村无法更好地融合，市场的一体化进程受阻，工业与农业间相互的推动作用不能有效发挥（孙林、傅康生，2015），导致我国城镇化水平发展缓慢。城乡二元户籍制度还严重挫伤了中年人尤其是年轻人改变自己前途的信心，使其陷入悲观的境地，进而影响他们的子女（厉以宁，2018）。

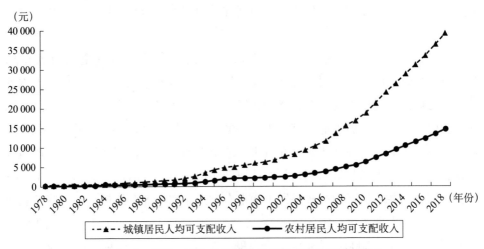

图 2－5 1978～2018 年城镇及农村居民人均可支配收入

资料来源：根据历年《中国统计年鉴》整理得出。

（二）新三元结构

随着我国经济社会的不断发展，破解城乡二元结构成为我国亟待解决的重要问题。以往强制性的生产资料公有制使得生产者没有兴趣扩大生产，单纯依靠"大锅饭"来生活，劳动积极性受到打击，失去了发展经济的活力和动力。1978年，改革开放以来，家庭联产承包责任制使农村焕发出新的活力，农业生产得到快速提高，我国逐步建立起社会主义市场经济体制，充分发挥市场对于经济的调节作用。乡镇企业的异军突起，也为农村剩余劳动力的转移开辟了新的领域，传统农村结构开始发生变化，但大部分农村依旧存在农业效率和农业收益低下的现实。从 1984 年 10 月开始，我国陆续出台多项户籍政策，户籍制度逐步松动，农民不但可以进城务工甚至可以在城镇落户，随着对农村人口流动限制的逐步解禁，我国一度出现民工潮。《2018 年农民工监测调查报告》显示，2018 年，我国农民工总量为 28 836 万人，占全国总人口的 20.67%，农民工是改革开放以及工业化、城镇化进程中一支不可忽视的劳动大军，随着农民工在城市生活及行业中的广泛分布，传统的城乡二元结构枷锁还未消除之时又面临新的三元结构，即城市、乡村、农民工。

农民工为经济社会发展作出了巨大贡献，他们中有的长期在城市生活工作，有的只在农闲时外出务工，还有的虽长期在外但在农忙时节回乡务农。农民工两栖型的生活方式为解决农村剩余劳动力转移就业，增加农民收入，改善农村面貌发挥了积极作用，也给城市建设带来大量人力资源，为城乡二元结构的破解带来契机，但也产生了一系列问题。《2018 年农民工监测调查报告》显示，2018 年，全国农民工中 30～50 岁的青壮年占农民工总数的 50%，他们外出务工不可避免地造成留守儿童、留守老人现象的发生，2018 年底，我国农村留守儿童数量为697 万名，留守老人 1 000 多万。农村青壮年外出务工的首要原因是改变家庭生活条件，给予子女更优质的教育资源，给予老人更好的晚年生活，但却由于常年在外，无暇顾及子女的生活和学习，使其较之父母或父母一方在身边的孩子来说，更易出现学习成绩差、交友困难、自卑等心理和性格方面的缺陷。而老人则承担了青壮年外出时照顾孩子、家庭的重担，虽然能在物质生活上得到一定程度的提升，但却由于与子女情感交流的减少，使老人缺少精神慰藉，从而弱化了对老人的养老支持。

《2018 年农民工监测调查报告》显示，从事第二产业的农民工比重为49.1%，其中从事制造业的农民工比重为 27.9%，建筑业为 18.9%；从事第三产业的农民工比重为 50.5%，其中批发零售业占 12.1%，居民服务、修理和其他服务业占 12.2%。从以上数据不难看出，农民工主要分布在技术含量较低的行业。2018 年，农民工月均收入 3 721 元，而城镇非私营单位就业人员月平均工资为 6 871.75 元，私营单位为 4 131.2 元，分别为农民工月工资的 1.85 倍和 1.11 倍，农民工和城市工人收入差距大；从劳动时间来看，2016 年，农民工监测调查报告显示，农民工年从业时间平均为 10 个月，月从业时间平均为 24.9 天，日从业时间平均为 8.5 个小时，且有 64.4% 的农民工日从业时间在 8 小时以上，有 78.4% 的农民工周从业时间超过 44 小时，其劳动时间远高于城市工人。虽然国家采取一系列政策措施改善农民工各项待遇，但农民工在就业过程中依旧存在工资偏低，且经常被拖欠，劳动时间长，安全、居住环境、卫生条件差，社会保障水平低甚或无社会保障，在工作中较易发生工伤事故，培训机会少，主要就业领域为劳动密集型等技术水平低的工作，组织化程度低，出现各类问题时无法形成群体效应，解决措施和结果不尽如人意，在子女上学、医疗卫生、住房等方面平等地享受城市公共服务存在困难，造成我国不完全城镇化的发展局面。

二、城镇化追求发展速度的数量导向及其要素错配

2010 年，我国 GDP 超过日本成为世界第二大经济体，有研究指出城镇化发展速度与经济发展水平存在长期稳定的均衡关系，城镇化率每提高 1%，可以维持 7.1% 的经济增长（朱孔来等，2011）。1978～2018 年，我国城镇常住人口从 1.7 亿增加到 8.3 亿，城镇化率从 17.92% 增长到 59.58%[①]，年均增长 1.04 个百分点。根据《2018 年版世界城镇化展望》数据，在世界范围内，北美是城市化水平最高的地区，2018 年城市化率为 82%，高出世界平均水平 27 个百分点，亚洲城市化率相对较低，仅为 50% 左右，我国 2018 年城市化率比亚洲高出 9.58 个百分点，高出世界平均水平 4.58 个百分点。我国城镇化率从 20%（1981 年）增长到 40%（2003 年）用了 22 年时间，相应的英国、法国、德国、美国、苏联和日本则分别用了 120 年、100 年、80 年、40 年、30 年（段禄峰等，2016），相较这些国家，我国城镇化发展速度前所未有，2011 年，城镇人口首次超过农村人口，城镇化率达到 51.27%。总体来看，我国已整体进入城镇化加速发展阶段，但从城镇规模及内部空间布局、辐射能力、居民生活、社会文化和城乡协调发展等方面看，我国城镇化发展还存在很多问题，亦即城镇化发展速度与质量不匹配，城镇化低质量主要表现在以下方面。

第一，市民化进程滞后，土地城镇化现象严重。以城镇常住人口为统计口径计算出的城镇化率，并不能真实反映我国城镇化发展的真实状况，它更多的只是

---

① 资料来源于《中国统计年鉴（2019）》。

一种"名义城镇化率",发展速度也是一种"名义速度"(赵永平,2016)。我国城镇常住人口包括在城镇居住超过半年及以上的非农业人口和农业人口,这部分农业人口亦即农民工,他们并没有完全脱离土地,过着候鸟式的生活。《2018年农民工监测调查报告》显示,2018年我国农民工总量为2.88亿人,其中进城农民工为1.35亿人,由于户籍制度等的影响,他们在城市难以享受同城市居民同样的社会保障,如2018年在进城农民工中,仅有2.9%享受保障性住房,50.8%的农民工在子女上学方面存在困难……他们虽然"身"在城市但对所居住城市的归属感较低,尤其城市规模越大,其归属感越低,在进城农民工中仅有38%认为自己是所居住城镇的"本地人",而在500万人以上的大城市中,该比例仅为16.8%,他们的根基依旧在农村,大量农业转移人口难以融入城市社会,市民化程度滞后,农民工并没有实现真正意义上的身份转换。

在我国城镇化进程中存在明显的土地城镇化现象。2000~2018年(见表2-5),我国城市建成区面积由22 439.3平方公里增长至58 455.7平方公里,年均增长5.46%,城市建设用地面积年均增长5.31%,都快于城镇人口3.35%的年均增长率,土地城镇化速度快,空间城镇化质量不高。

表2-5　　　　　　城市建成区面积、建设用地面积与城镇人口

年份	城市建成区面积(平方公里)	城市建设用地面积(平方公里)	城镇人口(万人)
2000	22 439.3	22 113.7	45 906.0
2001	24 026.6	24 192.7	48 064.0
2002	25 972.6	26 832.6	50 212.0
2003	28 308.0	28 971.9	52 376.0
2004	30 406.2	30 781.3	54 283.0
2005	32 520.7	29 636.8	56 212.0
2006	33 659.8	34 166.7	58 288.0
2007	35 469.7	36 351.7	60 633.0
2008	36 295.3	39 140.5	62 403.0
2009	38 107.3	38 726.9	64 512.0
2010	40 058.0	39 758.4	66 978.0
2011	43 603.2	41 805.3	69 079.0
2012	45 565.8	45 750.7	71 182.0
2013	47 855.3	47 108.5	73 111.0
2014	49 772.6	49 982.7	74 916.0
2015	52 102.3	51 584.1	77 116.0

续表

年份	城市建成区面积（平方公里）	城市建设用地面积（平方公里）	城镇人口（万人）
2016	54 331.5	52 761.3	79 298.0
2017	56 225.4	55 155.5	81 347.0
2018	58 455.7	56 075.9	83 137.0

资料来源：《中国统计年鉴（2019）》《城市建设统计年鉴（2018）》。

第二，城镇化发展过程中的结构失衡。我国的城镇化水平存在明显的区域差异。东中部地区聚集了全国各种优势资源，城镇化发展速度快、水平高，而西部地区由于地域、气候等原因，资源聚集能力较弱，吸引就业的能力相应也较低，城镇化发展缓慢。从图2－6及表2－6可以明显看出，我国西部地区地域辽阔，占全国总面积的71.77%，但城镇化发展水平最低，东部地区虽面积仅为全国总面积的9.72%，但城镇化水平最高。

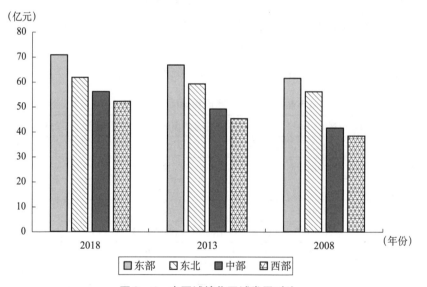

图2－6　中国城镇化区域发展对比

资料来源：根据《中国统计年鉴（2017、2019）》整理得出。

表2－6　　　　　　　2018年中国东中西部各项水平对比　　　　　　　单位:%

区域	城镇化率	城区面积占全国城区面积的比例	面积占全国的比例
东部	67.78	52.09	9.72
中部	55.60	15.29	10.71
西部	52.92	22.09	71.77
东北	62.68	11.02	8.42

资料来源：根据《中国统计年鉴（2019）》《城市建设统计年鉴（2018）》整理得出。

省际的发展也不平衡，2018 年，上海城镇化率为 88.12%，是全国城镇化发展水平最高的地区，而最低的西藏城镇化率仅为 31.10%，两者相差 57.02 个百分点，如果忽略直辖市仅对比省级数据，广东城镇化率最高，达 70.70%，高出西藏 39.6 个百分点，省级层面城镇化发展差距大。纵向上，大中小城市的发展也不平衡，2018 年上海地区生产总值为 32 679.87 亿元，比大部分省份的地区生产总值还要高。

第三，城乡发展不协调。城镇化不是单一城镇人口数量的增长，其最终目的是提高全体居民的生活质量（何平、倪苹，2013），因此，城镇化发展必然要与农业、农村、农民的发展相协调。2018 年，城镇居民人均可支配收入为 39 250.8元，农村居民人均可支配收入为 14 617 元，两者差距较大。根据《2018 年民政事业发展统计公报》显示（见图 2 – 7），2018 年，我国城市社区综合服务设施覆盖率为 78.7%，高出农村 33.4 个百分点。从城乡消费水平看，2018 年，城市居民人均消费支出为 26 112.3 元，农村居民人均消费支出为 12 124.3 元，前者是后者的 2.15 倍，城市、农村居民恩格尔系数分别为 27.7%、30.1%，城乡之间依旧存在较大差距。

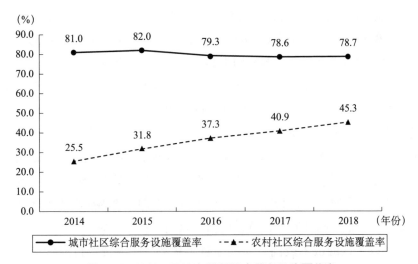

图 2 – 7　2014 ~ 2018 年社区综合服务设施覆盖率

资料来源：中华人民共和国民政部，《2018 年民政事业发展统计公报（2019）》。

城镇化发展过程中的"错配"是相对于"有效配置"而言的，有效配置是指资源在充分自由流动前提下获得最大产出，亦即实现帕累托最优，而错配就是偏离了这种状态，要素资源无法有效地从低效率部门流向高效率部门（潘雅茹，2019）而产生错配。

第一，劳动力的错配。在我国，劳动力的分布极不均衡，存在区域、行业、城乡以及技能间的错配。我国就业人员主要集中在中东部，并从第一产业向第二、第三产业流动，从农村向城市流动，且存在严重的"人才泡沫化"（唐志军、苏丽，2019），重用者缺乏相应的能力，而有能力者却坐了冷板凳。葛晶、李勇（2019）研究发现行政垄断是产生人力资本错配的重要原因，由于行政垄断行业存在无自生能力的缺陷，因此只能在政府保护下维持生存，不能有效实现生产、创新等方面的高效率。王颂吉、白永秀（2013）认为我国二元经济结构转化滞后的重要原因是城乡要素错配，以 GDP 增长为核心的政绩考核制度下易产生生产要素的非农偏向，即大量劳动力被配置在了农业部门，但相应的资本配置却过少，进而影响农业现代化和城乡经济的协调发展。袁志刚、解栋栋（2011）通过对改革开放以来的经济增长经验进行定量分析后发现，我国以农业部门为主的就业模式导致劳动力错配，进而对经济增长的总生产率产生显著的负效应，效率损失区间为 −2% ~18%，且劳动力在地区间的错配对经济的影响明显大于行业间劳动力错配（王卫、田红娜，2019）。

第二，土地资源的错配。我国土地资源配置由政府主导（黄忠华、杜雪君，2014），其通过对土地资源及其剩余收益的配置来拉动辖区投资，减少外部性问题，实现经济增长（余泳泽等，2018），这也为我国工业化和城镇化的发展提供了强劲动力，但也带来土地资源利用中的低效率及不可持续性。另外，许多地方政府为提升经济增长大建开发区，尽管经济开发区的设立有效促进了产业结构调整（李力行、申广军，2015），但在建设过程中，地方政府出于招商引资需要，会出现底线竞争（杨其静等，2014）现象，亦即政府为获得竞争优势所采取的扩大土地出让规模、降低土地实际出让价格、降低质量标准的措施。土地资源不可移动，一宗土地交易涉及金额大且建设周期较长，建成后部分原本收益高、前景广阔的产业或因各种原因而持续走低，但先发企业却不愿因此将土地转让给能带来更高效益的企业，持地观望，待价而沽，以期弥补部分损失，后发高效企业却因无地或获取土地的成本较高，而失去竞争优势，土地资源再配置渠道的不畅通，阻碍了土地资源的高效利用，也会使城市工业企业的生产率在总体上低于最优水平（李力行等，2016）。

三、工业化超前与城镇化滞后的发展格局长期存在

钱纳里、塞奎因在《发展型式：1950～1970》一书中提出城市化是一系列事态发展的结果（钱纳里、塞奎因，1998），工业化通过调整生产结构满足并适应

由城市化引起的消费和贸易需求（胡彬，2000），进而引起劳动力从农村向城市流动，因此，工业生产的集中性和规模化的要求会形成聚集效应，最终推动城镇的发展。城镇化的本质就是资源和经济要素在地理空间上的积聚，城镇化进程就是资源和经济要素的重新配置（姜爱林，2004），因此，最初城镇化由工业化推动，而城市自身具有的吸引力、聚集力和辐射作用是工业化大规模生产所必需的，所以城镇化反过来又推动工业化向更高水平发展。工业化和城镇化之间存在显著的互动关系（吴宗杰等，2017）。

钱纳里依据人均收入水平，将一国（或地区）经济发展的整个变化过程分为三个阶段六个时期——工业化初级阶段（前工业化阶段）、工业化阶段（工业化初期、中期、后期）、后工业化阶段（发达经济初期、发达经济时期），每一阶段的发展、跃进都是通过产业结构的转化来推动，因此，有学者便利用这一模型分析工业化与城镇化的关系。依据钱纳里的工业化发展阶段理论，每一阶段所对应的城市化水平为：前工业化阶段时，人口城市化率在30%以下；工业化初期时，人口城市化率在30%～50%；工业化中期时，城市化率为50%～60%；工业化后期时，为60%～75%；后工业化阶段时，城市化率在75%以上（王汉斌、李春鹏，2012）。2018年，我国城市化率为59.58%，那么处于工业化阶段的中期，以户籍人口城镇化率43.47%来看，我国正处于工业化初期阶段，城镇化水平严重滞后于工业化发展阶段。陈伟（2016）认为农民工是城市化滞后的充分表现，且与工业化比较，我国城市化滞后程度在不断加重。郭进、徐盈之（2016）发现我国各省工业化和城镇化相互促进发展水平均呈现不断上升趋势，但由于城镇化带动工业化发展水平的提升速度小于工业化促进城镇化发展水平的提升速度，导致二者间的差距逐渐扩大。周其仁（2012）认为虽然我国内地城市化率已有很大提高，但与世界其他国家进行比较，依旧存在"工业化超前、城市化滞后"的现象。陈斌开、林毅夫（2010）认为落后国家推行重工业优先发展战略将降低资本积累率，导致城市化进程的缓慢发展以及城乡工资差距的持续存在。程俐骢、吴光伟（2005）指出二元经济结构决定了我国工业化的超前，也带来鲜明的城乡、地区间的不平衡，这样的工业化道路并未带动就业结构的发展，因此，阻碍了城市化的进程。

国际上一般采用NU比来反应城镇化与非农化之间的关系，N代表非农化率，U代表城镇化率，当两者比值明显低于1.2时，表示城镇化发展水平高于工业化发展水平；两者比值明显高于1.2时，表示城镇化发展滞后于工业化水平；两者比值相等时，表示城镇化与工业化发展水平较为协调一致。较为协调时比值一般为 1.2。从全国来看（见表 2-7），2000~2018 年的 19 年间，城镇化率与非农化率间的比值都大于 1.2，且随着城镇化的逐渐加快这一比值也在慢慢扩大。

表 2-7 全国城镇化率与非农化率比较

年份	N	U	U/N
2000	28.44	36.22	1.27
2001	28.52	37.66	1.32
2002	28.52	39.09	1.37
2003	29.04	40.53	1.40
2004	30.34	41.76	1.38
2005	31.51	42.99	1.36
2006	32.74	44.34	1.35
2007	33.75	45.89	1.36
2008	34.37	46.99	1.37
2009	35.17	48.34	1.37
2010	35.93	49.95	1.39
2011	36.98	51.27	1.39
2012	37.61	52.57	1.40
2013	38.81	53.73	1.38
2014	39.82	54.77	1.38
2015	40.40	56.1	1.39
2016	40.58	57.35	1.41
2017	40.79	58.52	1.43
2018	41.08	59.58	1.45

资料来源：《中国统计年鉴（2001—2019）》整理得出。

四、土地城镇化与人口城镇化非协调发展

城镇化的根本目的是人的城镇化，土地城镇化只是实现条件和载体，我国城镇化存在明显的土地城镇化与人口城镇化的失调发展，主要体现在空间上的用地扩张以及人口向城市的迅速集聚，因为在这一过程中忽视了对土地资源内涵立体式综合开发和对"农民市民化"的合理引导（郭付友等，2015），从而导致占用耕地、土地资源利用低效等现象的发生，而大量失地农民进入城市，又加大了城市治理成本，给城市生态环境及社会稳定带来极大压力。从表 2-8 可看出，同期城市建设用地面积的增长明显快于城镇人口的增长。我国建成区面积从 1990 年的 12 855.7 平方公里扩大到 2018 年的 58 455.7 平方公里，提高了 354.7%，

同期城镇人口从 1990 年的 30 195 万人增长到 83 137 万人，仅提高了 175.3%[①]，这仅是以常住人口进行的测算，如果以户籍人口为测算依据，我国城镇化发展水平则更低，2018 年，我国城镇化率为 59.58%，而户籍人口城镇化率仅为 43.37%[②]。1990 ~ 2018 年，我国城市建设用地年均增长率是城镇人口年均增长率的 1.57 倍，高于国际公认的城市用地增长弹性系数的合理限度 1.12，数值越大越不合理（刘彦随，2010）。由图 2 - 8 也可清晰看出，1990 ~ 2018 年，除少数几年外，总体上我国城镇化率增长趋势低于城市建设用地面积和建成区面积增长趋势，表明人口城镇化的增速明显滞后于土地城镇化的扩张速度。

表 2 - 8　　　　　不同阶段城市建设用地与城镇人口增长比较　　　　单位:%

阶段	城市建设用地面积增长	城镇人口增长
1990 年比 1981 年	72.74	49.70
2000 年比 1990 年	90.50	52.03
2010 年比 2000 年	79.79	45.90
2018 年比 2010 年	41.04	24.13

资料来源：根据《中国统计年鉴（2019）》《城市建设统计年鉴（2018）》整理得出。

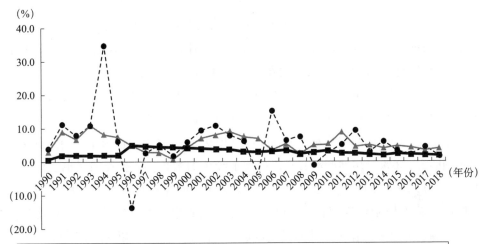

图 2 - 8　1990 ~ 2018 年全国城市建设用地面积、建成区面积、城镇化率增长趋势

资料来源：根据《中国统计年鉴（2019）》《城市建设统计年鉴（2018）》整理得出。

范进、赵定涛等（2012）认为政府运用行政力量介入工业用地、住宅用地的

---

① 资料来源：《中国统计年鉴（1991、2019）》。

② 资料来源：《2018 年国民经济和社会发展统计公报》。

供应及价格，通过低价的工业用地推动土地城镇化的发展，而住宅用地价格的昂贵又抑制了人口城镇化，这种二元的土地制度以及二元户籍制度是导致两者不协调的直接原因。李光勤（2014）认为城市第二、第三产业的发展壮大提高了对土地的需求，而城乡间的收入差距致使人口向城镇聚集，但这部分人口却并未成为市民，因此，产业结构变动和城乡收入差距是影响两者的主要因素。吕志强等（2016）认为我国人口城镇化与土地城镇化间的不协调已在全国普遍存在，并进一步扩散，造成这一结果的主要原因是城市建设用地增速太快，且增长方式的粗放以及利用效率的低下。也有研究指出两者间的不协调发展主要是地方政府为追求政绩，加快城市建设，进行大规模的土地征收、征用而造成，根据《中华人民共和国土地管理法》，耕地的土地补偿费及农业人口的安置补助费分别按所占耕地被征收前三年年产值的6～10倍、4～6倍补偿，补偿偏低，补偿费不足以支撑失地农民市民化所需费用，因此，仅仅完成了土地的城镇化。

五、土地财政诱发的投机需求严重挤压实体经济发展

随着我国城镇化的发展，城市住房制度也发生了相应改革，由过去国家统一建设，以福利性质统一分配且租金低廉的公有住房实物分配制转为住房商品化，加速了经营性土地需求的快速上升。2004年，国土资源部、监察部发布《关于继续开展经营性土地使用权招标拍卖挂牌出让情况执法监察工作的通知》，政府是土地的唯一供应主体。根据《中国统计年鉴（2004）》数据显示，我国商品房销售额2003年为7 955.66亿元，占当年社会消费品零售总额的17.35%，《中国统计年鉴（2019）》数据显示，2018年为149 972.74亿元，占当年社会消费品零售总额的39.36%。房地产消费不仅拉动了经济的增长，在投资领域也发挥着巨大作用。自2001年以来，房地产开发投资平均每年增长21.9%。在房地产行业，土地作为最基本的生产资料参与到住房的生产过程中，生产过程结束，住房进入消费市场，其既可以作为消费品满足购房家庭的需要，也可以用于储藏或通过反复交易满足投机需求，因此，房地产的价格不仅体现真实的消费需求，也反映了投资和投机需求，成本一定的情况下，在虚拟市场中，房地产价格不断上涨，进而生产住房就能够获取大量超额利润，带动地价的上涨，投资者不断进入这一领域，有效提高了房地产市场的实际投资。房地产业的高速发展，使得房价和房地产投资持续飙升，社会资金流入房地产企业，严重挤压了实体经济的发展（刘超等，2019）。1998年时我国内资房地产企业有19 960个，2018年增长至94 063个，20年间增长了4.7倍多（见图2-9）。

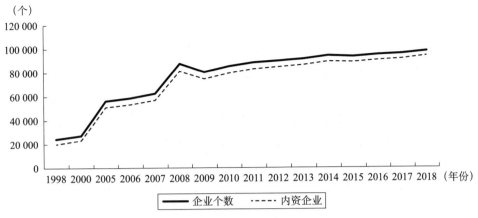

图 2-9　中国历年房地产开发企业个数

资料来源：根据历年《中国统计年鉴》整理得出。

　　我国分税制实施后，许多地方政府受到财权与事权不匹配的限制，土地出让金就成了一些地方政府进行城镇化建设的重要资金来源（见表 2-9），2010～2017 年的 8 年间，我国国有建设用地出让合同价款占地方政府财政收入比例超过50% 的就有 4 年。自 2013 年以来，土地出让金占政府性基金收入的比例高达70% 以上，尤其 2017 年，全国政府性基金收入 61 479. 66 亿元，土地出让金占政府性基金收入的 81. 32% ，造成地方政府对于土地财政的依赖。

表 2-9　　　　　　2010～2017 年全国土地出让面积及出让价款汇总

项目	年份							
	2010	2011	2012	2013	2014	2015	2016	2017
出让土地面积（万公顷）	29. 15	33. 39	32. 28	36. 7	27. 18	22. 14	20. 82	22. 54
出让价款（亿元）	27 100	31 500	26 900	42 000	33 400	29 800	35 600	49 900
地方财政（亿元）	40 613. 04	52 547. 11	61 078. 29	69 011. 16	75 876. 58	83 002. 04	87 239. 35	91 469. 41
占地方财政收入比例（%）	66. 73	59. 95	44. 04	60. 86	44. 02	35. 90	40. 81	54. 55

　　资料来源：根据历年《中国国土资源公报》整理。

　　实体经济关乎一国的生存和发展。实体经济活动从投入生产到实现需求需要一定的时间和空间，且最终产品是按照成本加成方式来定价，而虚拟经济是市场经济高度发展的产物，是虚拟资本的持有与交易活动，是从实体经济当中派生而来，以资本化的方式定价。虚拟经济所依托的实物产品的所有权能够反复交易，使得市场中实物产品的市场价格并不取决于其内在价值（肖磊，2019），而是投机者的投机需求，从而破坏了实物产品供求关系的平衡，进一步的电子技术和网络高科技的快速发展为虚拟资本在瞬间完成资金周转、清算和交易等提供了技术支持，虚拟资本在时间、空间上的灵活性以及产品的耐久性使其成为资本市场的领跑者，大量资金脱离实体经济，进入虚拟市场，许多企业抽出资本投向股市、房市，以图快速赚取利润（何玉长，2019），资金脱实向虚阻碍了实体经济的发展。我国实体经济主要以低附加值、高耗能产业为主，产品成本高、污染严重，盈利能力及效率都较低。2008 ~ 2018 年，我国初级产品进口总额远超出口（见表 2 - 10），工业制成品明显的贸易顺差赖于我国劳动密集型产业的优势，高新技术产品总体上处于贸易逆差地位，说明我国高新技术产品在国际社会中依旧处于劣势地位。

表 2 - 10 中国各项产品占进出口货物总额的比重 单位:%

年份	初级产品出口占比	初级产品进口占比	工业制成品出口占比	工业制成品进口占比	高新技术产品出口占比	高新技术产品进口占比
2008	5.45	32.00	94.55	68.00	29.05	30.19
2009	5.25	28.81	94.75	71.19	31.37	30.80
2010	5.18	31.07	94.82	68.93	31.21	29.56
2011	5.30	34.66	94.70	65.34	28.91	26.56
2012	4.91	34.92	95.09	65.08	29.34	27.89
2013	4.86	33.75	95.14	66.25	29.88	28.61
2014	4.81	33.02	95.19	66.98	28.20	28.14
2015	4.57	28.11	95.43	71.89	28.82	32.63
2016	5.01	27.78	94.99	72.22	28.77	32.98
2017	5.20	31.44	94.80	68.56	29.49	31.68
2018	5.43	32.86	94.57	67.14	30.03	31.45

资料来源：根据历年《中国统计年鉴》整理得出。

六、"大城市病"与"小城市病"并存

由于城市化的高速发展，城市人口规模迅速提升，原有的城市划分标准已不适应现实的发展需要，因此，2014 年，国务院发布了《关于调整城市规模划分标准的通知》，其中明确了我国城市规模划分的标准，指出常住人口在 50 万以下为小城市，常住人口在 50 万 ~ 100 万为中等城市，常住人口在 100 万 ~ 500 万为大城市，常住人口在 500 万 ~ 1 000 万为特大城市，1 000 万以上为超大城市，该新标准增设了"超大城市"。城市病是随着城镇化发展而出现的，它之所以会出

现，源于人类需求的无限性与资源供给的有限性，因此，在城镇化发展过程中，由于城市人口激增，从而增加了对资源、环境、教育、医疗等的需求，双方出现不协调时，城市病"应运而生"。在我国城镇化发展进程中，有超过 5 亿人口进入城市，如此庞大的新增人口一方面助推我国大中小城市的全面较快发展，另一方面使城市面临诸多问题（焦晓云，2015；胡小武，2016；陈友华，2016）。我国城镇化发展过程中小城市也作出了巨大贡献，承担了因大城市需求激增而产生的连带危机——那些无法进入大城市的人口暂时沉淀在小城市，人口的迅速增长带来一系列城市问题，导致城市基础设施建设跟不上人口增长速度、交通拥挤、治安堪忧、环境恶化等，为应对这些城市问题，小城市进行城市扩张，新建改建厂房，新建楼盘，大搞基建项目，大力发展公共设施等，一番欣欣向荣之后却发现这些沉淀人口以及本属于自己的精英人群最终流向了大城市，甚至资源也被大城市吸附，小城市失去发展活力，单一的产业结构无法满足多样化的就业需求，更加剧了人才流失，导致住房空置率上升，进而文化氛围不足，人文气息渐失，创新后劲不足，各种发展性矛盾不断积累并逐渐被放大，"小城市病"显现，而且会落入这个怪圈，越陷越深，与大城市间的差距也越来越明显。

大城市因其经济发达，获取资源的便捷性、人财物产生的聚集效应、软硬件配备的完善性等，会使政策、资源配置等向大城市倾斜。在此背景下，大城市资源丰富、就业机会多、竞争充分、收入高且个人发展潜力巨大，在医疗、教育、保障等方面有更多优势，各行各业尤其年轻人在比较利益驱使下，更愿意选择大城市去打拼，由此也产生一系列"大城市病"——人口膨胀且密度大、交通拥堵出行难、环境污染、房价高、人际关系淡漠、与其他大城市形成要素竞争等。全国各地不断出台各种优惠政策吸引各级各类人才落户，就是资源竞争的一个表现。我国现在处于城镇化加速发展阶段，这一阶段的人口主要从中小城市流向大城市，城市人口规模扩张也会最大限度地激发大城市发展的集聚效应。同时，我国拥有 1 800 多个小城市，其数量占中国县城以上规模城市总量的比例超过 85%（胡小武，2016），因此，小城市发展质量高低对我国城镇化发展质量起到关键性的作用。在高质量发展阶段，"大城市病"与"小城市病"都应给予关注并有效解决。

七、城镇偏向与农村衰退发展

新中国成立以来，为尽快恢复社会经济，我国作出优先发展重工业、农业反哺工业的决定，由此驱动我国经济超常规发展，此后为确保城市发展所实行的户籍政策及相关的福利待遇使城乡间二元分化越来越明显。由于长期的资源输出，农村始终处于劣势，发展缓慢。党的十九大报告指出我国现阶段的主要矛盾已经转化为人民日益增长的美好生活需要和不平衡不充分的发展之间的矛盾。这种不平衡发展成为许多社会矛盾和冲突产生的根源（赵静华，2018）。一方面，城乡发展不平衡。首先，城乡收入不平衡。从人均纯收入看（见图2-10），城乡差距自改革开放开始最大时是2007年，达到3.14:1，2018年该比值为2.69:1，这与改革开放初期的比值类似，虽然近十年来收入比在逐渐下降，但绝对差距却逐年攀升，2010~2018年，收入比分别为2.99:1、2.90:1、2.86:1、2.8:1、2.75:1、2.73:1、2.72:1、2.71:1、2.69:1，绝对差距为12 506.7元、14 033元、15 737.4元、17 037.4元、18 355元、19 773.1元、21 252.8元、22 963.8元、24 633.8元。以上数据说明，我国城乡间的经济利益格局日益失衡（杨超、刘彤，2016）。另一方面，在资本逐利的驱动下，各种优势资源源源不断地流向城市，致使农村出现空心化、老龄化、留守儿童等社会现象。根据《中国统计年鉴（2019）》数据显示，我国自1995年以来农村人口持续减少（见图2-11），2018年，农村人口共有56 401万人，除去外出农民工（这里只计算到乡外外出就业的农民工），农村常住人口仅剩39 135万人，进入城市的农民工也由于无法完全实现身份迁移而缺乏在城市稳定居住和就业的预期（蔡昉，2018），这进一步又对土地流转造成阻碍，根据国家统计局2014~2018年《农民工监测调查报告》显示，在农民工中举家外出农民工数量占农民工总数的13%左右，那么2018年该数据为3 745万人，除这部分农民转出土地的意愿较强外，其他农民工或还有家庭成员或本人仍参与农业生产。

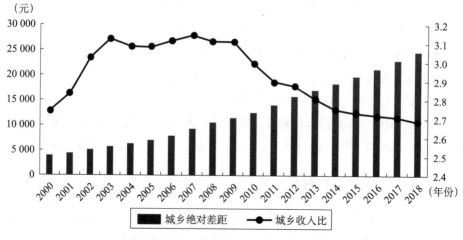

图2-10 城乡收入比与绝对差距比较

资料来源：根据历年《中国统计年鉴》整理得出。

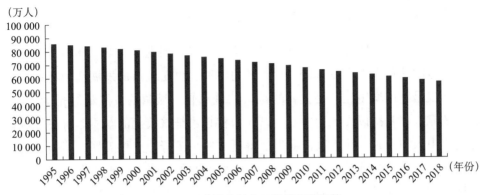

图 2-11 中国农村人口数量变化趋势

资料来源：根据《中国统计年鉴（2019）》整理得出。

第三节 城镇化高质量发展：以人为核心的新型城镇化

一、推进以人为核心的新型城镇化已成为我国城镇化高质量发展共识

综上可见，中国的城镇化发展源远流长，但长期以来发展进程缓慢，直至 1978 年改革开放以来，我国城镇化才进入发展快车道，无论城镇化规模还是数量均取得举世瞩目的成就。1978～2018 年，我国城镇化率以年均 1.04% 的速度增长，推动经济社会快速发展，城市面貌及居民生活得到极大改善，然而在快发展过程中不可避免地出现了一系列的现象，诸如城乡二元结构惯性依旧，城市内部出现新二元结构，片面追求发展速度与数量而一度忽视发展质量，工业化长期快于城镇化，土地城镇化快于人口城镇化，化地不化人的半城镇化现象突出，过度依赖土地财政导致投机需求严重挤压实体经济，"大城市病"与"小城市病"并存，城市偏向导致农村萧条与衰退发展，出现大批空心村以及留守老人、留守儿童、留守妇女，由此产生一系列社会问题。面对传统城镇化发展中面临的诸多困境，在新一轮的城镇化进程中必须坚持以人民为中心的发展思想，推进以人为核心的新型城镇化，提高人口素质，破除体制机制障碍，优化资源配置效率，提高劳动生产率，释放创新发展活力，加强公共基础设施建设，增加公共服务有效供给，践行生态文明理念，促进城乡协调发展，有效破解城镇化进程中长期积累的各种瓶颈问题，从而推动城镇化高质量发展。

二、以人为核心的新型城镇化的基本特征

（一）以人为核心的新型城镇化将解决好人的问题作为其根本价值指向

人是城镇化进程中最为核心和关键的因素，也是城市的发展活力所在。城镇化不仅是物的城镇化，更重要的是人的城镇化，城镇的发展最终是为了人，更要依靠人，坚持以人民为中心，以人为核心才是城镇化的本质。解决好城镇化进程中人的问题，让人民群众生活得更方便、更舒心、更美好，不断提高其幸福感、获得感和认同感，不仅是城镇化发展的价值指向，也是衡量城镇化发展质量的重要标尺。以人为核心的新型城镇化贵在突出"新"字、核心在于写好"人"字。① 以人为核心的新型城镇化更加重视提高城市基础设施承载能力，增加公共服务供给能力，推进城乡要素平等交换，注重城乡基本公共服务均等化，更加强调生态宜居，化解城镇化进程中交通拥堵、住房紧张、雾霾污染、城市失业、城建"摊大饼"等各种"城市病"，不断提高城市的宜业宜居水平，提高人口素质和生活质量，使新型城镇化发展的文明成果惠及全体人民。

（二）以人为核心的新型城镇化注重内涵发展与质量提升

传统城镇化长期注重其经济增长效应，注重城镇数量的与规模，注重硬件建设、忽视软件建设，注重"率"、不注重"化"等，走的是粗放扩张的城镇化发展模式。以人为核心的新型城镇化强调城镇化的内涵发展与质量提升，更加注重经济效率提升，城市生活设施的提供、公共服务供给的质量、城乡融合发展、居住环境的改善和美化。注重提升城市的创新引领功能、综合服务功能、集聚带动与辐射功能，全面增强中小城市和小城镇的发展活力和综合承载力，有效推进农民工市民化，逐步让农民工在社会保障、就业培训、保障性住房、子女教育、医疗卫生等基本公共服务方面享受与市民同等的待遇，逐步消除大规模人口"候鸟式"迁徙，加大城市对农村支持、工业对农业反哺的力度，实现城镇化、工业化、信息化和农业现代化在更高水平上协同发展。更加注重城镇化过程中人们真实的主观体验，重塑人们对城镇化的新认识，让人民感受到城市化不仅仅只是户籍性质或居住地的简单转变，而是从基础设施的提供到居住环境的美化，从子女教育到自身培训，从人口素质的提高到城市文化的提升与文传统的保护等，城镇都是广大人民群众的宜居宜业之所。

---

① 李克强. 新型城镇化贵在"新"写好"人"［EB/OL］. 中国政府网，2014 – 09 – 19.

（三）以人为核心的新型城镇化发展更加强调体制机制创新

以人为核心的新型城镇化注重以经济体制改革提升资源和要素配置效率，充分发挥市场在配置资源中的决定性作用，推动城乡要素自由流动，实现人口集聚与产业集聚、空间集聚同步化，推动产业结构转型升级，优化经济结构，提高经济发展质量。以人为核心的新型城镇化注重户籍制度改革，强调真正意义上的城镇化，化解长期以来的化地不化人以及半城镇化的窘境，推动基本公共服务的均等化，并通过制定一系列与之相配套的政策措施，有序推动农业转移人口的市民化，让农民进城后能充分享受到改革所带来的红利。更加注重深化土地制度改革，通过明晰产权，建立统一规范的农村产权流转市场，维护进城落户农民土地承包权、宅基地使用权、集体收益分配权，使有条件的农业转移人口放心落户城镇。通过完善城乡建设用地增减挂钩、节余指标跨省域调剂等制度，为进城落户农民提高其农村资产收益创造条件。更加注重城市常住人口保障性住房政策改革，着力改善市民化人口的居住条件，更加注重城镇医疗保险政策、养老政策、失业保险等社会保险政策改革与落实。更加注重财税制度改革，根据中央和地方间的财力事权关系，以财力定事权，完善转移支付制度，健全公共财政体系，构建健康持续的地方税体系，形成有利于经济结构优化和城镇化健康发展的财税制度。

三、以人为核心的新型城镇化发展目标与要求

以人为核心的新型城镇化并不是对传统城镇化的全面否定，而是对传统城镇化发展的校正与优化，是传统城镇化的质量升级版，是坚持以人民为中心、以人为核心、以质量提升与民生改善为要旨的城镇化发展道路与模式，关键在于将人在城镇化进程中的核心地位落到实处，重在体制机制创新，强调有效市场与有为政府的二元驱动，旨在提高人口发展质量，激发要素创新活力，提高资源配置效率，推动城乡基本公共服务均等化，统筹城乡融合发展，促进人与自然环境协调发展，协同优化物的城镇化与人的城镇化，使城乡居民共享现代城镇化文明成果，满足人民日益增长的美好生活需要。

以人为核心的新型城镇化高质量发展是中国经济社会高质量发展的重要支撑。以人为核心新型城镇化强调人的城镇化，蕴含着以人为核心的本质内涵，追求集约化和高质量的发展方式，立足于更加广泛的民生福祉，旨在满足更多人追求美好生活的需要，促进发展成果全民共享，促进城乡空间格局优化，这些发展目标必须要以人口、经济、社会、生态的全方位、高质量的发展作为支撑和基

础。可见，以人为核心的新型城镇化发展目标是一个系统性目标，涉及人口发展质量、经济发展质量、基础设施质量、公共服务质量、城乡融合质量、生态环境质量等多个方面的具体要求。人口发展质量提升成为以人为核心的新型城镇化发展的首要要求，能反映城镇化的本质内容，是新型城镇化发展的立足点和归宿点；经济发展质量是基础，高质量的经济发展提高资源配置效率，为新型城镇化提供了重要的支撑动力，也有利于经济增长与城镇化互动协调发展；基础设施质量是城镇化发展的重要硬件条件，对提高居民生产效率、生活质量和与幸福指数具有重要意义；公共服务质量关系教育、医疗、社会保障福利等公共产品的供给能力，是民生福利水平和社会功能完善的具体体现；城乡融合质量能反映城乡协调发展与共荣发展，也是破解城乡二元结构与解决"三农"问题的必然途径；生态环境质量是对生态文明理念融入城镇化发展进程的考量，能反映城镇化绿色发展、集约发展以及可持续发展的内涵。

第三章　以人为核心的新型城镇化动力机制：
传统动力与新动力协同效应分析

城镇化是现代化的必由之路，是经济社会的变迁升级过程，也是民生改善与发展的重要过程。随着我国城镇化迈入新的发展阶段，城镇化更加注重质量提升和内涵发展，强调实施以人为核心新型城镇化发展模式，推动以人为核心的新型城镇化已经成为当前和今后一个时期的重要任务。基于此，本章立足我国以人为核心的新型城镇化发展实际，认为在高质量发展阶段，以人为核心的新型城镇化依然离不开劳动、资本以及自然资源等传统要素，但在高质量发展阶段城镇化模式转变孕育着新动能，发展动力开始从旧动能向新旧动能转化，科技创新、金融支持、产业现代化等新动能对以人为核心的新型城镇化发展起到重要推动作用，因此，本章将推动以人为核心的新型城镇化动力划分为传统动力和新动力，提出以人为核心的新型城镇化二元动力机制，深入分析新旧动力对促进以人为核心的新型城镇化高质量发展的内在作用机理，并通过对新旧动能的促进作用对比分析，厘清区域性动力机制差异化的内在逻辑，为新时代城镇化路径重构与区域优势互补发展提供理论参考和经验证据。

第一节　引言与文献述评

改革开放以来，我国城镇化建设取得举世瞩目的成就，城镇化率从 1978 年的 17.9% 增加到 2022 年的 65.22%，但由于特定历史条件与制度环境，导致城镇化进程中的民生问题日益凸显和严峻，面临如物的城镇化快于人的城镇化、城乡新旧二元结构并存、城镇创新发展动力不足、城市管理的运行效率以及生态环境质量有待提高、"城市病"困扰不断、公共服务供给能力有限等问题。面对传统城镇化的发展困境，国家审时度势，及时提出新型城镇化战略以化解传统城镇化长期快速发展过程中积累的难题和瓶颈性症结。随着我国城镇化步入新的发展阶段，传统城镇化模式正在向以人为核心的新型城镇化发展模式转变（赵玉红，2013），以人为核心的新型城镇化更加关注民生与可持续发展（单卓然、黄亚平，2013）。与传统城镇化重物轻人的发展模式不同，新型城镇化坚持以人民为中心，以人为核心，以质量提升与改善民生为要旨，关键在于将人在城镇化进程中的核心地位落到实处，重在体制机制创新，强调有效市场与有为政府的二元驱动，通过不断破除体制机制藩篱，激发要素创新活力，提高资源配置效率，推动城乡基本公共服务均等化，促进人与自然环境协调发展，协同优化物的城镇化与人的城镇化，满足人民日益增长的美好生活需要。可见在中国经济从高速增长阶段转向高质量发展阶段的背景下，以人为核心的新型城镇化具有化解多重矛盾和问题的巨大潜质，具有推动转型发展与改善民生福祉的重要优势，是今后我国城镇化高质量发展的路径与方向。因此，推动以人为核心的新型城镇化，提升城镇化发展质量，进而有效改善民生已经成为当前和今后一个时期的重要任务。基于此，本章通过深入探讨以人为核心的新型城镇化动力机制及其影响效应，解析驱动以人为核心的新型城镇化发展机制的内在逻辑与机理，探究驱动效应存在区域异质性背后的深层原因，为新时代城镇化路径重构与区域优势互补发展提供理论参考和经验证据。

城镇化是现代化进程中最具活力的经济社会活动，是一个国家或地区走向文明与繁荣的重要标志，从既有研究成果来看，这一观点已成为共识，并有许多学者为此做了注解（Scott，1996；Henderson，2005；王雨飞，2016；孙叶飞，2016；陈明星，2019；于斌斌，2019），但中国的城镇化发展历程不同于西方发达国家，形成中国独特的发展路径的一个重要的原因就是特殊历史条件及制度环境，既有的诸多文献也对此做了中肯的评价。由于长期实施优先发展资本密集型产业政策，压缩城市部门劳动需求，过剩的农村劳动力资源未在城市充分使用，导致城乡收入差距（陈斌开、林毅夫，2013）。一直以来，工业化的发展速度快于城市化，造成城市化与工业化的发展不协调（陆铭，2011）。我国城市出现"新二元结构"，城市内部劳动力市场分割严重（严善平，2006）。城市发展涉及社会经济的诸多方面，具有空间惰性，一旦形成某种城市形态，需要花费较长时间进行调整（樊杰，2014）。传统以 GDP 为中心的城镇化一度蔓延扩张，土地资源利用效率较低，严重挤占农业用地（冷智花，2014），但从长期来看，城市蔓延化发展可以弱化城乡二元发展格局（陈旭，2019）。城镇化的福利分配严重受到户籍限制，农民工为城镇化建设作出巨大贡献却未实现市民化（陆大道，2019），城镇化发展规模和水平不均衡，中西部地区城镇规模相对较小，东部地区城市规模较大，但发展后劲不足的"小城市病"与过度集中的"大城市病"问题并存，城镇化发展空间分异明显（方创琳，2019），当特大、超大城市人口规模超过最优城市规模时，应该引导过多人口以及小城镇发展不足人口向生产率更高的大中城市流动，实现既定劳动力资源约束下的空间优化配置，推动城市生产率最优化均衡增长（向国成、江鑫，2019），在新型城镇化发展新阶段依然存在着质量提升和路径优化的巨大空间。

城镇化的动力机制一直备受国内外学者关注，大量研究文献表明城镇化的动力具有多元化属性。城镇化是一个不断演进的过程，我国城镇化曾长期处于政府主导的发展状态，当前正处于经济社会转型的关键时期，高质量的城镇化需要高质量的制度供给，即制度创新是城镇化高质量发展的重要动力（赵新平、周一星，2002；李培林，2002）。熊湘辉、徐璋勇（2018）认为城镇化的动力机制主要通过政府、市场、外向、内源四个方面来反映，其中市场动力最为强劲，市场化程度越高、非国有投资越多、直接融资能力越强，市场对城镇化进程中的资源调节越充分，城镇化质量越高。推动新型城镇化发展的关键是厘清政府与市场的作用边界（中国金融40人论坛课题组，2013），推动城镇化的内在机制体现在本土企业的内部拉力，外在机制体现在外资企业的外部推力，内外合力共同推动新型城镇化（赵永平、徐盈之，2014）。李强（2012）认为城镇化的动力包括政府政策引导和调控、市场的供需调节、公民对美好生活的需求，三种动力相互交叉，我国的城镇化更加体现政府的主导作用，政府拥有从城镇的规划到建设的决定权，民间动力需要政府许可才能发挥作用。城镇化以经济发展为支撑（王发曾，2010），城市化水平与经济发展水平正向关联（陆铭、陈钊，2004），大城市的发展还与交通运输条件、公共服务、人口密度和收入差距等密切相关，政府的职能主要体现在优化基础设施和公共服务方面（王小鲁，2010）。随着金融发展不断深化，生产要素在金融要素引领下逐步形成空间集聚，为城镇化提供丰裕的要素供给，使金融发展成为推动新型城镇化的原动力（陈雨露，2013；杨刚强、邢艺竞；2020），金融集聚通过自我强化效应增加金融资产存量，在"渠道效应"作用下加快资本积累（McKinnon，1973），通过知识溢出、产业升级辐射带动周边地区金融发展，从而对城镇化的发展产生空间效应（王弓，2016）。拉希米（Rashmi，2018）通过对印度20个智慧城市的研究发现，金融发展水平与城市发展水平正相关。马克斯（Max，2018）认为工业生产和城市工厂是城市的重要组成部分，工业企业为城市居民提供就业岗位，增加城市产出，推动城市发展。在城市发展初期，人口向城市自由流动，推动工业城市的形成，而城市发展中后期，出现失业率居高不下的困境，发展创新城市成为推动城市向前发展的新动力（Atis，2016）。

城市作为一个集聚与辐射交织的综合体，其空间效应不容忽视，但现有文献关于新型城镇化的空间效应关注较少。受地理区位的影响，城镇化呈现出空间依赖的特征，如交通基础设施加强城市间的联系，对城市的发展产生重要空间影响（Maddi，2012）。农村地区与多个城市存在空间互动，与中小城市的联系更加紧密，中小城市的发展更有利于推动农村地区的发展（Julio，2018）。杨佩卿（2020）指出中国城镇化发展区域分布很不均衡，尤其是西部地区是城镇化发展的短板区域，繁荣的城镇和衰败的农村长期并存，必须通过增强城市的空间溢出效应，推动城乡优势互补、利益整合、共存共荣，实现城乡一体化发展。城镇化也是资源聚集与扩散相统一的过程，要素的自由流动是城乡融合发展的基本条件，新型城镇化更是城乡要素的平等交换和空间均衡配置，也是实现城乡基础设施一体化、公共服务均等化、产业发展互补化以及政策制度平等化的统一，在此过程中存在着显著的空间相关性（蓝庆新、陈超凡，2013；李长亮，2015），新型城镇化发展水平高的区域集中分布在东部地区，水平低的区域主要集中于中西部地区。但随着高铁、地铁等公共交通基础设施建设，城市交通联系日益紧密，新型城镇化的空间效应也越发突出和重要，本地区新型城镇化水平提升对其他地区产生正向或者负向的空间溢出作用影响几何仍然有待深入分析，同时，空间效应的属性特点以及区域异质性也需要做更深入的探讨。

综上所述，现有研究关于城镇化动力机制尚未形成共识，并且大部分文献都在探讨传统城镇化的发展动力，对以人为核心的新型城镇化动力机制及其空间效应进行探讨的文献很少，因此，立足新时代城镇化高质量发展现实需求，探寻其主要动力机制及其影响效应的内在机理成为本章关注的重点。本章的主要贡献在于：第一，基于新型城镇化具有化解多重矛盾和问题的巨大潜质，具有推动转型发展与改善民生福祉的重要优势，本书进一步明确界定了以人为核心的新型城镇化概念；第二，兼顾人口发展、经济发展、基础设施、公共服务、城乡融合、生态环境等多个维度，全方位体现新型城镇化"以人为核心"的本质，综合衡量新型城镇化发展质量；第三，立足我国新型城镇化的发展实际，将推动以人为核心的新型城镇化动力机制划分为传统动力和新动力，提出以人为核心的新型城镇化二元动力机制，深入分析新旧动能对促进新型城镇化高质量发展的内在作用机理，并通过对新旧动能的促进作用对比分析，厘清区域性动力机制差异化的内在逻辑；第四，通过效应分解考察传统动力和新动力的直接效应和空间溢出效应，在关注本地直接效应的同时，充分考虑新型城镇化的空间溢出效应，分析新型城镇化空间效应的区域分异机理，为新时代城镇化路径重构与区域优势互补发展提供理论参考和政策启示。

第二节　理论机制

以人为核心的新型城镇化并不是对传统城镇化的全面否定，而是对传统城镇化扭曲化发展的校正与优化，是传统城镇化的质量升级版。本书认为以人为核心的新型城镇化是坚持以人民为中心、以人为核心、以质量提升与民生改善为要旨的城镇化发展道路与模式，关键在于将人在城镇化进程中的核心地位落到实处，重在体制机制创新，强调有效市场与有为政府的二元驱动，旨在提高人口发展质量、激发要素创新活力、提高资源配置效率、推动城乡基本公共服务均等化、统筹城乡融合发展、促进人与自然环境协调发展、协同优化物的城镇化与人的城镇化，使城乡居民共享现代城镇化文明成果，满足人民日益增长的美好生活需要。从以人为核心的新型城镇化范畴来看，其驱动机制必然不同于传统城镇化，有其全新的特点与要求，尤其是在经济社会迈入高质量发展阶段，以人为核心的新型城镇化高质量发展动力机制需要从传统动力机制与新动力机制两个层面探讨，一方面，新型城镇化高质量发展依然离不开劳动力、资本、能源和土地等传统要素；另一方面，创新引领、消费升级、工业深化以及金融支持等新动力因素将成为新型城镇化高质量发展的重要内在动力。因此，本章将新型城镇化的动力机制划分为传统动力机制和新动力机制两大类别，提出以人为核心的新型城镇化二元动力机制。随着我国公共交通基础设施状况不断改善，时空距离被不断压缩，城市之间的联系日益紧密，其空间交互作用日益明显。因此，无论是新型城镇化的传统动力机制还是新动力机制，在推动城镇化高质量发展过程中都存在空间交互作用机制，邻近地区之间的空间溢出效应也成为影响新型城镇化高质量发展的重要因素，故本章将空间效应也纳入统一的分析框架。

一、以人为核心的新型城镇化传统动力机制

以人为核心的新型城镇化高质量发展依然离不开劳动力、资本、能源和土地等传统要素，因为无论是城市道路、供水、供电等基础设施建设，还是住房、商厦、学校、医院等城市建筑，无论是各种要素、产品和公共服务供给还是城镇居民的生产生活，都离不开这四种传统要素的支持。因此，本章认为以人为核心的新型城镇化传统动力依然主要来自劳动力、资本、能源、土地等要素投入，但对

传统要素的配置和利用效率有了比以往城镇化更高的要求，其内在作用机制分析如图 3 - 1 所示。

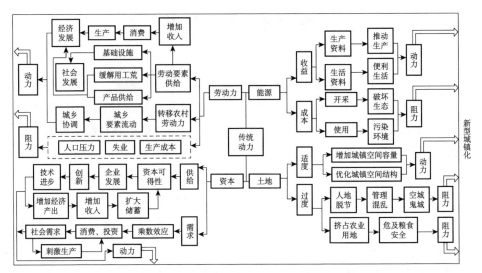

图 3 - 1   以人为核心的新型城镇化的传统动力作用机制

第一，劳动力对新型城镇化的作用机制主要通过其动力与阻力两条作用路径的综合效应来体现。一方面，农村富余劳动力的进入可有效缓解城市用工问题，推动第二、第三产业发展，有利于增加产品和服务供给的多样性，增加居民收入，在产品市场刺激消费，在要素市场推动投资，增强城镇发展活力。在全社会劳动力资源有限的前提下，城乡间的要素自由流动，增加非农劳动力供给，农村居民收入不断提高，缩小城乡收入差距，促进城乡协调发展。另一方面，劳动力供给超出城镇最优规模时，也可能造成生产成本上升、结构性失业、人口压力、交通拥堵等问题，对提升城镇化质量产生一定阻力。第二，资本主要通过资本供给与需求两条路径作用于以人为核心的新型城镇化。供给方面，丰裕的资本供给为企业扩大生产规模提供重要保障，激发企业生产积极性，促进生产技术革新，提高生产效率，增加经济产出，提高城镇居民的收入水平，为产城融合发展提供重要资本支持。需求方面，企业通过投资倍数效应，提高城镇居民的购买力，刺激消费需求，扩大市场规模，不断提高城镇化各参与主体的经济活力，培育城镇化内生发展能力。第三，能源不仅为新型城镇化建设提供动力，也诱发了提升城镇化质量的阻力。能源在生产生活上确保各种动力设备的正常运转，提高企业的生产效率，推动城镇基础设施建设，便利城乡居民生活。但由于大量能源的使用导致城市环境质量下滑、汽车尾气的排放超标，雾霾天数增加等不协调问题。第四，土地是城镇化的载体，适度的土地投入有利于缓解城镇内部拥挤程度，扩大城镇居民的生活空间，完善城镇内部空间结构，提升城镇化质量。但过度蔓延扩张的土地投入造成"地"的城镇化与"人"的城镇化脱节，不仅挤占农业用地，危及粮食安全，也出现有城无人、"空城""鬼城"等现象，造成城市土地利用低效，造成了土地资源浪费，阻碍城镇化质量提升。

基于以上分析提出假设3-1：

假设3-1：劳动力、资本作为经济社会发展不可或缺的传统生产要素，对提高新型城镇化质量具有正向促进作用，但一味地增加能源消耗和土地投入会对新型城镇化质量提升产生阻力。

二、以人为核心的新型城镇化新动力机制

在高质量发展阶段城镇化模式转变孕育着新动能，发展动力开始从旧动能向新旧动能转化。新型城镇化的新动力究竟从哪些方面体现，根据国务院《关于创新管理优化服务 培育壮大经济发展新动能 加快新旧动能接续转换的意见》，科技创新、金融支持、产业现代化成为新动能的重点方向。以人为核心的新型城镇化涵盖经济社会的各个方面，因此，本章根据新型城镇化发展的基本现实，将上述思路进行拓展，认为在高质量发展背景下，创新驱动、金融支持、产业现代化等新动能对以人为核心的新型城镇化发展起到重要推动作用，同时，城镇化的一个重要功能就是创造需求尤其是消费需求，考虑到城镇化过程中内需不足、消费结构不优等现实，则消费升级就成为以人为核心的新型城镇化新动力的一个必选项，因此，本章将科技创新、金融支持、产业现代化、消费升级四个动力统一纳入新型城镇化新动力机制框架。新动力的作用机制如图3-2所示。

第一，创新成为引领新时代高质量发展的首位理念，创新对以人为核心的新型城镇化的驱动机制的传导路径主要体现为4个方面：首先是技术创新。先进的生产技术和工艺推动产业结构升级，有利于减少资源浪费，提高生产效率，推动城镇现代产业体系建设，提高城镇化效率。通过科学的建设规划，加强城镇空间联系，缩短城镇间的空间距离，促进要素自由流动，为城镇居民提供更加人性化和便利化的宜业宜居环境。其次是产品创新。面对城镇居民多样化的产品需求，通过产品创新为消费者提供更多的选择机会，增加消费者效用，提高城镇居民生活质量。再次是体制机制创新。一直以来，我国的城镇化以政府为主导，政府在土地资源方面拥有支配权，创新资源配置的体制机制有利于提高城镇化过程中的资源配置效率。最后，最关键的是思想创新。落后的思想和发展观念影响居民消

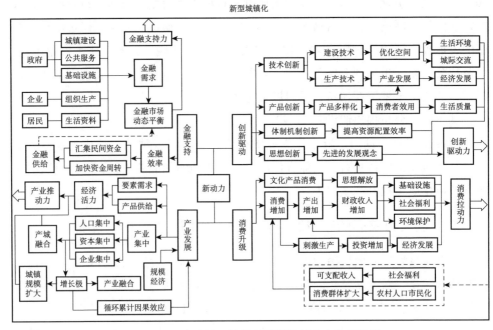

图 3 - 2　以人为核心的新型城镇化新动力作用机制

费行为、企业投资决策，城镇的规划建设，只有创新思想观念，践行创新发展理念，方可推动以人为核心的新型城镇化高质量发展。

　　第二，消费升级与新型城镇化具有双向促进作用。消费升级包括消费群体扩大、消费结构改善、消费潜力增强。消费群体扩大创造市场需求，消费结构改善推动经济结构调整，消费潜力增强释放消费者当期和未来消费能力。一方面，消费升级直接增加经济产出，增加财政收入，促进城镇基础设施建设与环境保护，推动城镇生活环境不断优化，提高居民福利水平；另一方面，消费升级刺激市场供给，增加企业投资，促进区域经济增长。此外，居民增加文化娱乐产品消费，推动先进思想传播，培育良好社会风尚，提高居民生活质量。新型城镇化也为消费升级产生正向反馈作用，吸引农村转移人口并不断市民化，扩大消费群体与本土市场规模。

　　第三，金融支持力主要体现在金融机构将储蓄转换为投资的能力，通过资金需求侧和供给侧两条路径实现。在资金需求侧，城镇人口数量不断增加，需要配套大量的城镇建设与治理资金，提供教育医疗等公共服务，建设供水供电、交通基础设施、治理城镇环境污染、化解城市内部"新二元结构"等都需要大量资金。企业购买生产要素的资金需求不断上升，同时，居民对美好生活的需求增加导致生活消费资金需求不断上升。在资金供给侧，政府财政收入有限且地方政府债务问题日益突出，居民个人资金规模较小且相对分散，利用难度较大，但金融机构融资效率高，能集中民间资本，提高资金周转率，因此，有效缓解资金供给与资金需求的矛盾离不开金融支持。

第四，工业深化形成新型城镇化发展产业推动力。产业发展体现经济形态，城镇化发展体现空间形态，以人为核心的新型城镇化是产城融合的城镇化。工业深化通过产业集聚、规模经济、产品与要素供给、循环累计因果关系的基本路径推动新型城镇化发展。工业深化带动企业在具有相对优势的区位集中布局，引起劳动力、资本向特定区域集聚，使其能够尽快形成增长极，促进产城融合发展。工业深化不仅为城镇提供多样化的产品供给，而且产生大量的劳动力、资本和中间产品需求，从供给和需求两个层面激发城镇内部的经济活力。在循环累积因果关系的作用下，工业深化的集聚效应不断加强，城镇集聚的要素不断增加，城镇规模不断扩大，产业层次不断提升，推动以人为核心的新型城镇化高质量发展。

基于以上分析提出假设3-2：

假设3-2：创新驱动、消费升级、金融支持、工业深化等所有新动力对以人为核心的新型城镇化高质量具有正向促进作用。

第三节　变量选择、模型构建与数据来源

一、以人为核心的新型城镇化发展质量测度

1. 以人为核心的新型城镇化质量评价指标体系构建

新型城镇化高质量发展，是中国经济社会高质量发展的重要支撑。不同于传统城镇化表现为"地"的城镇化，新型城镇化强调"人"的城镇化，蕴含着"以人为核心"的本质，追求集约化和高质量的发展方式，立足于更加广泛的民生福祉，旨在满足更多人追求美好生活的需要，促进发展成果全民共享，促进城乡空间格局优化，这些发展目标必须以人口、经济、社会、生态全方位高质量发展作为支撑和基础。因此，为更加科学和全面衡量新型城镇发展质量，本章综合考虑以人为核心的新型城镇化本质内涵，遵循科学性、系统性、前瞻性和可操作性的原则，在参考和借鉴既有研究成果（方创琳，2019；熊湘辉、徐璋勇，2018；徐维祥，2017；肖锋等，2017；王金营等，2017；张雪玲，2017；吕丹等，2014；蓝庆新、陈超凡，2013；牛文元，2009）的基础上，从人口发展质

量、经济发展质量、基础设施质量、公共服务质量、城乡融合质量、生态环境质量6个方面构建有机统一的新型城镇化质量评价指标体系。具体而言，人口发展质量提升成为以人为核心的新型城镇化发展的首要要求，能反映城镇化的本质内容，是新型城镇化发展的立足点和归宿点；经济发展质量是基础，高质量的经济发展提高资源配置效率，为新型城镇化提供了重要的支撑动力，也有利于经济增长与城镇化互动协调发展；基础设施质量是城镇化发展的重要硬件条件，对提高居民生产效率、生活质量和与幸福指数具有重要意义；公共服务质量关系教育、医疗、社会保障福利等公共产品的供给能力，是民生福利水平和社会功能完善的具体体现；城乡融合质量能反映城乡协调发展与共荣发展，也是破解城乡二元结构与解决"三农"问题的必然途径；生态环境质量是对生态文明理念融入城镇化发展进程的考量，能反映城镇化绿色发展、集约发展以及可持续发展的内涵。基于上述理论基础，本书选取的具体指标如表3-1所示。

表3-1　　　　以人为核心的新型城镇化发展质量综合评价指标体系

项目	目标层	代理变量	单位	指标类型
以人为核心的新型城镇化发展质量	人口发展质量	城镇人口比重	%	正向
		城镇人口登记失业率	%	负向
		每万人具有大学文化程度的人数	人/万人	正向
		科学与教育支出占城市财政支出比重	%	正向
		城镇家庭居民恩格尔系数	%	负向
	经济发展质量	人均GDP	元	正向
		第三产业产值比重	%	正向
		万元GDP能耗	吨标准煤/万元	负向
		研发经费占GDP比重	%	正向
		第三产业从业人员比重	%	正向
		高技术产业增加值占GDP比重	%	正向
	基础设施质量	每万人拥有公共交通车辆	辆/万人	正向
		人均城市道路面积	m²/人	正向
		城市每千人医疗机构床位数	张/千人	正向
		人均公共图书馆藏书	册/人	正向
		城市公共供水普及率	%	正向
		互联网普及率	%	正向
		燃气普及率	%	正向

续表

项目	目标层	代理变量	单位	指标类型
以人为核心的新型城镇化发展质量	公共服务质量	城镇常住人口基本养老保险覆盖率	%	正向
		城镇常住人口基本医疗保险覆盖率	%	正向
		教育事业费占 GDP 比重	%	正向
		每万人的卫生技术人员	人/万人	正向
		城镇居民最低生活保障人数占比	%	负向
	城乡融合质量	城乡居民收入比	/	负向
		城乡居民人均消费比	/	负向
		财政支农资金	万元	正向
		城乡居民家庭恩格尔系数比	/	负向
		城乡居民养老保险参保率之比	/	负向
	生态环境质量	城市生活垃圾无害化处理率	%	正向
		建成区绿化覆盖率	%	正向
		人均公园绿地面积	m²/人	正向
		废水排放达标量与废水排放量之比	%	正向
		工业污染治理费用占 GDP 比重	%	负向
		工业固体废物综合利用率	%	正向

2. 以人为核心的新型城镇化质量测度方法

测度指标体系的综合指数，最关键的是对各个指标权重的赋值，为科学客观测度新型城镇化发展质量，本章采用改进的熵值法测度每个指标的权重。由于各个指标量纲不同，所以首先对所有指标进行标准化处理以消除不同量纲的影响，正向、负向指标分别代入式（3.1）、式（3.2）进行标准化：

$$x_{ij} = \frac{a_{ij} - \min(a_{ij})}{\max(a_{ij}) - \min(a_{ij})} i = 1,2,\cdots,30 \quad j = 1,2,\cdots,34 \qquad (3.1)$$

$$x_{ij} = \frac{\max(a_{ij}) - a_{ij}}{\max(a_{ij}) - \min(a_{ij})} i = 1,2,\cdots,30 \quad j = 1,2,\cdots,34 \qquad (3.2)$$

其中，a_{ij} 为第 i 个省份的第 j 项指标的原始值，x_{ij} 为标准化后第 i 个省份的第 j 项指标，取值范围在 0~1 之间。

计算 i 省份的 j 指标所占的比重：$p_{ij} = x_{ij} / \sum_{i=1}^{30} x_{ij}$ $\qquad$ (3.3)

计算熵值：$e_j = -(\ln 30)^{-1} \sum_{i=1}^{30} (p_{ij} \ln p_{ij}), e_j \in [0,1]$ $\qquad$ (3.4)

计算差异性系数：$g_j = 1 - e_j$ (3.5)

计算指标权重：$w_j = g_j / \sum\limits_{j=1}^{34} g_j$ (3.6)

计算新型城镇化质量：$U_i = \sum\limits_{j=1}^{34} (w_j a_{ij})$ (3.7)

3. 以人为核心的新型城镇化质量时空分异分析

采用改进的熵值法测度出我国 30 个省份 2003～2017 年的新型城镇化质量，具体如表 3－2 所示。2003～2017 年，我国各省份的新型城镇化发展质量均有所提高，增长幅度具有空间差异性。2003～2017 年，新型城镇化发展质量增幅大于 50% 的省份主要为中西部省份①，包括湖南、江西、四川、广西、云南、重庆、宁夏、河北、贵州，其中，贵州的新型城镇化发展质量提升最为明显，由 0.20 提升到 0.46，增幅达 122%。中西部地区城镇化质量的快速提升，一方面受益于国家的区域协调发展战略，包括西部大开发、中部崛起、"一带一路"倡议等发展战略，为中西部地区的新型城镇化建设提供了重要发展契机。通过加强中西部地区的基础设施建设，引导东部地区部分产业向中西部地区转移，进而带动技术、资本、人才转移，缓解中西部地区发展要素长期不足的困境。同时，区域协调发展战略也创造了大量的有效需求，刺激生产，提升中西部地区经济社会的发展活力。另一方面，中西部地区的发展具有后发优势，通过模仿东部地区的发展方式、借鉴发展经验和先进技术，节约探索时间和成本，推动地区经济社会在短时间内快速发展。增幅最低的三个省份包括黑龙江、吉林、辽宁，原因在于东北地区是我国的老工业基地，产业结构中钢铁、能源产业比重较大，产业结构有待优化，加之我国出现的钢铁产业产能过剩问题，强化了东北地区的发展瓶颈，这种经济发展困境以及环境压力巨大导致东北地区的新型城镇化发展较为缓慢。其他省份的新型城镇化发展质量增幅在 20%～50% 之间，保持中高速增长，这与我国的经济发展基本协调。

表 3－2   中国 2003～2017 年以人为核心的新型城镇化发展质量

省份	2003 年	2004 年	2005 年	2006 年	2007 年	2008 年	2009 年	2010 年	2011 年	2012 年	2013 年	2014 年	2015 年	2016 年	2017 年
北京	0.5510	0.5658	0.6094	0.6018	0.6482	0.6357	0.6788	0.6879	0.6704	0.6981	0.6980	0.7090	0.7499	0.7579	0.7824
天津	0.5197	0.5199	0.5377	0.5388	0.5463	0.5453	0.5447	0.5225	0.5693	0.5527	0.5410	0.5593	0.6004	0.6410	0.6731
河北	0.3145	0.3117	0.3675	0.3327	0.3411	0.3676	0.3757	0.3747	0.4049	0.4149	0.4328	0.4204	0.4705	0.5391	0.5716

---

① 东部地区：北京、天津、河北、山东、江苏、上海、浙江、福建、广东、海南、辽宁；中部地区：山西、河南、湖北、安徽、湖南、江西、黑龙江、吉林；西部地区：内蒙古、陕西、甘肃、宁夏、青海、新疆、重庆、四川、云南、贵州、广西。

续表

省份	2003 年	2004 年	2005 年	2006 年	2007 年	2008 年	2009 年	2010 年	2011 年	2012 年	2013 年	2014 年	2015 年	2016 年	2017 年
山西	0.2705	0.2678	0.2900	0.2914	0.2972	0.3179	0.3371	0.3209	0.3595	0.3942	0.3252	0.3260	0.3236	0.3425	0.3795
内蒙古	0.2807	0.2756	0.2897	0.3000	0.3014	0.3057	0.3165	0.3809	0.3288	0.3921	0.3453	0.3491	0.3728	0.4134	0.4462
辽宁	0.3986	0.3961	0.4171	0.3923	0.4150	0.4403	0.4584	0.4188	0.4755	0.4772	0.4195	0.4034	0.4013	0.4089	0.4362
吉林	0.3127	0.3214	0.3321	0.3204	0.3444	0.3428	0.3533	0.3307	0.3319	0.3568	0.3322	0.3082	0.3303	0.3402	0.3672
黑龙江	0.3139	0.3239	0.3289	0.3341	0.2990	0.3343	0.3421	0.3221	0.3140	0.3478	0.3004	0.3098	0.3440	0.3621	0.3864
上海	0.6127	0.6014	0.6424	0.6590	0.6717	0.6968	0.6829	0.6872	0.6906	0.7046	0.6973	0.7238	0.7505	0.7618	0.7964
江苏	0.4864	0.4683	0.4693	0.4950	0.5831	0.5837	0.5862	0.5471	0.5786	0.5639	0.5264	0.5472	0.5672	0.5773	0.5894
浙江	0.4700	0.4847	0.5212	0.4700	0.5191	0.5562	0.5689	0.5318	0.5551	0.5483	0.5247	0.5629	0.5758	0.5863	0.6106
安徽	0.2732	0.2663	0.2980	0.2728	0.2897	0.3052	0.3089	0.3037	0.3515	0.3634	0.3521	0.3664	0.3714	0.3833	0.3975
福建	0.3840	0.3903	0.3965	0.3983	0.4235	0.4420	0.4507	0.4312	0.4479	0.4733	0.4186	0.4259	0.4777	0.5042	0.5234
江西	0.2698	0.2649	0.3351	0.3030	0.3476	0.3643	0.3628	0.3443	0.3713	0.4056	0.4061	0.4146	0.4212	0.4114	0.4284
山东	0.3904	0.3832	0.3960	0.4399	0.4623	0.4599	0.4743	0.4485	0.4965	0.5041	0.4533	0.4543	0.4873	0.5043	0.5173
河南	0.2809	0.2705	0.2785	0.2744	0.3008	0.2919	0.3181	0.2954	0.3164	0.3493	0.3750	0.3822	0.4017	0.4045	0.4103
湖北	0.3294	0.3143	0.3131	0.3422	0.3517	0.3828	0.3666	0.3457	0.3792	0.3919	0.4022	0.3956	0.4547	0.4777	0.4967
湖南	0.3016	0.3022	0.2990	0.3033	0.3260	0.3443	0.3503	0.3338	0.3544	0.3963	0.3800	0.3938	0.4517	0.4579	0.4736
广东	0.4859	0.4552	0.4731	0.4704	0.5232	0.5234	0.5579	0.5100	0.5517	0.5864	0.5523	0.5853	0.5799	0.6485	0.6574
广西	0.2555	0.2414	0.2514	0.2653	0.2697	0.2730	0.2892	0.3373	0.3142	0.3655	0.3564	0.3506	0.3804	0.3984	0.4167
海南	0.3097	0.2924	0.3019	0.3383	0.3135	0.3169	0.3490	0.3413	0.3871	0.4225	0.3849	0.3817	0.4392	0.4290	0.4591
重庆	0.2809	0.2623	0.2590	0.2491	0.2805	0.2941	0.3099	0.3033	0.3320	0.4344	0.4333	0.4575	0.4480	0.4716	0.4967
四川	0.2959	0.2976	0.2997	0.2878	0.2950	0.3068	0.3212	0.3789	0.3295	0.3898	0.3983	0.3705	0.4559	0.4613	0.4768
贵州	0.2046	0.1967	0.2161	0.1949	0.1894	0.1962	0.2004	0.2076	0.2284	0.2990	0.2974	0.3184	0.3612	0.4551	0.4632
云南	0.2460	0.2413	0.2439	0.2344	0.2439	0.2547	0.2445	0.2457	0.2717	0.3209	0.3442	0.3400	0.3292	0.3988	0.4138
陕西	0.3237	0.3173	0.2955	0.3176	0.3204	0.3450	0.3421	0.3378	0.3636	0.3835	0.3712	0.3943	0.4101	0.4654	0.4864
甘肃	0.2323	0.2203	0.2030	0.2110	0.2060	0.2172	0.2298	0.2056	0.2110	0.2595	0.2825	0.2653	0.3265	0.3301	0.3486
青海	0.3042	0.2935	0.2770	0.2728	0.2849	0.3015	0.2859	0.3019	0.3309	0.3600	0.3246	0.3459	0.3578	0.4055	0.4297
宁夏	0.2265	0.2147	0.2075	0.2507	0.2653	0.2619	0.3006	0.3241	0.3085	0.3613	0.3373	0.3510	0.3606	0.3879	0.4197
新疆	0.3216	0.3036	0.2888	0.3038	0.3133	0.3394	0.3395	0.3439	0.3461	0.3543	0.3559	0.3614	0.4097	0.4150	0.4375

　　从以人为核心的新型城镇化发展质量的绝对值来看，省份个体差异显著。2017 年，新型城镇化发展质量最高的是上海和北京，分别高达 0.79 和 0.78，由于上海、北京为直辖市，人口城镇化率高，且北京、上海均为我国的特大城市、

一线城市、经济中心，其强大的"虹吸"效应，汇集全国的经济要素，城镇化发展要素供给丰富，技术创新和体制机制创新能力较强，城镇化发展质量遥遥领先。新型城镇化发展质量最低水平的甘肃省为0.34，不足最高省份的1/2，甘肃省新型城镇化发展质量较低的原因在于其经济发展相对滞后，体制机制僵化、思想观念保守，经济水平、经济增长率长期全国垫底，城镇化的经济、社会和创新基础薄弱。同时，甘肃省绝大部分的行政区划内属于禁止开发区，生态环境脆弱，环境保护压力大，加之其相对偏远的地理位置，造成人才等要素大量流失，新型城镇化建设动能要素严重不足，导致区域差距明显。

新型城镇化发展质量存在较为明显的区域差异，2003~2017年，我国新型城镇化发展取得阶段性成果，城镇化质量稳步提高，上升幅度趋势一致，但区域性绝对质量差距较大。东部地区远高于中西部地区。新型城镇化发展质量的区域差距的最主要原因在于我国经济发展的空间失衡，雄厚的经济基础是城镇化建设的物质保障，西部地区经济相对落后，城镇化建设经济基础薄弱，东部地区对经济资源的"虹吸"效应加剧了西部地区要素缺乏的困境，同时，西部地区复杂的自然条件增加了西部地区新型城镇化建设的难度。西部地区凭借后发优势，不断缩小与中部地区的差距，在区域协调发展战略的指引下，新型城镇化发展的区域差距有望不断缩小。

二、以人为核心的新型城镇化动力指标选取

基于前文新型城镇化的动力机制分析，将新型城镇化的动力分为传统动力和新动力，"传统"与"新"并非绝对的物理和时间意义，而是以高效、集约的发展方式、高质量和可持续发展的特征为划分依据。传统动力包括劳动力、能源、土地、资本四种动力，分别采用非农从业人员（labo）、能源消耗总额（ener）、城市建设用地面积（land）、城镇固定资产投资（capi）等代理标量表征；新动力包括创新驱动、消费升级拉力、金融支持力、工业深化推力四种动力，分别采用技术进步（tech）、消费升级（dema）、金融支持（fina）、工业深化（indu）指标表征，具体如表3-3所示。城镇化过程中的劳动力投入主要表现为非农产业劳动力投入，因此，采用非农从业人员表示。全省的能源消耗总额中，城镇能源消耗占绝大部分，因此，用全省的能源消耗总额表示。受限于乡镇土地利用数据的可得性，采用城市建设用地面积表示土地资源。城镇固定资产投资是城镇化资本投入的外在形式且占比较大，以此表征资本投入。专利发明对技术进步的推动作用较大，因此，采用国内专利申请受理量表示技术进步。消费升级主要体现在结构方面。从消费结构来看，人们对于传统的衣食住行更注重品质，同时也更愿意在社

交、休闲、健康、教育等发展型或较高层次消费上支出，加之互联网经济、电子商务等商业模式与销售概念不断创新，社会消费品零售总额也包括网上零售额，因此，用社会消费品零售总额表示。金融支持主要体现在金融机构将储蓄转换为投资的能力，借鉴熊湘辉等（2015）的做法，用金融机构储蓄余额与贷款余额之比表示金融支持。考虑到工业化是推动新型城镇化的根本动力，工业化的不断深化发展预示着高端制造业和生产性服务业不断增强，结合全国各省份的产业发展现状，借鉴潘越等（2010）的做法，用工业增加值与农业增加值的比值表征工业深化。

表 3 - 3　　　　　　　　　　以人为核心的新型城镇化动力指标

动力	一级指标	变量符号	二级指标
传统动力	劳动要素	labo	非农从业人员（万人）
	能源消耗	ener	能源消耗（万吨标煤）
	土地资源	land	城市建设用地面积（平方公里）
	资本投入	capi	城镇固定资产投资（亿元）
新动力	技术进步	tech	国内专利申请受理量（项）
	消费升级	dema	社会消费品零售总额（亿元）
	金融支持	fina	金融机构储蓄余额（贷款余额）
	工业深化	indu	工业增加值/农业增加值

三、动力机制模型构建

根据理论分析，本章将以人为核心的新型城镇化动力划分为传统动力和新动力。在公共交通基础设施状况不断改善，集聚经济、规模经济和城市群等经济现象成为空间经济发展主体形态的条件下，区域或城市的空间交互作用呈逐渐增强态势，区域依赖性和空间溢出效应不断凸显。因此，无论是新型城镇化的传统动力还是新动力，在推动城镇化高质量发展过程中都存在空间交互作用机制，邻近地区之间的空间溢出效应也必将成为影响新型城镇化高质量发展的重要因素，因此，为全面考察新型城镇化动力机制及其空间效应，本章在基准模型分析的基础上，重点选取空间计量模型进行分析，常见的空间模型包括空间自回归模型（SAR）、空间误差模型（SEM）和空间杜宾模型（SDM），仅有 SDM 模型同时考虑因变量和自变量对其他地区的空间溢出效应。因此，本章选取 SDM 模型进行实证分析，SDM 模型的基本形式为：

$$y = \rho Wy + \beta X + \sigma WX + \varepsilon \qquad (3.8)$$

其中，ρ 为因变量 y 的空间系数，表示因变量空间溢出效应的大小；Wy 为因变量的空间滞后项；W 为空间权重矩阵；X 为自变量；β 为本地区自变量对因变量的影响系数；WX 为自变量的空间滞后项；σ 表示其他地区自变量对本地区因变量的影响系数；ε 为误差项。将本章的自变量和因变量代入式（3.8），得到式（3.9）：

$$
\begin{aligned}
urba_{it} = {} & \rho W\, y_{it} + \beta_1 labo_{it} + \beta_2 ener_{it} + \beta_3 land_{it} + \beta_4 capi_{it} + \beta_5 tech_{it} + \beta_6 dema_{it} \\
& + \beta_7 fina_{it} + \beta_8 indu_{it} + \delta_1 Wlabo_{it} + \delta_2 Wener_{it} + \delta_3 Wland_{it} + \delta_4 Wcapi_{it} \\
& + \delta_5 Wtech_{it} + \delta_6 Wdema_{it} + \delta_7 Wfina_{it} + \delta_8 Windu_{it} + \varepsilon_{it}
\end{aligned} \tag{3.9}
$$

为了消除异方差的影响，使模型更加接近经济现实，对所有变量进行对数处理，得到式（3.10），即刻画新型城镇化动力机制的空间杜宾模型为：

$$
\begin{aligned}
lnurba_{it} = {} & \rho Wlny_{it} + \beta_1 lnlabo_{it} + \beta_2 lnener_{it} + \beta_3 lnland_{it} + \beta_4 lncapi_{it} \\
& + \beta_5 lntech_{it} + \beta_6 lndema_{it} + \beta_7 lnfina_{it} + \beta_8 lnindu_{it} + \delta_1 Wlnlabo_{it} \\
& + \delta_2 Wlnener_{it} + \delta_3 Wlnland_{it} + \delta_4 Wlncapi_{it} + \delta_5 Wlntech_{it} + \delta_6 Wlndema_{it} \\
& + \delta_7 Wlnfina_{it} + \delta_8 Wln\, indu_{it} + \varepsilon_{it}
\end{aligned} \tag{3.10}
$$

四、数据来源

基于真实、可靠、可得和及时的基本原则，本章选取 2003~2016 年 30 个省份（不含西藏和港澳台地区）的面板数据作为研究样本，具体数据来源于历年《中国统计年鉴》《中国第三产业统计年鉴》《中国统计摘要》《中国能源统计年鉴》《中国高技术产业统计年鉴》《中国人口和就业统计年鉴》以及各省份统计年鉴。

第四节　协同驱动效应分析

一、空间相关性分析

变量具有空间自相关性是进行空间回归的基础。本章采用全局莫兰指数、局域莫兰指数分别对新型城镇化的整体平均空间相关性和局部空间异质性进行检验，全局莫兰指数、局域莫兰指数的计算公式分别为：

$$
I = \frac{n \sum\limits_{i=1}^{n} \sum\limits_{j=1}^{n} w_{ij}(x_i - \bar{x})(x_j - \bar{x})}{\sum\limits_{i=1}^{n} \sum\limits_{j=1}^{n} w_{ij} \sum\limits_{i=1}^{n} (x_i - \bar{x})^2} = \frac{\sum\limits_{i=1}^{n} \sum\limits_{j=1}^{n} w_{ij}(x_i - \bar{x})(x_j - \bar{x})}{S^2 \sum\limits_{i=1}^{n} \sum\limits_{j=1}^{n} w_{ij}} \tag{3.11}
$$

$$I_i = \frac{(x_i - \bar{x})}{S^2} \sum_{j=1}^{n} w_{ij}(x_j - \bar{x}) \tag{3.12}$$

其中，x_i 表示 i 省份的新型城镇化发展质量，$S^2 = \frac{1}{n} \sum_{i=1}^{n} (x_i - \bar{x})^2$，$\bar{x} = \frac{1}{n} \sum_{i=1}^{n} x_i$，$w_{ij}$ 为空间权重矩阵。本章采用 Queen 相邻规则构造空间权重矩阵，并且默认海南与广东、广西相邻。局域莫兰指数结合莫兰散点图和地图进行展示更加直观，本章利用 ArcGIS 将莫兰散点图中四个象限的点对应的省份在地图中进行空间展示。

通过测算各省份新型城镇化质量的全局莫兰指数，得到如表 3 - 4 所示的结果。2003 ~ 2016 年，新型城镇化发展质量的全局莫兰指数在 0.43 ~ 0.54 之间，且均通过 1% 的显著性检验，说明各省份之间的平均空间相关程度比较稳定，新型城镇化质量的空间相关性显著存在，进一步说明我国邻近省份的经济社会联系密切，以人为核心的新型城镇化空间依赖性较强。

表 3 - 4　　　　　　　　　　　　新型城镇化质量莫兰指数表

年份	Moran I	Z 值	P 值
2003	0.43 ***	3.98	0.001
2004	0.45 ***	4.16	0.001
2005	0.54 ***	4.93	0.001
2006	0.48 ***	4.36	0.001
2007	0.51 ***	4.57	0.001
2008	0.52 ***	4.66	0.001
2009	0.50 ***	4.55	0.001
2010	0.43 ***	3.95	0.001
2011	0.52 ***	4.69	0.001
2012	0.44 ***	4.01	0.001
2013	0.45 ***	4.17	0.001
2014	0.45 ***	4.17	0.001
2015	0.46 ***	4.28	0.001
2016	0.43 ***	3.94	0.001

注：*** 代表 1% 的显著水平，P 值、Z 值为蒙特卡罗 999 次模拟的结果。

采用局域莫兰指数刻画局部省份的空间关联程度，考虑到简洁直观的需要，使用莫兰散点图表示局域莫兰指数，并结合 ArcGIS 进行制图，限于篇幅本章仅选取 2003 年、2016 年的莫兰散点图，具体如图 3 - 3 所示。

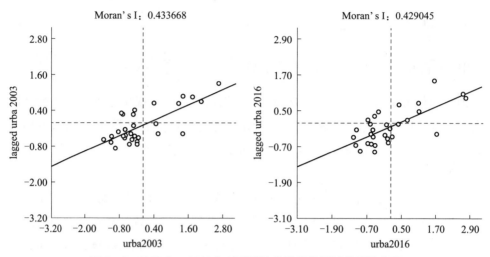

图 3-3 2003 年、2016 年新型城镇化质量的局域莫兰散点图

根据图 3-3 可知，2003 年、2016 年的局域莫兰指数大部分位于第一象限（高高集聚）和第三象限（低低集聚）内，空间依赖性明显，体现空间异质性的第二象限（低高集聚）和第四象限（高低集聚）仅包含少数省份，说明邻近省份的新型城镇化发展多体现正向空间关联特征。2003~2016 年我国新型城镇化质量的局部空间关联模式有所变化。2003 年，体现高高集聚的省份包括北京、天津、江苏、上海、浙江、福建，低高集聚的省份包括河北、安徽、江西、海南，高低集聚的省份包括辽宁、山东、广东，其余省份体现为低低集聚。高高集聚省份比例较少，均位于东部沿海地区，这与东部地区的经济社会发展水平以及现代化水平密切相关。高低集聚的省份与低高集聚的省份相对应，中部地区的安徽、江西与东部地区的山东、广东构成低高集聚，因为城镇化建设的资源、要素存在东部与中部的区域差异，而同为东部地区的海南、河北成为低值区的原因在于河北受北京、天津的"虹吸"作用较强，经济资源流失严重，且河北省承接了大量环境污染严重的工业企业，城镇生态环境恶化，新型城镇化发展质量难免下降。海南经济发展水平相对较低，且受广东的"虹吸"作用较强，城镇化发展相对滞后。广大的中西部地区受地理位置、经济发展水平等限制，形成低低集聚区。到 2016 年，经过十多年的城镇化发展，山东、河北进入高高集聚区，广西与广东的差距缩小，成为低高集聚区，重庆、湖北新型城镇化建设成果显著，成为高低集聚区，低低集聚区减少。

二、模型识别与基准回归结果分析

通过空间自相关检验发现新型城镇化的空间溢出效应的确存在，因此，必须充分考虑空间因素的影响。本章以 2003 ~ 2016 年我国 30 个省份的面板数据为样本，分别进行 OLS 回归、空间杜宾固定效应和随机效应模型回归，结果如表3 - 5所示。通过空间误差检验、空间滞后检验，进一步验证空间依赖的存在性。通过Wald 空间滞后检验、LR 空间滞后检验均发现 SDM 模型不能简化为 SAR 模型，通过 Wald 空间误差检验、LR 空间误差检验均发现 SDM 模型不能简化为 SEM 模型。结合霍斯曼检验，发现 SDM 随机效应模型是最优模型，具体回归结果如表3 - 5 所示。

表 3 - 5　　　　　　　　　　　　　　基准回归结果

变量	OLS 模型		SDM 模型（FE）		SDM 模型（RE）	
	系数	t 值	系数	z 值	系数	z 值
lnlabo	- 0. 101 ***	- 4. 75	0. 078 *	1. 84	- 0. 047	- 1. 12
lnener	- 0. 191 ***	- 6. 92	- 0. 075 *	- 1. 67	- 0. 090 **	- 2. 06
lnland	0. 097 ***	3. 62	0. 006	0. 15	- 0. 037	- 0. 92
lncapi	- 0. 020	- 0. 93	0. 098 ***	4. 68	0. 110 ***	5. 15
lntech	0. 066 ***	4. 19	0. 067 ***	4. 93	0. 067 ***	4. 73
lndema	0. 0163	3. 95	0. 292 ***	4. 61	0. 142 ***	2. 85
lnfina	0. 014	0. 53	- 0. 019	- 0. 69	- 0. 003	- 0. 11
lnindu	0. 144 ***	12. 13	0. 024	1. 02	0. 064 ***	2. 76
常数项	- 1. 173 ***	- 9. 57			- 2. 187 ***	- 3. 41
Wlnlabo			0. 290 ***	3. 78	0. 235 ***	3. 14
Wlnener			0. 101	1. 21	0. 052	0. 67
Wlnland			- 0. 062	- 0. 77	- 0. 058	- 0. 74
Wlncapi			- 0. 059	- 1. 44	- 0. 108 **	- 2. 57
Wlntech			0. 037 *	1. 69	0. 041 *	1. 81
Wlndema			- 0. 390 ***	- 4. 55	- 0. 126	- 1. 57
Wlnfina			- 0. 120 *	- 1. 9	- 0. 143 **	- 2. 19
Wlnindu			- 0. 203 ***	- 3. 88	- 0. 185 ***	- 4. 02
ρ			0. 171 ***	2. 59	0. 167 **	2. 51
σ²			0. 004	14. 44	0. 005	13. 48
obs	420		420		420	
R²	0. 78		0. 74		0. 73	
LR 空间滞后检验			68. 38 ***		0. 000	

续表

变量	OLS 模型		SDM 模型（FE）		SDM 模型（RE）	
	系数	t 值	系数	z 值	系数	z 值
LR 空间误差检验			60.38 ***		0.000	
Wald 空间滞后检验			70.55 ***		0.000	
Wald 空间误差检验			54.82 ***		0.000	
LM 空间滞后检验			39.706 ***		0.000	
LM 空间误差检验			20.617 ***		0.000	
R-LM 空间滞后检验			7.858 ***		0.005	
R-LM 空间误差检验			7.858 ***		0.005	
霍斯曼检验			1.829		0.999	

注：*、**、***分别代表10%、5%、1%的显著水平。

表 3-5 的 OLS 模型显示，劳动力投入、能源消耗在1%显著水平下降低新型城镇化发展质量，与理论预期具有较大差距，理论上无论是传统城镇化还是新型城镇化，劳动力投入、能源消耗均是城镇化的重要支撑和动力，但基准回归结果却变成了显著阻碍作用，这显然与事实相悖，而基准模型回归估计偏误应是最主要原因。土地投入、科技创新、工业深化与新型城镇化发展质量在1%显著水平下呈正向关系。纳入空间因素后，发现 OLS 模型夸大了劳动力和能源消耗的负向作用，低估了资本投入和消费升级的促进作用，表明 SDM 模型的回归结果更加接近现实。根据 SDM 随机效应模型的结果，新型城镇化发展质量的空间系数为0.167，且通过5%的显著性检验，说明在全国平均水平上，新型城镇化具有显著的正向空间溢出效应，即本省份新型城镇化发展质量提高1个单位，则邻近省份新型城镇化发展质量提高0.167个单位。传统动力中的劳动、能源、土地与本省份的新型城镇化发展质量负向相关但并不明显，影响系数较小，表明传统动力要素依然需要优化配置以适应新型城镇化的内涵高效的要求，新动力要素中技术进步、消费升级、工业深化与本省份的新型城镇化发展质量正向相关，邻近省份的劳动投入、能源消耗、技术进步也与本省份的新型城镇化发展质量正向相关，邻近省份的其余变量与本省份的新型城镇化发展质量负向相关。

三、动力机制效应分解回归结果分析

由于 SDM 模型中各变量的系数同时包含了省份之间的相互影响，直接根据系数的大小判断各解释变量的影响程度存在变差，需进一步进行效应分解（LeSage & Pace，2009），将总效应分解为直接效应（本地效应）和间接效应

（空间溢出效应），其中，直接效应反映自变量对本区域因变量的平均影响，间接效应反映自变量对其他区域因变量的平均影响，总效应反映自变量对全部区域产生的影响。同时，受经济发展条件的影响，各地区新型城镇化的动力机制作用发挥存在空间差异，因此，本章将对全国及三大区域的总效应进行分解，具体的回归结果如表 3-6 所示。

表 3-6　　　　　　　以人为核心的新型城镇化动力效应分解结果

地区	变量	直接效应		间接效应		总效应	
		系数	z 值	系数	z 值	系数	z 值
全国	lnlabo	-0.036	-0.82	0.266 ***	2.96	0.223 **	2.08
	lnener	-0.091 **	-2.15	0.034	0.04	-0.058	-0.59
	lnland	-0.035	-0.89	-0.070	-0.75	-0.105	-0.96
	lncapi	0.107 ***	5.08	-0.100 **	-2.01	0.007	0.12
	lntech	0.069 ***	5.01	0.061 **	2.19	0.130 ***	3.94
	lndema	0.137 ***	2.81	-0.124	-1.30	0.013	0.13
	lnfina	-0.010	-0.32	-0.167 **	-2.15	-0.176 **	-2.04
	lnindu	0.055 **	2.42	-0.195 ***	-3.60	-0.140 **	-2.28
东部	lnlabo	-0.006	-0.12	-0.189 **	-2.2	-0.0195 ***	-2.04
	lnener	-0.100 **	-2.43	0.241 ***	3.06	0.141	1.37
	lnland	0.031	0.69	0.090	1.12	0.120	1.05
	lncapi	0.043 *	1.69	0.043	0.96	0.086	1.44
	lntech	0.041 *	1.72	-0.050	-1.27	-0.009	-0.17
	lndema	0.021	0.27	-0.050	-0.59	-0.029	-0.28
	lnfina	0.014	0.23	0.254 **	2.49	0.267 **	2.00
	lnindu	0.140 ***	11.15	-0.049 ***	-2.59	0.090 ***	4.24
中部	lnlabo	-0.0004	-0.01	-0.190 **	-2.49	-0.190 **	-2.19
	lnener	-0.265 ***	-5.96	-0.234 ***	-2.86	-0.499 ***	-4.90
	lnland	0.042	0.49	0.440 ***	2.72	0.482 **	2.18
	lncapi	0.002	0.03	0.063	0.77	0.065	0.67
	lntech	0.099 ***	5.16	0.040	1.36	0.139 ***	3.71
	lndema	0.079	0.98	-0.186 **	-2.02	-0.107	-0.76
	lnfina	-0.049 *	-1.75	-0.046	-0.86	-0.096	-1.56
	lnindu	0.041	1.29	0.145 **	2.56	0.186 ***	3.02

续表

地区	变量	直接效应		间接效应		总效应	
		系数	z 值	系数	z 值	系数	z 值
西部	lnlabo	0.544	0.80	-0.154	-0.99	-0.099	-0.53
	lnener	-0.295 ***	-3.78	0.005	0.03	-0.289	-1.22
	lnland	0.011	0.15	0.101	0.55	0.112	0.50
	lncapi	0.144 **	2.32	-0.139	-1.00	0.006	0.03
	lntech	-0.020	-0.71	-0.003	-0.05	-0.022	-0.32
	lndema	0.081	0.71	0.302	1.08	0.383	1.24
	lnfina	0.118	1.20	0.324 *	1.83	0.442 **	2.21
	lnindu	0.049	0.80	-0.217 **	-2.29	-0.167	-1.50

注：*、**、*** 分别代表10%、5%、1%的显著水平。

从传统动力看，劳动力的直接效应为负但不显著，与现实相悖，现实发展中劳动力的确是新型城镇化建设不可或缺的最为能动的活要素，劳动力投入有助于推进城镇基础设施建设，提升城镇经济发展内生能力，优化城镇产业结构，有利于转移过剩农业人口，加强城乡联系，推动城乡融合发展，为负但结果不显著表明我国劳动力成本不断上升，劳动力供给结构有待完善，高素质劳动力占比较低，技能型劳动力短缺，城镇的人口承载力有限，人口集聚到一定程度容易诱发住房紧张、交通拥堵、城市新二元结构等问题，而事实上，这些问题叠加式出现已经对城镇化高质量发展造成明显障碍。同时，由于劳动力不断向邻近省份流动，加快劳动技能的传播，对邻近省份产生正向溢出作用，因此，劳动力的空间溢出效应在1%显著水平下为正，最终导致总效应在5%水平下显著为正。能源消耗的本地效应在5%显著水平下为负，间接效应为正，总效应为负。一度以能源消耗为特征的经济发展方式造成了巨大的环境代价，生态成本过高拉低本地新型城镇化发展质量。本省份工业集聚或能源消耗增加可弱化周边区域的生态环境成本，但无论在哪个区位消耗大量能源，都会造成整体环境污染，因此，能源消耗的总效应为负。土地投入的直接效应、间接效应、总效应均为负值，长期城市蔓延化发展导致"人"的城镇化与"地"的城镇化相脱节，忽略了人口、经济、社会、生态等其他方面的城镇化，显然仅依靠大量投入土地不能提高新型城镇化发展质量。资本投入的直接效应在1%水平下显著为正，间接效应在5%水平下显著为负，总效应为正但并不显著。增加资本投入为本地城镇化建设过提供资金，刺激生产，带动消费，增强本省份的"虹吸"效应，吸引更多的经济要素集聚。同时，也带来邻近省份资本要素流失，阻碍其城镇化进程，但资本投入通过投资乘数对整个国民经济产生积极影响，因此总效应为正。该实证结果支持了假设3－1，即从总效应看劳动力、资本作为经济社会发展不可或缺的传统生产要素，对提高新型城镇化质量具有正向促进作用，但一味地增加能源消耗和土地投入就会拉低新型城镇化发展质量，其中，主要由于高质量发展对传统要素的使用提出了新要求，传统资源的使用更应注重质量和效率的提升，而不仅仅是数量的增加。

从新动力看，技术进步的直接效应和间接效应分别在1%和5%显著水平下通过检验，总效应在1%显著水平下均为正，技术进步有利于提高劳动生产率，形成创新氛围，催生更多的创新成果，并通过技术溢出，降低其他省份的研发成本，促使最新技术成果在各省份间共享。消费升级的直接效应在1%水平下显著为正，间接效应为负，总效应为正，消费规模越大，越会加速形成本地市场效应，吸引更多的企业集聚，带动城镇居民消费和企业生产，提高本省城镇化质量。同时，邻近省份企业为了接近消费市场，企业和要素开始向本地区转移，降低邻近省份的经济活力，但本省获得规模经济效应后，向邻近省份输送较低价格的多样化产品，也变相地提高邻近省份居民的生活质量，对整体的城镇化质量又产生了促进作用。金融支持的三个效应均为负向，且间接效应、总效应通过5%的显著水平检验，原因在于我国现有的金融供给渠道主要是通过大型商业银行，基于风险和收益考虑，它更偏好于将社会储蓄转化为对大型企业的投资，中小微企业作为城镇化发展过程中重要的内生力量，其融资份额相对较少，且中小微企业的融资困难，影响以人为核心的新型城镇化持续发展。大型企业在融资渠道上的优势，不仅影响本地中小企业融资，而且加剧对周边中小微企业市场份额的挤压，对邻近省份产生负向空间溢出。工业深化的直接效应在5%水平下显著为正，间接效应在1%水平下、总效应在5%水平下显著为负。工业深化通过集聚效应、规模经济、循环累积因果关系推动本地城镇化发展，可加剧极化效应，通过虹吸邻近省份的资源、要素，产生负向空间溢出，极化效应大于扩散效应，总效应为负。该实证结果与假设3－2有所差别，从总效应看，技术进步、消费升级有助于提高新型城镇化质量，当前的金融支持、工业深化对整体的新型城镇化促进作用效果有限，其中，中小企业融资困难、工业深化的极化效应远大于扩散效应是当前两者对新型城镇化发展质量作用有限的根本原因。

四、动力效应分解的区域异质性分析

传统动力的区域异质性。劳动力投入在东部和中部地区的直接效应、间接效应、总效应均为负，原因在于受我国人口空间分布和人口迁移规律的影响，东中部地区人口密集，且普通劳动力投入趋于饱和，但高层次劳动力依然短缺，加之一般劳动力投入遵循边际收益递减规律，过度增加一般劳动力投入对东中部地区的促进作用有限，且造成"大城市病"和劳动力流失的"中小城市病"，阻碍城镇化发展质量的提升。西部地区的直接效应为正，间接效应、总效应为负，但均不显著，西部地区人口基数较小，劳动力投入未达到饱和程度，增加劳动力投入有利于促进本地区城镇化质量的提升，但弱化了邻近省份劳动力增加幅度。三大地区能源消耗的直接效应均显著为负，因为能源消耗总会产生负面的生态环境效应；间接效应东部显著为正、中部显著为负、西部不显著，原因在于东部地区的工业产业转移造成本地区的环境污染减少，中部地区在承接产业转移上相互竞争，邻近省份增加承接转移，能耗不断增加，产生负向空间溢出效应，而西部省份主要为资源输出区和环境涵养区，能源消耗的影响不明显。三大地区土地投入的三个效应均为正，但仅有中部地区的间接效应和总效应在1%和5%水平下显著，在市场发挥配置资源决定性作用的条件下，客观而言，东部地区的土地使用效率更高，但跨区域的土地流转困难和土地供给偏向中西部，使东部地区的发展效率受到限制，土地相对短缺，存量调整空间较小。但西部地区地广人稀，现有城镇建成面积足以支撑起新型城镇化发展的需求空间，中部地区相对较为特殊，人口较为密集，同时，承接的转移产业较多，土地规模利用有利于经济集聚化发展和活跃城镇化发展。对于资本动力而言，东中部地区的三个效应为正，但显著性较低，东中部地区资本较为雄厚，资本的边际收益或许已经处于下降阶段，西部地区的直接效应在5%水平下显著为正，间接效应为负，总效应不显著，囿于西部地区资本匮乏，若增加资本投入，加速资本形成，通过"虹吸"作用集聚要素，加快本省城镇化发展，则诱使邻近省份要素流失。显然，传统动力对东部地区新型城镇化促进作用并不明显，甚至为负，增加土地投入对中部地区有利，西部地区仍需加速资本形成。

新动力区域异质性。技术进步对东部地区的直接效应为正，且通过10%的显著性检验，负向的间接效应和总效应不显著。本地加快技术进步，促进本地生产率的提高，推动区域城镇化高质量发展，紧密的经济联系导致技术溢出明显，负向的"虹吸"作用减弱，总效应的负向影响也逐渐下降。消费升级对各个地区的显著性均较低，说明我国的消费升级与以人为核心的新型城镇化要求还有一定差距。直接效应均为正，说明我国的内需对城镇化存在重要拉动力，中东部地区的间接效应和总效应均为负，说明中东部的消费结构依然处在集聚化阶段，西部地区的间接效应和总效应为正，原因在于西部地区经济活力相对较弱，消费增加的边际效应比较明显。金融支持对东部地区的三个效应均为正，间接效应、总效应通过 5% 水平下的显著性检验，原因在于东部地区的金融发达，金融服务覆盖面广。中部地区三个效应均为负，直接效应通过 10% 水平下的显著性检验，原因在于金融机构资金供给不足以及忽视中小微企业的融资需求。西部地区各效应的正负向关系与东部一致，但原因不同，西部地区资本缺乏，金融机构的融资支持均能加速资本积累，加速城镇化发展。工业深化对东部地区的直接效应、总效应在 1% 水平下显著为正，间接效应在 1% 水平下显著为负，这与东部地区经济发展水平相符，同时，对邻近省份产生"虹吸"效应，东部地区发展相对协调，彼此带动，因此，总效应仍为正。中部地区的工业深化的三个效应均为正，由于中部地区的工业深化水平较低，对城镇化发展的推动力更强劲，间接效应、总效应分别在 5% 和 1% 水平下显著。西部地区的直接效应为正，原因在于工业化带动城镇化，但西部地区产业规模较小，促进作用有限，正向促进作用并不明显。间接效应显著为负的原因在于西部地区地理环境复杂、生态环境脆弱，长期GDP 增长目标造成巨大的环境成本和外部不经济性。显著的负向影响与不显著的正向影响对冲使总效应为负，但不显著。新动力中金融支持和工业深化对东部地区的新型城镇化建设促进作用明显，中部地区受益于技术进步和工业深化，西部地区则侧重于金融支持，以加速资本积累。

　　同时，根据动力效应分析，发现新型城镇化的空间溢出效应具有明显的区域差异性，如表 3 - 7 所示。各地区的新型城镇化在空间上相互关联，相互促进，距离越近，空间交互影响作用越大，并在 1% 显著水平下通过检验。在区域层面仅有东部地区通过 5% 的显著性检验，原因在于东部地区经济内生能力强，交通基础设施完善，经济交流密切，贸易交流与合作范围广泛，大型企业整合地区资源的能力强，为推动东部地区的新型城镇化高质量发展奠定了坚实发展基础。中西部地区经济滞后、地形阻隔、公共交通通达性较差、地区间的贸易和行政壁垒严重、经济内聚力差，促使各省份区际贸易不发达，要素流动较为缓慢，以人为核心的新型城镇化发展的空间溢出效应并不显著。

表 3 - 7　　　　　　　　新型城镇化空间溢出效应的区域差异

区域	SDM 模型中新型城镇化的空间滞后项系数	
	系数	z 值
全国	0.171 ***	2.59
东部	0.197 **	2.38

区域	SDM 模型中新型城镇化的空间滞后项系数	
	系数	z 值
中部	0.039	0.40
西部	0.117	1.15

注：** 、*** 分别代表5%、1%的显著水平。

本章小结与启示

　　本章对以人为核心的新型城镇化新旧动力机制及其空间效应进行理论分析和实证检验，得出如下主要结论：第一，我国新型城镇化质量逐年上升，三大区域的发展差距逐步缩小，西部地区有追赶并趋同于中部地区的趋势。第二，新型城镇化发展质量存在显著的正向空间自相关性，高高集聚区集中于东部沿海地区，中西部地区多为低低集聚，且低低集聚区逐年减少。第三，基准回归显示传统动力中劳动力、资本对新型城镇化产生促进作用，能源消耗、土地投入对以人为核心的新型城镇化质量影响不明显；新动力中技术进步、消费升级促进新型城镇化质量提高，当前的金融支持、工业深化对整体的新型城镇化发展具有阻力作用。第四，新型城镇化的动力效应存在明显的空间分异性，传统动力对东部地区新型城镇化促进作用不明显，甚至显著为负，增加土地投入对中部地区有利，西部地区需加速资本形成；新动力中金融支持和工业深化对东部地区的新型城镇化建设促进作用明显，中部地区受益于技术进步和工业深化，西部地区侧重于增强金融支持，以加速资本积累。第五，新型城镇化的空间溢出效应与各地区的经济联系有关，总体上新型城镇化存在相互促进的空间溢出效应，在区域层面仅有东部地区的新型城镇化具有显著的正向空间溢出作用。

　　本章研究对以人为核心的新型城镇化路径重构与高质量发展提供了有益启示：第一，各地区要加强人力资本的培育，提高技能型劳动力和高素质劳动力占比，优化人口结构，提高人口质量，增加城镇公共服务供给，调整城镇内部空间结构，缓解人口集聚的拥挤效应，充分发挥人的主观能动性，以人的全面发展推动新型城镇化。第二，需加快转变发展方式，以全球价值链的中高端为发展目标，推动工业结构向中高端迈进，提高高新技术型产业占比。减少对土地、能源等传统资源的路径依赖，资本积累不充分的地区需通过引进外资、创新民间资本利用方式等途径加速资本形成，降低投资风险，优化投资与营商环境。第三，政府要为创新提供财政支持，加大创新投入，营造创新环境，激发创新主体的能动性，催生技术创新与进步。全面推动金融服务主体多元化、全面化，在立法、执法保障的基础上，允许更多的社会主体参与金融供给服务，金融机构需要综合考虑经济社会效益，给予中小企业更多的融资支持，保证社会储蓄转化为企业投资的质量。企业需及时感应市场信息，推动企业创新与市场需求接轨。第四，加大社会保障制度创新力度，激发城乡居民的消费潜力，有序推进农民工市民化进程，促进居民消费升级。第五，东部地区应侧重于减少传统要素投入的负面效应，优化和完善金融服务，发展中高端制造业，中部地区需合理增加土地投入，以缓解城镇人口压力并给予转移产业更大的经济活动空间，同时，加快技术创新，推动工业化与转型发展。西部地区需要侧重金融支持，通过优化金融服务加速资本积累。同时，各地区要加强经济联系与技术交流，增强集聚中心的辐射带动作用，促进先进技术、成功经验和创新成果共享。

第四章　人力资本、创新与以人为核心的新型城镇化

随着经济社会进入新常态发展阶段，高质量发展备受重视，城镇化高质量发展需要注入更多的创新元素，正如内生增长理论指出的那样，知识资本对经济增长的贡献度高于物质资本，主要原因是知识或技术内生存在规模报酬递增的特点。显然，人力资本、技术创新、制度创新等具有边际报酬递增特点的因素无疑是推动以人为核心的新型城镇化高质量发展的重要动力，因此，本章将人力资本、创新与以人为核心的新型城镇化纳入同一个理论框架，采用中介效应和调节效应分析方法识别人力资本、创新驱动以人为核心的新型城镇化高质量发展的协同优化机制与差异化作用路径。在分析本地效应的基础上考察三者之间的空间交互作用机制及其效应，通过空间效应分解更加准确甄别直接效应和间接效应背后存在的内在机制与现实原因，为推动以人为核心的新型城镇化高质量发展提供现实依据。

第一节　引言与文献述评

城镇化是通向现代化的必由之路，也是经济社会高质量发展的重要标志。经过改革开放 40 余年的蓬勃发展，中国城镇化发展水平由 1978 年的 17.92% 上升到 2011 年的 51.27%，首次突破 50% 的临界线，至 2022 年已达到 65.22%，无论是发展速度还是发展规模都可谓史无前例。但是传统的城乡二元结构惯性依旧存在，城市内部的新二元结构已成为社会关注的热点，劳动力要素流动受到制度性壁垒的束缚。同时，由于长时期注重速度与数量而忽视质量，造成物的城镇化快于人的城镇化，一度出现城镇化 "摊大饼" 式空间快速扩张与蔓延发展，土地资源利用效率较低，"大城市病" 与 "小城市病" 并存等问题日益凸显，有序推动城镇化高质量发展成为全社会关注的焦点。在此背景下注重质量与体制机制

创新的新型城镇化发展模式成为必然选择，新型城镇化是以人为核心的城镇化，注重高质量与内涵发展，强调有效市场与有为政府有机结合，旨在全面提高城镇化发展质量，改善民生福祉与社会保障。作为传统城镇化发展的转型方向，新型城镇化依然离不开劳动、资本以及自然资源等传统要素，但传统要素存在边际报酬不变甚至递减的特征，对城镇化发展的影响主要停留在外延层面，随着经济社会进入新常态发展阶段，高质量发展备受重视，城镇化高质量发展需要注入更多的创新元素和新动力，正如内生增长理论指出的知识资本对经济增长的贡献度高于物质资本，主要原因是知识或技术内生存在规模报酬递增的特点，因此，人力资本、技术创新、制度创新等具有边际报酬递增特点的因素无疑是推动新型城镇化高质量发展的重要动力，但究竟人力资本、创新如何作用于新型城镇化，对提高新型城镇化质量的影响程度是否显著，相互之间存在哪些内在作用机制等都将是本章重点分析和回答的问题。

新型城镇化是一个全新的中国式命题，是对传统城镇化的全面校正与系统优化，能够化解传统城镇化发展过程中所面临的诸多矛盾与问题，当前如何推动新型城镇化提质增效发展已经成为专家学者普遍关注的焦点话题。新型城镇化质量不仅包括城镇化率的上升以及城市经济发展，还受到公共服务均等化、生态环境质量等因素的影响（吕丹等，2014），是一个覆盖人口、经济、社会、文化等多方面的复杂概念（林琳、李冠杰，2018）。曹飞（2017）研究发现新型城镇化质量存在东中西部地区的梯度差异，并提出扩大第三产业比重是新型城镇化质量提升的重要抓手。王丽艳等（2016）基于居民幸福感视角对新型城镇化质量进行研究，发现一线城市居民幸福感显著低于二线城市，得出居民幸福感与城市规模相关性不明显，与城市公共资源充裕度正相关。我国是人口大国，但近年来人口增长率逐年降低，老龄化特征日渐凸显，人口红利式微（蔡昉，2010），人才红利时代来临，人力资本必然成为今后推动我国经济社会高质量发展的重要因子，也是以人为核心的新型城镇化高质量发展的重要驱动力。

人力资本是技术或知识积累的重要载体，是技术创新发挥溢出效应的原动力（Romer，1986）。人力资本水平高低是城镇化能否健康发展的重要影响因素（王建康等，2015），人力资本积累有助于提升企业创新（Earl，2001），企业内部人力资本异质性越强，开放式创新网络就越密集（Brymer et al.，2019）。刘善仕等（2017）通过构建人力资本社会网络，揭示了人力资本通过在企业之间流动，通过学习其他企业知识和获取企业信息资源来促进企业创新。多样化人力资本能够提高企业创造力和创新力，进而提高国际市场竞争力（Braunerhjelm et al.，

2018）。克孜勒卡亚（Kizilkaya，2016）利用2000~2013年39个国家的动态面板数据进行实证研究，发现人力资本对经济增长具有积极影响。阿卜杜勒拉乌夫（Raufabdur，2017）选取发达国家与发展中国家样本进行比较分析，发现无论是在富裕还是贫困区域，集聚经济和人力资本外部性都是推动城市化成功发展的重要力量。姚旭兵（2016）研究得出人力资本、技术创新对我国新型城镇化发展具有显著的正向促进作用，并且空间溢出效应显著。钟兵（2016）认为提升农民人力资本、解决农民城镇就业问题是新型城镇化建设过程中的重点问题。盖兹（Gisser，1965）研究发现，当农村地区的教育水平提高10%，会使6%~7%的农民进入城镇从事非农产业。黄乾（2009）指出人力资本的提升会促进农业转移人口的非农化，有利于城镇化发展，但王秀芝、孙妍（2015）发现人力资本异质性会产生城镇就业结构的严重分层现象，进一步强化劳动力市场分割影响，扩大城乡收入差距，进而对新型城镇化进程造成不利影响。贾冀南、王金营（2009）发现北京和天津的经济、社会、基础设施、公共福利发展较好，吸引河北地区人才源源不断流向北京和天津，从而对京津冀协同发展造成负向影响。

创新历来备受关注，它是一个国家或地区持续发展的动力源泉，也是推动新型城镇化高质量发展的应有之义。创新驱动发展需要人力资本与激励创新制度等的协同互促互进才能发挥作用（洪银兴等，2013）。在国家经济社会发展过程中，科技创新能够细化生产分工、优化产业结构、提高市场效益，进而实现跨越"中等收入陷阱"（柳卸林等，2017）。王兰英等（2014）研究发现创新对新型城镇化建设具有积极的促进作用。王绍芳等（2017）认为创新驱动对新型城镇化的促进作用迄今尚未完全发挥，应通过补足和完善与县域经济相适应的技术创新体系推进新型城镇化建设。李政、杨思莹（2018）研究发现科技创新对缩小城乡收入差距产生显著的负向影响，其影响效果从东部、中部到西部地区逐渐增强，不利于新型城镇战略化持续推进。周泽炯等（2019）认为，当前国内自主创新团队数量与研发质量良莠不齐，整体自主创新能力较弱，不利于构建协同发展的现代化产业体系。王勇等（2018）认为，制度与组织是经济社会发展的先决条件，持续发展需要有效的制度供给。由于户籍制度壁垒的约束，城乡之间存在公共产品、社会福利、保障与教育鸿沟，农村人力资本状况始终处于薄弱境地，张光辉（2019）研究发现，户籍制度滞后会引发城市对公共服务进行歧视性分配，进而影响农业人口市民化进程。盖庆恩等（2017）认为家庭联产承包责任制在改革之初发挥了至关重要的引擎作用，但也是土地资源配置不当的主要原因。曾智洪（2017）认为，消解快速城镇化引发的各种经济社会问题，必须进行包容性制度创新，以满足广大人民群众的根本诉求。陈玉梅（2014）认为，制度创新对于解决各经济主体普遍存在的机会主义倾向问题能够发挥重要作用，可以有效消除阻碍城乡合作的因素，为实现城乡统筹创造了条件。

纵观既有文献，国内外学者关于人力资本、创新与经济增长方面的研究成果丰硕，但对人力资本、技术创新、制度创新与城镇化发展之间关系的研究成果有限，尤其缺乏探讨它们与新型城镇化之间关系的文献成果。同时，关于制度创新作用城镇化的研究大多停留在理论层面，许多结论与观点仍需要进一步实证检验。以往文献并未见到将人力资本、创新与新型城镇化纳入同一个理论框架下，系统探讨它们之间的内在理论机理并进行实证考察，而更多的是将各种影响因素割裂开来进行研究，必然导致难以厘清某些重要的协同作用机制，这也为本书提供了进一步拓展研究的思路与空间。本章的贡献在于：第一，提出人力资本、创新并非各自发挥孤岛效应，而是两者存在相得益彰和互为强化的协同优化机制及其效应。第二，突破已有的研究范式，将人力资本、创新与新型城镇化纳入同一个理论框架，采用中介效应和调节效应分析方法识别人力资本、创新驱动新型城镇化高质量发展的协同优化机制与差异化作用路径。第三，在分析本地效应的基础上考察三者之间的空间交互作用机制及其效应，通过空间效应分解更加准确地甄别直接效应和间接效应背后存在的内在机制与现实原因，为推动以人为核心的新型城镇化高质量发展提供现实依据与政策菜单。

第二节 理论假说与变量选择

一、人力资本的作用机理与假说

党的十九大报告明确提出创新是引领发展的第一动力，是建设现代化经济体系的战略支撑。创新驱动的实质是人才驱动，人力资本的积累与提升是创新战略实施的重要保障。人力资本具有规模报酬递增的特征，在人力资本不断积累过程中，劳动者掌握的劳动技能和知识逐渐丰富，增加劳动力就业可选择机会，为产业结构升级提供劳动力基础。此外，人力资本积累促进技术创新，进而提高社会劳动力工作效率，推动国民经济持续增长。人力资本作为知识存在与知识创造的载体，作用于社会生产中的各行各业，其核心在于推动技术创新与促进产业结构升级，体现在社会劳动过程中的价值创造、科技引领、产出高效和安全保障等方面，能够更好地实现经济社会可持续发展，提高社会、人口、经济等的发展质量。

如图 4-1 所示，人力资本促进产业结构升级，助力新型城镇化质量提升。从产业发展历程来看，产业结构升级意味着产业结构向现代化、高级化发展，具有高附加值、低环境冲击等特征，不同时期社会主导产业更替的根本原因是人力资本水平的提高。改革开放以来，外商直接投资和国外先进技术进入中国，制造业得到了快速发展，带动农村剩余劳动力大规模流向城市（张川川，2017），提高城市发展速度。当前国际分工更加细化，知识高级化、技术专业化和管理现代化等趋势越发明显，但随着我国人口老龄化现象逐步凸显，适龄劳动力供给趋紧，劳动力成本上升，人力资本水平依然较低（宋旭光、左马华青，2019），现代产业升级要求的高素质与高技能门槛令大多数普通劳动力望而却步，只有通过教育、技能培训、实操演练等方式提高这部分劳动力的人力资本，使其顺利进入更高级产业，促使农村劳动力在城镇就业，推进农业人口市民化进程。同时，实现产业结构升级不仅要催生新兴产业，淘汰落后产能也同样重要，国内仍然存在高污染、高消耗型企业，对城镇和农村生态环境与居住环境造成巨大压力，大量污染型企业利润形成背后所造成的社会负外部性需要城镇及农村居民为其买单，并且政府投入大量公共资源进行环境治理改善，陷入"先污染后治理"的末端治理发展怪圈。因此，必须提高人力资本水平，助力产业发展转型升级，走"前端治理"的发展道路，才能为城镇化高质量发展提供持续的产业支持，促进产城融合发展。基于以上理论分析提出假设 4-1。

假设 4-1：人力资本通过影响产业结构升级的传导路径使新型城镇化发展质量不断提升。

如图 4-1 所示，人力资本通过催生技术创新提升新型城镇化质量。诸多学者普遍认同人力资本提高促进技术创新对经济增长具有积极作用，但是通过此路径探讨对于新型城镇化质量的影响鲜有涉及，本书认为这种传导路径在理论上是存在的，主要基于以下几点考虑：第一，中国在国际产业分工链条中的角色逐步向"微笑曲线"的两端迈进，技术进步也由直接引进、模仿创新向自主研发转变，如作为城镇化发展的大动脉，中国高铁使公共交通基础设施服务领域达到高科技与智能化水平，形成较完善的客运网络，为出行乘客提供高质量的乘坐体验，其高速、高效和安全等技术特征极大地压缩了空间距离，极大地满足居民异质性出行需求，提高居民对城镇公共交通服务的满意度，为新型城镇化高质量发展提供了重要纽带和桥梁作用。第二，城镇是创新型人才的集聚区，如华为、阿里巴巴、百度、腾讯等诸多创新型企业的出现都是创新型人才集聚的例证，这些高新技术企业对城市社会生活产生了巨大的改变。随着城镇化发展不断深入推进，未来城镇必将承载更多的人口，人口大量聚集城镇造成拥挤效应，对城镇管理与服务水平提出新的巨大考验，但电子银行、电子缴费、远程视频、手机支付、公共交通智能化、智能电子眼等多功能高科技产品极大地方便了居民的生活，提高城镇化管理与服务水平，扩大城镇承载能力。基于以上分析，提出假设4-2。

　　假设4-2：人力资本通过影响企业技术创新促进新型城镇化发展质量。

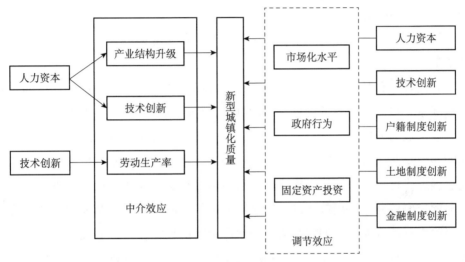

图4-1　理论机制

二、创新的作用机理与假说

　　创新主要可以分为技术创新和制度创新，两种创新都是新型城镇化高质量发展的重要动力与催化剂，但由于两种创新的主体不同，因此，作用渠道与内在机理亦有所不同，本书将这两种创新分开讨论。

　　首先是技术创新。技术创新通过提升劳动生产率路径作用新型城镇化发展质量。企业是技术创新的重要主体，产业链任一环节的技术创新都对企业生产效率产生重要影响，技术创新作为经济社会发展的关键要素具有规模报酬递增特性，有助于改善现有生产工艺，使得生产更加专业化、智能化、规模化、科学化、安全化，提升劳动生产率。劳动生产率的提升能够通过以下几个方面对新型城镇化发展质量产生影响：第一，社会劳动生产率提高意味着缩短社会必要劳动时间，规模化生产降低平均生产成本，进而获得超额剩余价值，国民财富快速递增，居民闲暇时间增加，幸福指数上升。第二，第一产业劳动生产率较低，制约着社会总体劳动生产率的提升，农业技术创新能够改善第一产业发展短板，增加农业产出与农民收入，进一步加快城乡收入差额的收敛速度，为城乡间人口流动创造经济条件，加快农业人口市民化进程。第三，根据马斯洛需求层次理论，人类发展的需求遵循从生理、安全、社交、尊重到自我实现的演变次序，技术创新能够持续提升劳动者生活层次和品质，使居民生活能够向更高需求层级攀升，促使人更加注重自我价值实现方面的追求，使得人能够全面发展，这也与新型城镇化以人为核心的内涵相契合。因此，提出假设4-3。

假设4-3：技术创新通过提升劳动生产率的传导路径作用于新型城镇化发展质量。

其次是户籍制度创新。制度是一种公共品，是经济社会发展过程中的重要影响变量，但制度有好的制度与坏的制度，好的制度是前进与发展的动力，坏的制度则成为发展桎梏。由于历史原因，户籍制度成为城乡间居民流动难以跨越的制度藩篱，是城乡二元结构与城市新二元结构并存的根本原因。随着城镇化进程逐步推进，户籍制度形成的制度障碍问题愈加突出，因此，进行符合实际与顺应经济社会发展趋势的户籍制度创新势在必行。户籍制度创新意味着逐步消除农村地区人口长期以来被农业生产束缚的桎梏，促进农民在城乡自由流动，解决农村人口市民化的民生福祉，实现流动人口的基础教育、住房、医疗等公共服务均等化，为农村地区人口进入城市生产、生活解决后顾之忧，从而极大地释放农村地区剩余劳动力的生产潜力，向外推进生产可能性曲线，进一步加快农业人口市民化进程，推动以人为核心的新型城镇化持续发展。基于以上分析，提出假设4-4。

假设4-4：户籍制度创新促进城乡人口流动，实现城乡公共服务均等化，推动新型城镇化内生化发展。

再次是土地制度创新。一直以来，我国城镇规模扩张速度较快，土地财政导致大量农地转换成城镇建设用地，城镇化发展呈现出"摊大饼"式无序蔓延，严重影响城镇建设用地供需平衡，土地制度需在严格守住耕地红线的基础上进行改革创新，集约、高效地利用城镇建设土地。土地制度创新提高城镇土地利用效率，降低城镇空间扩张速度，促使人地协调发展；改革农村地区土地供给结构，激发农村闲置土地资源利用和配置活力，增加农村集体收入。农业人口市民化将产生大量闲置农用地，加快对农村集体用地所有权、流转权、经营权的制度规划，加强对农业的支持力度，延伸产业链条，增加农产品附加值，促进城乡要素流动与城乡融合发展。因此，提出假设 4 - 5。

假设 4 - 5：土地制度创新有益于科学规划城镇建设用地，提高土地利用效率，助力新型城镇化高质量发展。

最后是金融制度创新。非国有部门与国有部门之间的资金配置对经济增长具有关键作用，胡家勇等（2000）认为民营经济的全要素生产率增长在中国经济健康稳定发展过程中发挥了主要作用。在社会主义市场经济体制下，民营经济提供良好的创业就业环境、扎实落实经济结构改革、加快转移农村剩余劳动力和扩大国际经贸规模，是改善民生和提供就业的重要载体，是我国经济保持高速发展不可小觑的关键一环。但由于企业所有制歧视长期存在，民营企业获得的金融支持难以与国有企业相比，这将导致金融资源在国有经济与非国有经济之间的分配失衡，造成金融资源错配。通过金融制度创新为民营企业提供更多的金融支持，激发市场经济细胞的活力，扩大市场经济规模，提升金融资源利用效率，提高居民就业满意度。同时，民营经济对于效率更加敏感，能够充分调动城镇化建设中所需的各种金融资本要素，提高新型城镇化各类生产要素的利用效率。因此，提出假设 4 - 6。

假设 4 - 6：金融制度创新提高金融资源配置效率，为城镇化建设提供融资支持，促进新型城镇化高效化发展。

三、变量说明

1. 被解释变量。被解释变量采用以人为核心的新型城镇化发展质量（urba）表征，以人为核心的新型城镇化发展质量参照第三章中关于该变量的综合测度结果。

2. 解释变量。人力资本（capi），考虑到文盲与半文盲也存在人力资本，只是人力资本水平较低，所以参考王春晖（2019）计算方法，选取 6 岁及 6 岁以上人口作为抽样样本，采用平均受教育年限法来表征，具体计算公式为：地区人力资本 = 文盲与半文盲人口占比 ×2 + 小学人口占比 ×6 + 中学人口占比 ×9 + 高中人口占比 ×12 + 专科及以上人口占比 ×16。技术创新（tech），专利授予量代表技术创新产出成果，因此，采用专利授予数量表征技术创新能力。户籍制度创新（huji），本书引入虚拟变量，采用赋值法衡量户籍制度创新，若某省份于某一年出台户籍制度文件则赋值为 1，没有出台相应文件则赋值为 0。土地制度创新

（land），土地作为一种特殊的资源，能否有效利用决定着新型城镇化能否可持续发展。大量文献表明，土地出让金是土地财政的主要收入来源，土地财政对备受诟病的城镇化蔓延扩张和土地利用效率低下负有不可推卸的责任（王玉波、姚双双，2017）。因此，本书拟从纠正资源错配视角刻画土地制度创新，即政府土地出让金所得越高，说明土地资源错配越严重，因此，采用地区税收额与土地出让金的差值占地区税收额比重来衡量土地制度创新。金融制度创新（fina），金融资源属于国家战略资源，总是流向高回报、高效益的地区或行业，但我国金融制度供给存在中介垄断特征（鲁晓东，2008），长期存在金融机构上层监管者和中间执行者对国有企业和民营企业融资区别对待的偏向行为。由于企业所有制歧视，大量金融资源被配置到了生产效率较低的国有企业，创新性和生产率高的民营企业却得不到相应的金融支持（靳来群，2015）。20世纪90年代后期，四大国有银行80%的金融贷款都向国有企业输送（Sunanda，2005），从而导致民营经济得不到足够的金融支持，因此，选取中国人民银行总信贷与四大国有银行信贷总量的差值占中国人民银行总信贷的比重来衡量金融制度创新。

3. 控制变量。社会固定资产投资（fixa），由于存在地区异质性，社会固定资产投资也不尽相同，故采用社会固定资产投资与地区生产总值的比重来刻画该指标。市场化水平（mark），参照樊纲、王小鲁的《中国分省份市场化指数报告（2018）》，选取各地区市场化指数衡量市场化水平。政府行为（gov），由于不同地区政府行为对新型城镇化干预程度不同，本书采用地区财政支出与地区GDP之比来衡量该指标。

4. 中介变量。产业升级系数（stru），参照史恩义、王娜（2018）对产业结构升级的评价方法，采用 $R = \sum_{i=1}^{3} (y_i \times i) = y_1 \times 1 + y_2 \times 2 + y_3 \times 3$，其中，$y_i$ 为第 i 产业增加值所占比重；R 为产业升级系数，取值范围为 1 ~ 3。劳动生产率（prod）采用地区生产总值除以地区就业人数来衡量。

5. 调节变量。使用各核心解释变量人力资本、技术创新、户籍制度创新、土地制度创新、金融制度创新与各控制变量的乘积交互项表征。

本章选取 2003 ~ 2017 年我国 30 个省份（由于西藏的数据缺失，故不在样本之列）作为研究样本对新型城镇化发展质量进行评价。数据源于历年《中国统计年鉴》《中国劳动年鉴》《中国城市年鉴》以及各省份统计年鉴，部分数据缺失采用平滑插入法填补。部分指标参考前人研究成果进行数据整理得到，户籍制度指标数据系作者查阅地方政府网站手工录入所得。

第三节　基准效应、中介效应和调节效应分析

一、模型构建

为分别检验人力资本、创新对新型城镇化质量的作用关系，构建如下模型：

$$lnurba_{it} = \alpha + \beta_1 lncapi_{it} + \sum \theta_j lnx_{jit} + \mu_i + \varphi_{it} + \varepsilon_{it}, i = 1,\cdots,N, t = 1,\cdots,T$$

$$(4.1)$$

$$lnurba_{it} = \alpha + \beta_2 lntech_{it} + \sum \theta_j lnx_{jit} + \mu_i + \varphi_{it} + \varepsilon_{it}, i = 1,\cdots,N, t = 1,\cdots,T$$

$$(4.2)$$

$$lnurba_{it} = \alpha + \beta_3 huji_{it} + \sum \theta_j lnx_{jit} + \mu_i + \varphi_{it} + \varepsilon_{it}, i = 1,\cdots,N, t = 1,\cdots,T$$

$$(4.3)$$

$$lnurba_{it} = \alpha + \beta_4 lnland_{it} + \sum \theta_j ln\,x_{jit} + \mu_i + \varphi_{it} + \varepsilon_{it}, i = 1,\cdots,N, t = 1,\cdots,T$$

$$(4.4)$$

$$lnurba_{it} = \alpha + \beta_5 lnfina_{it} + \sum \theta_j lnx_{jit} + \mu_i + \varphi_{it} + \varepsilon_{it}, i = 1,\cdots,N, t = 1,\cdots,T$$

$$(4.5)$$

其中，lnurba、lncapi、lntech、huji、lnland、lnfina、lnx_{jit}分别为新型城镇化质量、人力资本、技术创新、户籍制度创新、土地制度创新、金融制度创新、各控制变量数据的对数化，下标 i 表示省市，下标 t 表示年份，j 表示控制标量的序号，μ_i为不受时间影响的地区因素，φ_i为不受地区影响的时间因素，ε_{it}为残差项。

在上述假设中提出，人力资本通过推动产业结构升级、促进技术创新作用新型城镇化发展质量，技术创新通过提高劳动生产率作用新型城镇化发展质量，因此，依次加入中介变量，构建如下模型：

$$lnurba_{it} = \alpha + \beta_6 lncapi_{it} + \sum \theta_j lnx_{jit} + \mu_i + \varphi_{it} + \varepsilon_{it} + \vartheta_1 lnstru_{it}, i = 1,\cdots,N, t = 1,\cdots$$

$$(4.6)$$

$$lnurba_{it} = \alpha + \beta_7 lncapi_{it} + \sum \theta_j lnx_{jit} + \mu_i + \varphi_{it} + \varepsilon_{it} + \vartheta_2 lntech_{it}, i = 1;\cdots, N, t = 1,\cdots$$

$$(4.7)$$

$$lnurba_{it} = \alpha + \beta_8 lntech_{it} + \sum \theta_j lnx_{jit} + \mu_i + \varphi_{it} + \varepsilon_{it} + \vartheta_3 lnprod_{it}, i = 1,\cdots, N, t = 1, \cdots$$

$$(4.8)$$

模型（4.6）以产业结构升级作为人力资本促进新型城镇化发展质量的中介变量构建模型，模型（4.7）以技术创新作为人力资本促进新型城镇化发展质量的中介变量构建模型，模型（4.8）以劳动生产率作为技术创新促进新型城镇化质量的中介变量构建模型。同时，为检验核心解释变量人力资本、技术创新、户籍制度创新、土地制度创新、金融制度创新对被解释变量新型城镇化质量影响是否受到控制变量的调节效应，设置核心解释变量与控制变量相乘之后的交叉项作为调节变量，依次构建模型检验调节效应的存在：

$$\text{lnurba}_{it} = \alpha + (\gamma_{1,it}\text{lncapi}_{it}\text{lngov}_{it} + \gamma_{2,it}\text{lncapi}_{it}\text{lnmark}_{it} + \gamma_{3,it}\text{lncapi}_{it}\text{lnfixa}_{it}) +$$
$$(\rho_{1,it}\text{lngov}_{it} + \rho_{2,it}\text{lnmark}_{it} + \rho_{3,it}\text{lnfixa}_{it}) + \mu_i + \varphi_{it} + \varepsilon_{it}, i = 1, \cdots, N, t = 1, \cdots, T$$
$$(4.9)$$

$$\text{lnurba}_{it} = \alpha + (\gamma_{1,it}\text{lntech}_{it}\text{lngov}_{it} + \gamma_{2,it}\text{lntech}_{it}\text{lnmark}_{it} + \gamma_{3,it}\text{lntech}_{it}\text{lnfixa}_{it}) +$$
$$(\rho_{1,it}\text{lngov}_{it} + \rho_{2,it}\text{lnmark}_{it} + \rho_{3,it}\text{lnfixa}_{it}) + \mu_i + \varphi_{it} + \varepsilon_{it}, i = 1, \cdots, N, t = 1, \cdots, T$$
$$(4.10)$$

$$\text{lnurba}_{it} = \alpha + (\gamma_{1,it}\text{hujilngov}_{it} + \gamma_{2,it}\text{hujilnmark}_{it} + \gamma_{3,it}\text{hujilnfixa}_{it}) + (\rho_{1,it}$$
$$\text{lngov}_{it} + \rho_{2,it}\text{lnmark}_{it} + \rho_{3,it}\text{lnfixa}_{it}) + \mu_i + \varphi_{it} + \varepsilon_{it}, i = 1, \cdots, N, t = 1, \cdots, T$$
$$(4.11)$$

$$\text{lnurba}_{it} = \alpha + (\gamma_{1,it}\text{lnland}_{it}\text{lngov}_{it} + \gamma_{2,it}\text{lnland}_{it}\text{lnmark}_{it} + \gamma_{3,it}\text{lnland}_{it}\text{lnfixa}_{it}) +$$
$$(\rho_{1,it}\text{lngov}_{it} + \rho_{2,it}\text{lnmark}_{it} + \rho_{3,it}\text{lnfixa}_{it}) + \mu_i + \varphi_{it} + \varepsilon_{it}, i = 1, \cdots, N, t = 1, \cdots, T$$
$$(4.12)$$

$$\text{lnurba}_{it} = \alpha + (\gamma_{1,it}\text{lnfina}_{it}\text{lngov}_{it} + \gamma_{2,it}\text{lnfina}_{it}\text{lnmark}_{it} + \gamma_{3,it}\text{lnfina}_{it}\text{lnfixa}_{it}) +$$
$$(\rho_{1,it}\text{lngov}_{it} + \rho_{2,it}\text{lnmark}_{it} + \rho_{3,it}\text{lnfixa}_{it}) + \mu_i + \varphi_{it} + \varepsilon_{it}, i = 1, \cdots, N, t = 1, \cdots, T$$
$$(4.13)$$

验证中介效应和调节效应存在需要的条件不同，温忠麟等（2012）在研究中介效应和调节效应时指出，中介效应的存在必须满足三个条件：一是构建只包含核心解释变量和被解释变量模型，且实证结果影响显著；二是构建包含核心解释变量、中介变量和被解释变量模型，中介变量影响系数显著；三是在上述条件二的模型中核心解释变量影响系数显著、正负符号不变的前提下低于上述条件一的影响系数。判断调节效应存在只需满足一个条件，调节变量对被解释变量的影响显著即存在调节效应。为防止内生性问题，对模型估计结果造成干扰，本书采用系统广义矩方法（SYS - GMM）对上述模型进行估计，其中，工具变量选为被解释变量及各解释变量的一阶滞后项。估计结果显示，各模型萨根检验 P 统计量均为 0.9 以上，说明无法拒绝前提假设，所有工具变量均为外生变量，结果有效；各模型的

Arellanbo – Bond二阶 p 值检验在90%的显著水平下均无法拒绝原假设［AR（2）>
0.100］，说明模型的误差项不存在显著自相关，可以判断估计结果置信。

二、基准回归结果分析

表4－1报告了基准结果，在控制变量不改变的同时分别纳入各解释变量，
模型（1）～（5）的结果显示，因变量一阶滞后效应在1%显著水平下具有正向
影响效应；模型（1）～（5）的结果显示核心解释变量人力资本、技术创新、
户籍制度创新、土地制度创新、金融制度创新对新型城镇化发展质量有显著的促
进作用，实证结果支持假设4－4、假设4－5、假设4－6的结论，其中包含着丰
富的经济意义。全社会各个领域的人力资本提升为经济社会高效运行保驾护航，
其产生的知识、技术溢出不断改善经济社会发展效率，并且有效应对经济发展过
程中因产业升级而导致的摩擦性失业，提高人口质量，助力和谐社会的构建；技
术创新加快生产设备的升级换代，提高商品生产过程投入产出效率，降低生态环
境压力，提升工作安全性能，扩大社会产能，技术创新红利凸显不断提升居民公共
福利；户籍制度创新加快区域人口流动，缓解城市内部新二元结构矛盾，推进城乡
一体化进程，推动教育、医疗、住房、消费等民生领域公共服务均等化发展进程，
加快推动回归城镇化以人为核心的本质；土地制度创新提高土地集约高效化水平，
科学规划城市建设用地，避免城镇土地无序扩张，优化城市建设布局，细化、明晰
农村土地产权关系，加快市场配置下农村土地经营权、流转权制度建设，提高土地
利用效能；金融资源是调动社会各类生产要素的市场性动力，金融制度创新有助于
改善国有企业与民营企业之间金融错配现状，促使金融资源流向更有效率的领域和
行业，有利于激活城镇富有效率的企业细胞，合理配置城镇化过程中的人力、物
力、技术、资本等生产要素，减少社会中各种资源的无效损耗。控制变量市场化水
平、固定资产投资、政府行为促进新型城镇化质量提升的效果明显。

表4－1　　　　　　　　　　基准模型回归结果

模型	（1）	（2）	（3）	（4）	（5）
lnurba_ L1	0.5777 ***	0.4635 ***	0.5748 ***	0.5403 ***	0.5677 ***
	(28.49)	(9.45)	(12.87)	(19.27)	(12.96)
lncapi	0.1769 ***				
	(4.52)				
lntech		0.0819 ***			
		(22.06)			

续表

模型	(1)	(2)	(3)	(4)	(5)
huji			0.2197***		
			(8.19)		
lnlanb				0.0913***	
				(7.56)	
lnfina					0.041**
					(2.20)
lnstru					
lnprod					
lnfixa	0.1915*	-0.0299***	0.0327***	0.0388***	0.0370***
	(1.88)	(-4.18)	(1.43)	(5.54)	(3.96)
lnmark	0.1285***	0.0663***	0.1527***	0.1274***	0.1230***
	(19.88)	(9.46)	(13.05)	(14.03)	(11.89)
lngov	0.0496***	0.03770***	0.0369***	0.0546***	0.0303***
	(4.17)	(4.49)	(6.12)	(5.89)	(2.75)
常数项	-1.4591***	-1.2984***	-1.1807***	-1.2823***	-1.0985***
	(-18.54)	(-15.02)	(-13.69)	(-18.94)	(-11.45)
AR (2)	0.4683	0.5564	0.4891	0.7151	0.4251
萨根检验	0.9940	0.9967	0.9960	0.9949	0.9950

注：***、**、*分别表示在1%、5%、10%水平下显著，括号内数值为z统计量。

三、中介效应分析

中介效应存在的第一个条件在表4-1的结果中已经得到验证。对中介效应另外两个条件进行检验，结果如表4-2所示。模型（6）结果显示人力资本对新型城镇化质量的拟合系数由模型（1）的0.1769下降为0.1558（显著性水平均为1%），同时，产业结构升级对新型城镇化质量的拟合系数1%的显著水平为正，由此可以判断中介效应4-1存在。

模型（7）为检验中介效应4-2，纳入中介变量技术创新，结果显示人力资本系数为10%显著水平下为负值，技术创新系数在1%显著水平下为正值，由此可以判断中介效应4-2无法满足，与理论预期相悖。其原因可能是我国受传统

表4-2   中介效应估计结果

模型	(6)	(7)	(8)
lnurba_ L1	0.4413 ***	0.4614 ***	0.4238 ***
	(8.97)	(10.58)	(13.06)
lncapi	0.1558 ***	-0.0466 *	
	(4.80)	(-2.02)	
lntech		0.08471 ***	0.0744 ***
		(24.37)	(13.6)
huji			
lnlanb			
lnfina			
lnstru	1.0572 ***		
	(5.87)		
lnprod			0.1302 ***
			(7.56)
lnfixa	0.0121	-0.0264 ***	-0.0690 ***
	(1.32)	(1.88)	(-4.94)
lnmark	0.0935 ***	0.1285 ***	0.0588 ***
	(6.63)	(19.88)	(8.76)
lngov	0.0610 ***	0.0324 ***	0.0373 ***
	(4.92)	(3.8)	(2.66)
常数项	-2.3695 ***	-1.2290 ***	-1.0810 ***
	(-10.94)	(-18.54)	(-11.91)
AR (2)	0.4875	0.5323	0.5398
萨根检验	0.9982	0.9968	0.9951

注：***、* 分别表示在1%、10%水平下显著，括号内数值为 z 统计量。

教育体制影响，拥有高学历的人才却缺乏符合时代要求的创新能力，人力资本优势难以转换成技术创新优势；人力资本水平不断提升，但整体水平可能还处于库兹涅茨倒"U"型曲线前半段，高科技人才数量未达到影响技术创新质变的门槛。此外，企业研发投入较低，难以与提升人力资本水平的要求相匹配，影响技术研发成果的产出，因此，人力资本通过影响技术创新推动新型城镇化发展质量提升的路径还有待时日。模型（8）为检验中介效应4-3，在解释变量为技术创新的基础上纳入中介变量劳动生产率，结果显示技术创新对新型城镇化质量拟合系数在1%的显著水平由0.0819下降为0.0744，并且劳动生产率对新型城镇化质量拟合系数显著为正，可以判断中介效应4-3存在。

四、调节效应的检验与分析

人力资本的各调节变量对新型城镇化质量的拟合结果如表4-3所示，人力资本调节效应1中模型（1）、（2）列结果表明调节变量系数均为1%显著水平下呈正向作用，并且系数变大，可以判断人力资本对新型城镇化质量的影响受到市场化水平的调节作用，市场化水平提高能够强化人力资本对新型城镇化质量提升的影响效应。同理，可以判断政府行为、社会固定资产投资能够弱化人力资本对新型城镇化质量的影响效应。在新型城镇化建设过程中必须以市场为主导，需要充分发挥政府引导作用，但过多的政府行为可能会产生效率弱化，发生对市场行为的挤出效应，降低人力资本在市场经济活动中的积极性，尤其在经济乏力情境下使人才流向政府机关、事业部门以及国有企业，挤占民营企业各类人才的供应；新型城镇化建设注重以人为核心，超量的社会固定资产投资偏离新型城镇化的核心内涵，容易产生将重心转变为"物"的城镇化，社会固定资产投资相对过剩会弱化人力资本投资。

表4-3　　　　　　　　　　　人力资本调节效应回归结果

模型	人力资本调节效应1		人力资本调节效应2		人力资本调节效应3	
	(1)	(2)	(1)	(2)	(1)	(2)
lnurba_ L1	0.9504 ***	0.5702 ***	0.6912 ***	0.5863 ***	0.6494 ***	0.5879 ***
	(120.36)	(15.14)	(31.79)	(17.36)	(16.87)	(38.17)
调节变量	0.1084 ***	0.1308 ***	0.0689 ***	0.0488 ***	0.0531 ***	0.0407 ***
	(37.23)	(15.26)	(21.49)	(4.79)	(11.99)	(7.69)
lnfixa		0.0258 ***		0.0264 ***		
		(3.54)		(3.09)		
lnmark				0.1314 ***		0.1297 ***
				(18.73)		(25.22)
lngov		0.0465 ***				0.0278 ***
		(4.73)				(3.57)

续表

模型	人力资本调节效应 1		人力资本调节效应 2		人力资本调节效应 3	
	(1)	(2)	(1)	(2)	(1)	(2)
常数项	−0.4512 ***	−1.4132 ***	−0.8218 ***	−1.293 ***	−0.9117 ***	−1.2247 ***
	(−26.16)	(−16.96)	(−17.44)	(−17.54)	(−10.58)	(−26.25)
AR (2)	0.6046	0.4468	0.9429	0.4470	0.7477	0.4053
萨根检验	0.9946	0.9944	0.9940	0.9946	0.9954	0.9946

注：*** 表示在 1% 水平下显著，括号内数值为 z 统计量。

表 4 - 4 表明市场化水平、政府行为、社会固定资产投资能够强化技术创新对新型城镇化发展质量的影响。技术创新的研发、应用和普及等过程更多地受到市场利润的驱使，市场化水平高的地区来自国际国内的技术竞争更激烈，为能够在激烈的市场竞争中占据竞争优势，企业会投入大量资源和资金进行科技研发与技术创新，因此，市场化程度越高，越注重支持技术创新并加大技术创新成果转化力度，产业的技术集聚推动城镇化高质量发展。政府行为作为"有形的手"作用于社会公共领域，通过税收优惠鼓励高技术企业进行科技研发，为技术创新的研发、推广及应用环节提供政府官方交流平台，如以政府名义创办高科技产品展销博览会、高科技人才交流会等，进一步强化技术创新对新型城镇化质量的影响效应。社会固定资产投资为社会经济发展提供硬件保障，技术创新通过技术应用与技术再创造，提升社会固定资产投资质量，不断优化城镇建设布局、提高基础设施建设效率、提升城镇建设质量。

表 4 - 4　　　　　　　　技术创新调节效应回归结果

模型	技术创新调节效应 1		技术创新调节效应 2		技术创新调节效应 3	
	(1)	(2)	(1)	(2)	(1)	(2)
lnurba_ L1	0.4828 ***	0.4668 ***	0.5382 ***	0.5112 ***	0.5322 ***	0.4884 ***
	(16.65)	(10.93)	(17.70)	(29.04)	(14.58)	(16.54)
调节变量	0.07639 ***	0.0787 ***	0.0429 ***	0.0698 ***	0.0357 ***	0.0440 ***
	(31.44)	(26.81)	(30.06)	(17.62)	(21.02)	(14.84)
lnfixa		−0.0260 ***		−0.0440 ***		
		(−3.76)		(−5.97)		
lnmark				0.0774 ***		0.1011 ***
				(12.95)		(22.12)
lngov		0.0349 ***				−0.0180 **
		(6.19)				(−2.38)

续表

模型	技术创新调节效应 1		技术创新调节效应 2		技术创新调节效应 3	
	(1)	(2)	(1)	(2)	(1)	(2)
常数项	−1.3078***	−1.3102	−1.0608***	−1.2231***	−1.0781***	−1.3445***
	(−23.90)	(−15.57)	(−20.39)	(−26.36)	(−16.85)	(−22.51)
AR (2)	0.4520	0.5155	0.7976	0.6277	0.6617	0.3216
萨根检验	0.9939	0.9963	0.9944	0.9959	0.9958	0.9951

注: *** 、** 分别表示在1%、5%水平下显著，括号内数值为 z 统计量。

表4-5 报告了户籍制度创新的各调节变量对新型城镇化质量的回归结果，市场化水平、政府行为、社会固定资产投资弱化户籍制度创新对新型城镇化发展质量的影响效应。户籍制度创新旨在促进区域间、城乡间人口自由流动，解决与之相关的医疗、教育、住房、社会保障等公共产品和公共服务供给问题。从现实来看，市场化水平越高、政府行为优化与社会固定资产投资增多将会提升城市现代化等级，为社会提供更加高效有序的市场环境、更加完善的公共基础设施与公共服务，提高城镇管理与服务水平，但也意味着城市生活成本将进一步提高。由于长期以来户籍制度创新力度不足，无法享受城市户籍的配套福利，导致农村转移人口很难承受城镇愈加高昂的生活成本，形成工作生活在城市，但根依然在农村的农民工两栖式生活模式，阻碍了农民工市民化。因此，市场化水平、政府行为、社会固定资产投资与创新力度不足的户籍制度结合会进一步弱化对新型城镇化发展质量的影响效应。

表4-5　　　　　　　户籍制度创新调节效应回归结果

模型	户籍制度创新调节效应 1		户籍制度创新调节效应 2		户籍制度创新调节效应 3	
	(1)	(2)	(1)	(2)	(1)	(2)
lnurba_ L1	0.9929***	0.6967***	0.9717***	0.5804***	0.9653***	0.6052***
	(143.88)	(21.78)	(126.08)	(20.41)	(74.60)	(21.05)
调节变量	0.0039***	0.0026***	0.0012***	0.0010***	0.0007***	0.0001***
	(9.78)	(5.87)	(9.23)	(9.17)	(9.29)	(5.53)
lnfixa		0.0223**		0.0552***		
		(2.36)		(14.02)		
lnmark				0.1480***		0.1332***
				(21.29)		(19.02)
lngov		0.0365***				0.0763***
		(3.39)				(17.56)

续表

模型	户籍制度创新调节效应1		户籍制度创新调节效应2		户籍制度创新调节效应3	
	(1)	(2)	(1)	(2)	(1)	(2)
常数项	0.0079	−0.6912***	−0.0140	−1.1603***	−0.0192***	−1.0481***
	(0.0079)	(−9.88)	(−1.45)	(−18.71)	(−1.32)	(−21.52)
AR（2）	0.9248	0.9328	0.9509	0.5674	0.9077	0.7654
萨根检验	0.9961	0.9939	0.9960	0.9957	0.9960	0.9962

注：***、**分别表示在1%、5%水平下显著，括号内数值为z统计量。

表4-6报告了土地制度创新的各调节变量对新型城镇化发展质量的回归结果。土地制度创新对新型城镇化发展质量的影响受到市场化水平强化调节作用，因此，改变以往土地资源价格扭曲和错配，破解土地财政的路径依赖，完善土地资源市场体系都成为今后城镇化建设中亟待优化和完善的方向。政府行为、社会固定资产投资则为弱化作用，由于长期以来政府投资行为和固定资产投资的城市偏向惯性，农村集体用地继续被动、快速地转变为城镇建设用地，化地不化人问题严重，产城不配套，农业人口市民化滞后，导致新扩张的城镇用地长期闲置，社会固定资产增多且得不到充分利用，产生社会资本与资源长期积压变成沉没成本，阻碍经济社会持续健康地发展。

表4-6　　　　　　　　　　土地制度创新调节效应回归结果

模型	土地制度创新调节效应1		土地制度创新调节效应2		土地制度创新调节效应3	
	(1)	(2)	(1)	(2)	(1)	(2)
lnurba_ L1	1.0196***	0.5416***	0.6585***	0.5572***	0.6362***	0.5382***
	(135.81)	(19.58)	(47.04)	(20.51)	(27.09)	(14.64)
调节变量	0.0038	0.1120***	0.0921***	0.0647***	0.0629***	0.0530***
	(1.33)	(13.10)	(48.94)	(10.63)	(24.77)	(6.84)
lnfixa		0.0394***		0.0275***		
		(4.59)		(8.18)		
lnmark				0.1291***		0.1268***
				(13.05)		(13.99)
lngov		0.0560***				0.0297***
		(5.53)				(3.63)
常数项	0.0403***	−1.2570***	−0.8024***	−1.2326***	−0.8737***	−1.2824***
	(4.99)	(−18.38)	(−32.19)	(−18.55)	(−18.24)	(−16.27)

续表

模型	土地制度创新调节效应 1		土地制度创新调节效应 2		土地制度创新调节效应 3	
	(1)	(2)	(1)	(2)	(1)	(2)
AR（2）	0.8133	0.8268	0.7819	0.6574	0.9082	0.5275
萨根检验	0.9944	0.9945	0.9954	0.9947	0.9950	0.9946

注：*** 表示在1%水平下显著，括号内数值为 z 统计量。

表4-7报告了金融制度创新的各调节变量对新型城镇化质量的回归结果。由此可以判断政府行为、社会固定资产投资弱化了金融制度创新对新型城镇化发展质量的正向影响效应，市场化水平则增强了金融制度创新对新型城镇化质量的正向促进作用。在城镇化进程中金融资源应对国有企业与非国有企业给予公平地位，但实际上国有企业长期享受财政支持、政策优惠和商业便利等优势，政府行为的政策偏向会抵消部分金融制度创新的正向影响，同时，社会固定资产投资的金融支持在一定程度上与政府财政支持也紧密相关。市场化水平提高会降低企业融资约束，进一步扩大融资规模，降低市场信息获取成本，提高经营效率，优化金融资源配置，为城镇化发展提供高效率的融资支持。

表4-7　　　　　　金融制度创新调节效应回归结果

模型	金融制度创新调节效应 1		金融制度创新调节效应 2		金融制度创新调节效应 3	
	(1)	(2)	(1)	(2)	(1)	(2)
lnurba_ L1	0.8572 ***	0.5820 ***	0.6889 ***	0.5800 ***	0.6699 ***	0.5580 ***
	(71.36)	(18.04)	(36.99)	(19.56)	(31.04)	(12.71)
调节变量	0.1193 ***	0.1374 ***	0.0606 ***	0.0326 ***	0.0463 ***	0.0416 ***
	(15.12)	(14.35)	(22.64)	(3.74)	(23.16)	(7.36)
lnfixa		0.0308 ***		0.0355 ***		
		(3.21)		(3.76)		
lnmark				0.1242 ***		0.1253 ***
				(20.82)		(33.26)
lngov		0.0245 *				0.0258 ***
		(1.8)				(3.24)
常数项	−0.2291 ***	−0.8988 ***	−0.5773 ***	−1.0881 ***	−0.6800 ***	−1.1216 ***
	(−12.00)	(−14.15)	(−18.69)	(−13.42)	(−16.95)	(−13.82)
AR（2）	0.5552	0.5111	0.9216	0.4304	0.7571	0.4011
萨根检验	0.9942	0.9936	0.9942	0.9948	0.9933	0.9955

注：***、* 分别表示在1%、10%水平下显著，括号内数值为 z 统计量。

第四节　空间效应分析

一、模型构建

1. 空间计量模型构建。前面研究得出本地人力资本、技术创新、制度创新对新型城镇化发展质量具有积极促进作用。本地的人力资本、创新可能存在向周边地区溢出的趋势。同时，由于示范效应、模仿效应的存在，成功地区的城镇化发展模式更容易被周边邻近地区效仿，提升邻近地区城镇化发展质量。为探讨本地新型城镇化对临近地区的影响效应，接下来将探讨是否存在空间溢出效应，因此，构建如下空间计量模型：

$$\text{urba}_{it} = \alpha + \rho W\text{urba}_{it} + \beta_1 X_{it} + \beta_2 WX_{it} + u_i + \varepsilon_{it}, \varepsilon_{it} \sim N(0, \sigma_{it}^2) \qquad (4.14)$$

其中，urba_{it} 表示新型城镇化发展质量，X_{it} 分别表示人力资本、技术创新、金融制度创新、户籍制度创新、土地制度创新，W 为空间矩阵权重，WY_{it} 为空间依赖因变量，WX 为空间依赖自变量。

因主要研究人力资本、技术创新、户籍制度创新、土地制度创新、金融制度创新对地区新型城镇化质量的空间溢出效应，选取过多的控制变量容易产生多重共线性，进而对实证结果产生干扰，在这部分实证分析中将不考虑社会固定资产投资和政府行为两个控制变量，优化实证结果。由于在研究空间溢出效应时不同地区存在地域限制与地域隔离，政府行为和地方社会固定资产投资多作用于本地区，难以对其他地区造成实质性影响，因此，去除这两个变量指标对该部分实证研究并无影响。

参考林光平等（2005）建立经济距离空间权重矩阵，将地区间人均 GDP 的差额作为预测地区间经济距离的指标，由于篇幅限制，具体方法在此不再做介绍。

2. 空间自相关检验。利用莫兰指数模型进行空间自相关检验，公式如下：

$$I = \frac{\sum_{i=1}^{n} \sum_{j=1}^{n} w_{ij}(x_i - \bar{x})(x_j - \bar{x})}{S^2 \sum_{i=1}^{n} (x_i - \bar{x})^2} \qquad (4.15)$$

其中，$S^2 = \dfrac{\sum_{i=1}^{n} (x_i - \bar{x})^2}{n}$，$w_{ij}$ 为空间权重。

3. 多重共线性检验。为了检验各解释变量之间的相关性，保证回归结果显著性提升、有效拟合方程，防止数据处理时出现多重共线性，进行多重共线性检验，结果如表4－8所示，得出不存在多重共线性。

表4－8   多重共线性检验

项目	lncapi	lntech	huji	lnlanb	lnfina	lnprob	lnmark	lnstru
VIF	4.62	3.49	1.26	1.66	3.28	6.14	3.32	3.16
1/VIF	0.21658	0.28670	0.79538	0.60259	0.30519	0.16296	0.30157	0.31659

二、实证分析

1. 空间自相关性检验。本书采用全局莫兰指数分析新型城镇化质量空间自相关性，检验结果如表4－9所示，2003～2017年莫兰指数均在1%的显著水平下呈正值，表明中国新型城镇化质量在各地区存在空间正相关关系，存在明显的空间溢出效应。

表4－9   全局莫兰指数结果

年份	Moran's I	年份	Moran's I
2003	0.533***	2011	0.542***
2004	0.543***	2012	0.562***
2005	0.540***	2013	0.544***
2006	0.565***	2014	0.517***
2007	0.548***	2015	0.524***
2008	0.531***	2016	0.492***
2009	0.537***	2017	0.516***
2010	0.596***		

注：*** 代表1%的显著水平。

2. 关于空间杜宾模型检验结果及说明。LM检验结果如表4－10所示，基于非空间效应线性模型拒绝了所有原假设，因此，可以同时接受SAR模型和SEM模型，该情况下通常优先考虑空间杜宾模型。

表4－10   基于LM空间计量模型检验

Model	Moran's I	LM_ Error	RLM_ Error	LM_ Lag	RLM_ Lag
非空间线性模型	4.899***	20.310***	3.819*	35.403***	18.912***
	(0.000)	(0.000)	(0.051)	(0.000)	(0.001)

注：*** 、* 分别表示在1%、10%水平下显著，括号中值为P值。

因此，构建空间杜宾模型如下：

$$\text{lnurba}_{it} = \alpha + \rho W_{ij}\text{lnurba}_{it} + \beta_1 X_{it} + \beta_2 W X_{it} + u_i + \varepsilon_{it}, \varepsilon_{it} \sim N(0, \sigma_{it}^2) \quad (4.16)$$

3. 空间效应回归结果分析。由表4－11模型检验结果可以看出，空间杜宾模型进行豪斯曼检验结果显示采用随机效应模型，为了更加清晰地反映变量的空间交互作用，全面分析变量影响新型城镇化质量的空间效应，因此，将总效应分解为直接效应和间接效应进行分析。

表4－11　　　　　　　　　模型选择检验及 SDM 模型结果

模型	SAR 模型	SEM 模型	SDM 模型	
			（FE）	（RE）
lncapi	0.4654 ***	0.4709 ***	0.4761 ***	0.4523 ***
	(2.58)	(2.61)	(2.72)	(2.66)
lntech	0.0324 **	0.0352 ***	0.0427 ***	0.0367 ***
	(2.51)	(2.64)	(3.40)	(3.13)
huji	-0.0066	-0.0061	-0.0060	-0.0064
	(-0.62)	(-0.57)	(-0.58)	(-0.62)
lnlanb	-0.0518	-0.0541	-0.0504	-0.0281
	(-1.23)	(-1.28)	(-1.24)	(-0.65)
lnfina	0.0950 ***	0.1005 ***	0.0964 ***	0.1110 ***
	(3.26)	(3.40)	(3.28)	(3.79)
lnprod	0.2440 ***	0.2425 ***	0.1665 ***	0.2197 ***
	(5.24)	(5.19)	(3.42)	(4.98)
lnmark	-0.1713 ***	-0.1723 ***	-0.1481 ***	-0.1228 **
	(-3.31)	(-3.34)	(-2.84)	(-2.45)
lnstru	-0.3100	-0.3367	-0.3950	0.4056
	(-0.95)	(-1.03)	(-1.19)	(1.29)
W × lncapi			0.3064	-0.5951 ***
			(0.67)	(-2.65)
W × lntech			0.1846 ***	0.0427
			(5.17)	(1.60)
W × huji			0.0292	0.0343 **
			(1.09)	(2.36)

续表

模型	SAR 模型	SEM 模型	SDM 模型	
			（FE）	（RE）
W × lnfina			0. 1204 *	0. 0561
			(1. 84)	(0. 99)
W × lnlanb			− 0. 1924 *	0. 1397 **
			(− 1. 81)	(2. 06)
W × lnprod			− 0. 1997 **	− 0. 2747 ***
			(− 1. 96)	(− 3. 80)
W × lnmark			− 0. 0606	0. 1791 ***
			(− 0. 49)	(2. 68)
W × lnstru			− 0. 8565	0. 7659
			(− 1. 04)	(1. 50)
Rho	0. 0431		− 0. 0781	0. 2580 ***
	(0. 59)		(− 0. 97)	(3. 81)
Wald test	36. 28 ***	34. 32 ***	36. 14 ***	39. 45 ***
LR test	44. 66 ***	44. 76 ***	45. 95 ***	47. 67 ***
R^2	0. 6941	0. 6990	0. 4975	0. 7825
Hausman test			− 61. 91	

注：***、**、*分别表示在1%、5%、10%水平下显著，括号内数值为 z 统计量。

从表4 – 12 的效应分解结果可知，人力资本的直接效应在1% 显著水平下为正，影响系数为0. 4324，这表明本地的人力资本提升对本地的新型城镇化质量提升具有积极作用，符合实际与理论预期，其间接效应在5% 的显著水平下为负，表明本地区人力资本提升会抑制邻近地区新型城镇化质量的提升，与理论预期不符但符合实际。改革开放以来，我国人力资本存量逐年递增，由于发达地区或大城市对高素质、高技能人才的吸引，形成大城市人才极化效应，人力资本集聚化发展态势常态化，对周边地区人力资本积累形成"虹吸"效应，比如西部地区长期的人才流失问题就是例证，总效应为负说明这种态势还会持续。技术创新的直接效应和总效应为正且在1% 水平下显著，间接效应在10% 水平下显著为正，意味着技术创新不仅仅对本地区的新型城镇化质量的提升有促进作用，还对邻近地区新型城镇化的发展产生明显的空间溢出效应。户籍制度创新的直接效应为负但不显著，间接效应和总效应为正在5% 水平下显著，表明户籍制度依然是横亘在新型城镇化发展道路上的一道门槛或制度壁垒，对本地城镇化造成障碍，但却有助于周边地区城镇化的发展，原因可能是由于户籍制度因素，周边地区的人力资本无法进入更高层级的城市，必然会滞留在周边地区，所以目前的户籍制度创新还没达到新型城镇化以人为核心的要求，亟须加大户籍制度改革和创新的力度。土地制度创新的直接效应为负但不显著，间接效应和总效应在5%显著水平下为正，说明土地制度创新对邻近地区的空间溢出效应明显，这主要是由于中国城镇化长期的扩张增容造成产能过剩的后果至今难以消化，土地制度改革依然任重而道远，但是其空间正向溢出效应显著，说明既定土地制度下的城镇化建设对周边地区存在一定的辐射带动作用。金融制度创新的直接效应在1%的显著水平下为正，间接效应为正但不显著，总效应在1%的显著水平下为正，表明金融制度创新对本地新型城镇化质量具有促进作用，存在空间正向溢出作用但并不明显，如同人力资本一样，资本依然存在较强的空间集聚性，依然遵守要素流向高回报的地区的市场法则，所以金融资源的极化效应远强于涓滴效应。

表 4 – 12　　　　　　　　　SDM 模型效应分解

变量	SDM 模型		
	直接效应	间接效应	总效应
lncapi	0. 4324 ***	− 0. 6304 **	− 0. 1980
	(2. 57)	(2. 33)	(− 0. 88)
lntech	0. 0390 ***	0. 0674 *	0. 1065 ***
	(3. 47)	(1. 95)	(2. 94)
huji	− 0. 0036	0. 0427 **	0. 0390 **
	(− 0. 37)	(2. 43)	(2. 25)
lnlanb	− 0. 0207	0. 1788 **	0. 1580 **
	(− 0. 51)	(2. 24)	(2. 02)
lnfina	0. 1153 ***	0. 1068	0. 2221 ***
	(4. 10)	(1. 51)	(2. 83)
lnprod	0. 2103 ***	− 0. 2778 ***	− 0. 0675
	(4. 94)	(− 3. 13)	(− 0. 73)
lnmark	− 0. 1145 **	0. 1959 **	0. 0813
	(− 2. 31)	(2. 39)	(1. 08)
lnstru	0. 4399	1. 0942 *	1. 5342 **
	(1. 49)	(1. 81)	(2. 31)

注：***、**、*分别表示在1%、5%、10%水平下显著，括号内数值为 z 统计量。

控制变量中，劳动生产率的直接效应在1%的显著水平下为正，间接效应在1%的显著水平下为负，总效应为负但不显著，劳动生产率存在负向空间溢出效应，说明本地的劳动生产率提升会抑制邻近地区新型城镇化质量的提升，这可能与行政区经济以及专业市场的分割等逆市场化的地方保护主义行为有关。市场化水平的直接效应在5%的显著水平下为负，间接效应在5%的显著性水平下为正，因此，总效应为正但不显著，表明在经济一体化和市场一体化进程中，市场经济体制改革和市场体系建设仍需进一步优化和完善。产业结构升级的直接效应为正但不显著，间接效应在10%的显著水平下为正，总效应在5%的显著水平下为正，说明产业结构升级是新型城镇化质量发展及不断提高的重要支撑，但要发挥显著的正向溢出效应仍需努力，产业转型升级推动产城融合发展依然任重而道远。

本章小结与启示

通过理论分析与实证检验系统地研究了人力资本、技术创新对新型城镇化的作用机制与影响效应，得出以下主要结论：一是人力资本、技术创新、户籍制度创新、土地制度创新、金融制度创新对新型城镇化质量的提升具有不同程度的促进作用。二是人力资本的产业结构升级中介效应明显，但技术创新带来的中介效应并不明显，技术创新的劳动生产率中介效应明显。三是市场化水平、财政支持、社会固定资产投资对人力资本、技术创新、户籍制度创新、土地制度创新、金融制度创新影响新型城镇化质量具有差异化的调节效应。四是人力资本对新型城镇化发展质量具有负向空间溢出效应，技术创新、户籍制度创新、土地制度创新具有正向空间溢出效应，金融制度创新的正向空间溢出效应并不明显。本章研究具有以下政策含义。

第一，持续提高人力资本水平。继续加大对中西部地区公共基础教育的财政支持力度，系统推进职业技术教育和农村地区劳动力技能培训提升工程，为实现城镇化高质量发展进程中产业结构优化与经济结构转型升级输送大量应用技能型人才。加强对中西部地区高等教育财政倾斜、对口帮扶、人才培养与引进等政策支持，持续提高人才培养质量，加快推进平台构建，促进高层次人才交流与对话，加强基础理论创新研究，积极推动产、学、研协同创新发展，为新时代经济社会高质量发展培育和积累大量人力资本。

第二，营造促进技术创新的良好氛围。加大政府职能转变力度，多措并举，优化创新创业体制机制，发挥有为政府的治理效能，营造全民创新的良好氛围。持续完善和全面优化科技创新创业治理体系，为区际创新主体合作与交流搭建共赢共享的技术合作平台，破除贸易保护、资源封锁、技术隔离等逆市场化制度壁垒与政府地方保护主义行为。加强对技术专利的保护，健全对科技创新人才的激励机制。持续优化营商环境，激发企业的市场主体作用，释放企业创新的巨大潜能及其空间溢出效应。

第三，加快推进户籍制度变革。尽快突破户籍制度藩篱，打破城市与农村之间地域、制度、政策等公共权利壁垒，使城乡居民在教育医疗、公共福利、社会保障、就业机会等民生领域享有同等权益。因地制宜、因时制宜加大对中小城市公共服务产品的投资力度，同时，缓解"大城市病"和"小城市病"。加强产业培育和提供充足就业岗位，促进要素在城乡之间的快速高效流动，增强城乡公共服务供给及其均等化发展，破解城乡二元结构，推动城乡一体化进程，促进以人为核心的新型城镇化高质量发展。

第四，有效推进土地制度改革。明确界定农村土地产权，包括其经营权、使用权和所有权，加快构建农村土地流转制度，有效提高农业土地利用效率，增强土地动态化与精准化管理水平，全面盘活存量，充分用好流量。严格控制农业耕地红线，全面保护生态涵养用地，集约化利用农业土地资源，加大对荒地与废地的治理强度，合理利用闲置空地。破解土地财政的路径依赖困境，遏制城市蔓延扩张趋势，提倡城市建设用地的存量调整，全面提高城市用地效率。

第五，积极推进金融制度创新。建立健全金融信用评价机制，提升金融风险防控能力，提升金融服务水平。进一步优化金融资源配置，提升金融服务城镇化发展能力。全面深化金融机构改革，尤其是国有商业银行体制机制改革，改善所有制歧视现象，逐步增加对民营企业的融资额度，拓宽非公经济企业主体的融资渠道。积极推进金融资源向普惠金融、绿色金融、助农贷款领域流动，增强金融资本服务"三农"的力度，提高金融支持城市建设效率，助力新型城镇化高质量发展。

第五章　市场化、产业集聚与以人为核心的新型城镇化

　　城镇化的迅速发展强化了劳动力和资本等生产要素的空间集聚，市场规模不断壮大，推动产业集聚化和城市集群化发展。随着市场化发展全面推进，市场机制对人口和其他要素的配置效率不断提高，经济发展中的产业集聚现象越发明显，不同地区的产业集聚受市场化水平影响而呈现不同发展趋势。传统城镇化发展更多地受制于政府政策，市场化则强调城镇化高效率发展，价格机制和竞争机制使要素在空间上形成产业集聚。劳动力和资本等生产要素在城镇化的发展中不断集聚，较大程度地提高地区产业集聚程度。产业集聚程度的加深，有利于企业在市场中提供更多产品，居民幸福指数得到提高。劳动力和产业在空间上的集聚程度对新型城镇化发展水平和质量具有关键性影响作用。亚当·斯密"看不见的手"理论认为市场是资源配置的有效机制，在有限资源条件下可以实现效用最大化，市场化在城镇化进程中具有正向推动作用，并且在微观层面对城镇化发展的影响作用大于政府。2014年，国家出台《国家新型城镇化规划（2014—2020）》。2022年，国家印发《"十四五"新型城镇化实施方案》，擘画新型城镇化发展蓝图，城镇化发展将更多地走市场主导与政府引导的双元驱动模式。基于此，本章突破以往的研究范式，提出市场化和产业集聚作为刻画新型城镇化动力机制的重要视角，将市场化、产业集聚与新型城镇化质量三者放在统一的理论框架下，从理论机制与实证分析两个层面系统分析三者之间复杂的作用关系，进一步运用门槛效应模型揭示三者间的作用机理及其区域异质性背后的内在原因。

第一节　引言与文献综述

　　我国城镇化发展取得显著成就，城镇常住人口比例从1978年的17.92%上升到2022年的65.22%，年均增长1.1个百分点。城镇化的迅速发展强化了劳动力

和资本等生产要素的空间集聚，市场规模不断壮大，推动产业集聚化和城市集群化发展，但是由于城镇化进程中土地、劳动力以及资本等要素价格扭曲化发展，导致诸如城镇化发展质量不高、城乡差距发展扩大、空间资源配置失衡、公平与效率难以兼得等诸多问题。自 2012 年提出新型城镇化战略以来，城镇化转型发展的序幕已经拉开，2014 年，国家出台《国家新型城镇化规划（2014—2020）》。2022 年，国家印发《"十四五"新型城镇化实施方案》，擘画新型城镇化发展蓝图，新一轮城镇化发展将更多地走市场主导与政府引导的双元驱动模式。传统城镇化发展更多地受制于政府政策，市场化则强调城镇化高效率发展，价格机制和竞争机制使要素在空间上形成产业集聚。劳动力和资本等生产要素在城镇化的发展中不断集聚，较大程度地提高地区产业集聚程度。产业集聚程度的加深，有利于企业在市场中提供更多产品，居民幸福指数得到提高。劳动力和产业在空间上的集聚程度对新型城镇化发展水平和质量具有关键性影响作用（刘贵文，2019）。亚当·斯密的"看不见的手"理论认为市场是资源配置的有效机制，在有限资源条件下可以实现效用最大化，市场化在城镇化进程中具有正向推动作用，并且在微观层面对城镇化发展的影响作用大于政府（杨新华，2015）。随着市场化水平的不断提高，市场化对人口和其他要素的配置效率不断提高，经济发展中的产业集聚现象越发明显，不同地区的产业集聚受市场化水平影响而呈现不同发展趋势。在此背景下，市场化、产业集聚与新型城镇化三者间的作用机理是怎样的？在市场化水平不断变化的条件下，产业集聚对新型城镇化的促进作用将会产生怎样的变化？本章将对这些问题作出科学回答，这对推动新型城镇化高质量发展具有重要理论价值和现实意义。

从既有文献来看，大量研究成果已经表明市场化改革是推动我国经济持续增长的重要原因之一，但关于市场化与城镇化之间的理论机理与经验考察方面的研究依然相对较少。权衡（2014）提出新型城镇化本质是一种市场化改革过程，是对传统城镇化过程中存在的要素价格不合理、要素价格机制不健全的修正，提出新型城镇化需要从全面深化要素市场化改革入手，推动新型城镇化的创新发展。宋春合、吴福象（2018）从市场化转型和市民化角度分析了制度经济对城镇集聚经济的影响，发现市场化程度的提高有利于城镇人口密度的提高。许文静、方齐云（2018）在对城镇化研究中发现市场化可以推动城镇化的发展，但也有学者发现低水平的市场化会加剧城乡差距，导致城镇化发展受到抑制（袁伟彦 2018）。

许多学者对产业集聚与城镇化的关系进行了研究，研究成果主要集中于两个方面：一方面，将产业集聚作为城镇化发展的动力。魏文轩（2014）从产业集聚政策角度研究发现产业集聚政策是影响新型城镇化发展质量的重要因素。林珊、林发彬（2018）认为新型城镇化的建设需要以产业发展为支撑，通过以福建省为研究对象，发现福建的第二产业集聚对新型城镇化的推动作用已达到峰值，应进一步推动第三产业的集聚化发展对新型城镇化的促进作用。还有学者从不同行业的角度分析了产业集对新型城镇化的作用，金融集聚和制造业集聚都能有效促进新型城镇化质量的提升，但没有合适的外部环境会导致促进效用较弱（王周伟，2016；宋瑛，2018）。另一方面，现有研究侧重于产业集聚与新型城镇化两者相互影响的作用机理，对两者互动耦合协调发展进行分析。在具体影响机制方面，谭清美（2017）以2008~2014年的分行业面板数据构建了新型城镇化与产业集聚耦合协调模型，测量了两者的耦合协调度，得出耦合协调度对农民工市民化的影响呈倒"U"型曲线。也有学者通过对不同行业的产业集聚与新型城镇化关系耦合模型进行研究，武勇杰（2016）运用省级面板数据测算了新型城镇化、产业集聚与交通网络化的耦合度和协调度，通过差异对比分析，发现东部地区的不平衡现象表现突出，并且三者发展的时序变化与空间迁移表现显著；贾兴梅（2018）测算了农业集聚与新型城镇化之间的协调度和耦合度，分析发现，东部地区耦合度与协调水平都低于中西部地区，应该施行不同的政策以优化农业集聚。

通过梳理市场化与产业集聚作用关系的相关文献，发现市场化对产业集聚的促进作用需要在较高的市场化水平下更为显著。市场化进程可促进各要素的自由流动和公平交易，要素的自由流动可以实现生产在特定区域的集中，生产集中又会带来劳动力的大量有效需求，实现生产与消费的良性循环，这种前后向的联系最终导致产业在空间上实现集聚化发展，并通过循环因果链扩大并加固这种集聚。加强市场在要素定价和流动中的决定性作用，必将对产业集聚产生重要影响。张鹏（2014）通过将市场化进程作为门槛变量，发现要发挥市场化对地区经济发展的促进作用，需要市场化发展到较高水平。纪玉俊（2014）研究发现市场化程度提升有利于FDI对产业集聚的促进作用存在正向关系。李筱乐（2014）研究发现工业集聚和环境污染相关度与市场化程度有关，工业集聚带来的环境污染会在市场化程度变高的过程中从污染环境渐渐转变为改善环境。基于SBM – DDF模型，岳书敬（2015）探讨了市场化转型对集聚绩效的具体作用，发现市场化转型对集聚绩效的发挥有显著正向作用。在对中国服务业集聚的研究中，孔令池（2016）利用面板数据模型分析发现市场化水平的提升有助于提高服务业的空间集聚度。吴鸣然（2017）通过对工业集聚的研究，发现在东部地区市场化程度不足会使得工业集聚降低工业生态效率，需要通过提高生产化程度对地区工业生态效率产生积极影响。

纵观现有研究文献，在新型城镇化发展过程中不仅需要政府的宏观调控，更需要市场力量来协调各方面的要素高效配置推动城镇化发展。产业集聚使得生产要素在区域进一步集中，城镇产业结构得到优化和提升，最终推动新型城镇化高质量发展。从市场化和产业集聚角度研究新型城镇化发展的成果较多，但将两者结合起来研究的文献相对较少，其中，较多文献指出产业集聚对新型城镇化具有显著促进作用，市场化也是新型城镇化发展不可或缺的关键元素，但其对新型城镇化影响的效应得出的结论并不统一，鲜有文献将市场化、产业集聚纳入统一的理论框架下研究两者对城镇化的作用机理，尤其缺乏两者对促进新型城镇化高质量发展的作用机理与经验考察的研究成果。因此，本章突破以往的研究范式，提出市场化和产业集聚作为刻画新型城镇化动力机制的重要视角，将市场化、产业集聚与新型城镇化质量三者放在统一的理论框架下，从理论机制与实证分析两个层面系统分析三者之间复杂的作用关系，进一步运用门槛效应模型揭示三者间的作用机理及其区域异质性背后的内在原因。

第二节　理论机理

市场化的实质就是要建立和完善以市场为主导的经济体制，通过市场机制决定要素价格，并且匹配相应的产权制度与经济法规等。如图 5 - 1 所示，市场机制主要通过竞争机制、供求机制和价格机制发挥作用，让劳动力、土地和资本等要素更加自由地流动，并且实现最优化配置。供求机制让要素向有较高回报的行业流动，竞争机制可以通过优胜劣汰来提高行业整体竞争力，价格机制推动行业之间的要素优化配置。市场化还能促进外资的引进，为本地市场引进先进的技术、生产工艺和成熟的管理体系，实现技术进步。市场化也为我国产业发展和经济发展提供了适宜的经济制度环境。市场化为经济发展提供了土地、资本、劳动力等要素的投入，同时，因引进外资、知识溢出产生的技术进步以及市场化本身带来的制度变迁推动了产业的集聚优化发展。要素投入为产业发展提供了基础，技术进步推动产业转型升级，市场化为其提供有利的制度环境。厂商为更加方便地获得各种生产要素，会将企业建立在靠近市场的区域，较多的企业集聚于市场周围，产生对要素的巨大需求，吸引更多的劳动力和产品向该区域集聚。在此过程中，市场不仅是生产者集聚区，也逐渐发展为各种产品的供应区，产业在这种循环因果链下实现空间集聚，并且随着循环因果关系，产业的集聚状态不断巩固和加强，最后形成产业集聚。知识溢出、熟练劳动力市场的形成以及产业内部的交流合作形成的外部性效应使得产业在空间上集聚可以产生规模报酬递增效应。因此，市场机制诱致的产业集聚可以在基础设施建设、生活成本、就业机会等方面对以人为核心的新型城镇化质量产生积极作用，使得城镇居民可以进行更高质量的生产和享有更高质量的生活。

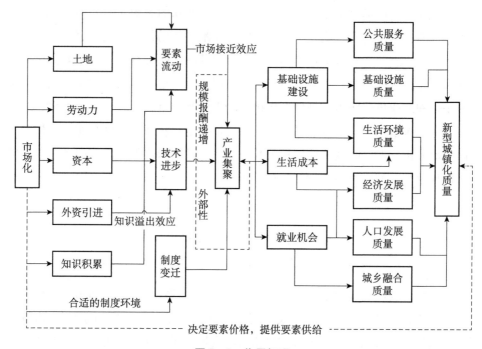

图 5-1   作用机理

第三节   变量测度与数据说明

一、变量选择

1. 被解释变量：以人为核心的新型城镇化发展质量（urba），相较于传统城镇化，以人为核心的新型城镇化将人的发展作为重要参考，不再是简单地将城镇化率作为评价城镇化的唯一指标。本章的以人为核心的新型城镇化发展质量参照第三章中关于该变量的测度结果。

2. 核心解释变量：产业集聚（indu），该指标的测度在产业集聚的研究中受到了许多学者的重视，根据不同侧重点和测度需要产生了较多测度方法。运用较多的有区位熵、D 函数、E – G 指数法、空间基尼系数、M – S 指数等方法。在测度过程中，区位熵方法在反映地区的整体和局部差异上更加具有优势，罗森塔尔、斯图尔特（Rosenthal & Stuart，2004）、罗能生（2018）、谢露露（2019）等在对全国层面的产业集聚进行研究时，选用了区位熵测度产业集聚度。结合以上分析，本书选用区位熵对产业集聚进行测度。indu 指某地区就业人数（x）在该地区总就业人数中的占比，具体表达式如下：

$$Indu = (x_{ij} / \sum x_{ij}) / (\sum x_{ij} / \sum x_{ij}) \tag{5.1}$$

其中，x_{ij} 代表程度地区对应产业的就业人数。本书以第二、第三产业的就业人数作为衡量产业集聚的指标，反映地区产业集聚程度。

市场化指数（mark）的测度一般是通过主成分分析法按照最大限度反映指标信息原则将多个指标合成几个主要的方面指标，然后分别赋予各指标一定权重，最后得到总指数。衡量市场化水平的指标体系考虑的主要因素有政府在经济中的地位，可以通过国有、非国有企业的发展状况进行反映；要素市场的发展状况，通过要素价格决定、市场的法律法规等反映（樊纲、王小鲁，2003）。建立对应的指标体系后，运用主成分分析法分析出各指标评分值，再将单项指标加权平均得到指标所在方面的指数，总指数由各指数加权平均得到。因此，选取 2008 ~ 2016 年的全国各省市场化数据来反映市场化水平变化。

为消除其他外生变量对新型城镇化的影响作用，减少遗漏变量对模型的影响，本书从城镇发展规模、基础设施、城镇绿化以及经济发展等多个角度选取了控制变量指标。本书选取城镇人口比重（peop）（单正英，2012）和城镇失业率（unim）作为城镇规模的指标。城镇人口比重（peop）从人口数量上反映城镇规模，并且该指标在城镇化研究中使用较广，代表性更强。城镇失业率（unim）通过失业人口比重反映城镇就业情况。基础设施对地区城镇化发展具有重要影响作用，功能完善的基础设施可以提升城镇对非城市人口的吸引力，从而增加城镇人口数量，以每万人拥有公交车辆（bus）表示各地区基础设施水平。

以人为核心的新型城镇化发展较于传统城镇化较多地考虑了人的居住环境的舒适度，倡导新型城镇化绿色化发展，因此，选取城镇绿化作为控制变量，使用以人均绿地面积（pgra）来表示。经济发展可以显著影响城镇化的发展质量，于燕（2015）提出经济增长会提升城镇居民与农村居民的收入差异以及消费需求的增加，从而促进劳动力的转移，城镇化发展与地区经济增长状况具有正相关关

系，本书以地区人均生产总值（inco）（陈瑾，2019）和第三产业比重（serv）
表征经济发展水平。

二、数据来源

考虑数据的可得性与合理性，本章选取 2008~2016 年全国 30 个省份（不
包括西藏及港澳台地区）作为研究样本，数据来源于《中国统计年鉴
（2009—2018）》《中国分省份市场化指数报告（2018）》《中国人口和就业统
计年鉴（2009—2018）》以及各省历年统计年鉴等。具体变量描述性统计如
表 5-1 所示。

表 5-1 变量描述性统计

变量	均值	标准差	极小值	极大值
urba	0.3867	0.1226	0.1962	0.7618
mark	5.9738	2.0206	0.0100	10.0000
indu	1.8798	0.4586	0.8981	3.1384
peop	0.5465	0.1417	0.2912	0.9789
unim	3.4315	0.6043	1.4000	4.7000
inco	3.45357	2.43578	6.5551	1.39628
serv	42.7495	9.9401	28.6000	90.2000
bus	12.0839	3.5328	6.8300	27.7000
pgra	11.6081	2.7735	5.6400	19.7700

第四节　区域异质性及门槛效应分析

根据前面理论机理分析，构建如下计量模型：

$$urba_{it} = \alpha_1 indu_{it} + \alpha_2 mark_{it} + \alpha_3 peop_{it} + \alpha_4 unim_{it} + \alpha_5 inco_{it} + \alpha_6 pgra_{it}$$
$$+ \alpha_7 serv_{it} + \alpha_8 bus_{it} + \mu_i + \varepsilon_{it} \tag{5.2}$$

其中，urba 表示以人为核心的新型城镇化质量，indu 表示产业集聚度，mark 表
示市场化水平，peop 表示城镇人口比重，unim 表示城镇失业率，inco 地区人均
生产总值，pgra 表示人均绿地面积，serv 表示第三产业比重，bus 表示每万人拥
有公交车辆，μ_i、ε_{it} 是随机扰动项。

一、区域异质性分析

首先对全国的数据进行实证分析，采用 Hausman 检验对模型估计方法进行选择，并运用极大似然估计进行实证结果的比较，发现极大似然估计法可以提高变量显著性，估计结果更具有解释效力。因此，本章实证分析以极大似然估计结果为准。考虑到我国区域差异较大，因此重点对区域异质性进行了实证检验与分析。

如表 5-2 所示，全国层面市场化对新型城镇化的作用系数在 1% 水平下显著为负，表明市场化发展与新型城镇化发展质量之间并不协调，与理论预期相悖。从东中西三个区域进行回归可以发现，东部的市场化回归系数为正，而中部和西部均为负。市场化程度的提升通常伴随着资源配置效率提升、贸易环境更加公平以及经济主体自由化等，而这也是新型城镇化发展的重要基础。现阶段的新型城镇化发展是对以往城镇化的结构改善与转变，总体上市场化程度提升并没有对新型城镇化带来明显促进效果，反而在一定程度上表现出来抑制效应。这是由于新型城镇化的发展与以往城镇化不同，对资源配置和贸易环境等外在条件要求也产生了变化，需要市场化的进一步提升且适应外部环境的变化，才能凸显市场化对新型城镇化发展的促进效果。依据三个地区的经济发展状况和市场化对城镇化的系数大小可以发现，市场化对城镇化的影响呈现"U"型特征。当经济发展程度较低时，市场化对城镇化影响较小，随着经济发展程度的提高，市场化的影响效果也逐渐增强，市场化对城镇化的作用从负向向正向转变。

表 5-2　　　　　　　　　　　　　基本回归结果

变量	全国		东部	中部	西部
	随机效应	极大似然估计			
mark	0.0021	-0.0122***	0.0023	-0.0472***	-0.0104***
	(0.68)	(-2.92)	(0.29)	(-7.35)	(-2.63)
indu	0.1868***	0.0922**	0.3707***	-0.1532***	0.0533***
	(15.08)	(2.29)	(5.40)	(-2.88)	(3.34)
peop	-0.081	-0.1028**	-0.0819	0.1076	—
	(-1.49)	(-2.47)	(-0.86)	(1.57)	—
unim	-0.0205***	-0.0178***	-0.0382***	-0.0272**	0.0196***
	(-3.16)	(-2.99)	(-3.62)	(-2.09)	(2.66)

续表

变量	全国		东部	中部	西部
	随机效应	极大似然估计			
inco	0.0107	0.0679 *	0.0419 ***	− 0.0495 *	0.0213 *
	(0.75)	(1.67)	(3.15)	(− 1.78)	(1.86)
serv	0.0008	0.0052 ***	0.0027 **	− 0.0030 ***	− 0.0028 ***
	(1.49)	(− 2.00)	(2.73)	(− 3.24)	(− 3.59)
bus	0.0049 ***	− 0.0010 *	0.0031	0.0155 ***	—
	(3.14)	(3.72)	(1.29)	(5.29)	—
pgra	—	0.0032 **	—	0.0108 ***	0.0076 ***
	—	(3.92)	—	(3.39)	(4.58)
Hausman 检验	0.00 ***	—	—	—	—
LR 检验	—	128.72 ***	42.22 ***	3.39 **	0.49

注：表中 ***、**、* 分别表示在 1%、5%、10% 水平下显著，括号中为 t 统计值，为提高核心解释变量显著度，在实证中对西部地区的控制变量进行了调整，故表格中西部地区部分表格为空。

核心解释变量产业集聚在 5% 的显著水平下作用系数为正，与理论机理的预期相符。产业集聚度对一个地区的影响在经济发展初期表现为正向的促进作用，具体表现为集聚带来的知识外溢、企业竞争力的提升以及要素的流入对区域经济发展的促进作用。随着集聚的进一步发展，拥挤效应会逐渐显现，主要是成本上升、环境恶化以及恶性竞争带来市场失灵等。从系数的绝对值可以看出，产业集聚在新型城镇化发展过程中较市场化的促进效果更加显著。市场化更多的是反映市场大环境的情况，对新型城镇化产生间接影响且时效更长，而产业集聚不同，许多因为集聚带来的人口和资本的集聚可以更加直接地作用于新型城镇化的发展，这也是产业集聚在回归模型中系数更加显著的原因。从区域层面来看，东部的产业集聚对城镇化促进效果最为显著，西部次之，而中部表现为负。产业集聚对地区就业提升效果较好，基础设施建设以及地区生活成本也能得到较大的改善。

城镇人口比重的系数为负，说明城镇人口比重的增加并没有立竿见影地作用于新型城镇化，这在一定程度上也说明新型城镇化发展的有其新要求，即不再只要求城镇人口数量的增加，而更多的是对人口发展质量的要求。同时，城镇失业率的系数也为负，这也是必然的结果。人均 GDP 的系数为正，表明人均生产总值对新型城镇化提升具有正向促进作用。人均 GDP 的提升可以增加城镇居民的可支配收入，居民消费购买能力得到显著提升，消费水平的增加反作用于企业生产，推动城镇化水平提高。第三产业发展对新型城镇化具有明显的促进作用，但对于中西部地区而言，服务业甚至是一个奢侈的选项，对新型城镇化发展质量作用有限。赵进东（2018）认为新型城镇化在发展中国可以有利于产业结构的调整，而第三产业作为社会分工的产物，在城镇化发展初期，需要以城镇工业为基础来实现自身发展。现阶段工业对第三产业的支撑作用还有待加强。所以，第三产业对新型城镇化的发展还没有表现出显著的促进作用，需要城镇工业化进一步完善和夯实之后，第三产业的积极影响才能得以显现。每万人拥有公交车辆（bus）和人均绿地面积（pgra）的系数均为正，符合新型城镇化的内涵要求。以人的发展为核心的新型城镇化应该注重基本公共服务均等化（陈明星，2019），每万人拥有公交车辆反映的是城市基础设施这一指标，公共交通可以有效降低居民出行成本，提高城镇居民的生活质量，是新型城镇化相较于传统城镇化的不同点。以人为核心的新型城镇化更加强调人的居住体验，凸显城市服务功能，基础设施的建设要有利于提升城镇居民整体的居住体验，实现新型城镇化的内涵发展。人均绿地面积反映了良好的生态环境对新型城镇化具有积极作用，生态环境有利于提升城镇的宜居性，推动城镇的绿色发展，增加对居住人口的吸引，并且舒适的城镇环境有利于提升城镇竞争力，引进更多的资本和劳动力要素（王国惠，2018），带动新型城镇化的高质量发展。

二、门槛效应分析

从上述分析结果可以看出，市场化在全国层面的回归系数为负，与机理分析结果相悖，但在区域层面表现为东部显著，中西部作用有限的影响作用，根据理论机理中市场化更多地需要企业作为桥梁，间接影响新型城镇化，由于不同地区市场化发展程度不同，其间接效应也就出现分异性。因此，假设市场化对新型城镇化质量的影响作用存在门槛效应，即不同的市场化水平对新型城镇化质量产生不同的影响效应。对于门槛变量的选择，借鉴纪玉俊（2014）和李筱乐（2014）的研究成果，选择市场化作为门槛变量，设定模型如下：

$$\text{urba}_{it} = \alpha_1 \text{indu}_{it} + \alpha_2 \text{peop}_{it} + \alpha_3 \text{unim}_{it} + \alpha_4 \text{inco}_{it} + \alpha_5 \text{pgra}_{it} + \alpha_6 \text{serv}_{it}$$
$$+ \alpha_7 \text{bus}_{it} + \beta_1 \text{mark}_{it} \times I_1 + \beta_2 \text{mark}_{it} \times I_2 + \mu_i + \varepsilon_{it} \qquad (5.3)$$

根据 Hansen（2000）的门槛效应模型，将变量作为回归方程的分界点，大于或小于门槛值 γ 是两个不同的回归结果。当 $\text{mark}_{it} \leqslant \gamma$ 时，$I_1 = 1$ 且 $I_2 = 0$，此时模型可以表示为：

$$\text{urba}_{it} = \alpha_1 \text{indu}_{it} + \alpha_2 \text{peop}_{it} + \alpha_3 \text{unim}_{it} + \alpha_4 \text{inco}_{it} + \alpha_5 \text{pgra}_{it} + \alpha_6 \text{serv}_{it}$$
$$+ \alpha_7 \text{bus}_{it} + \beta_1 \text{mark}_{it} + \mu_i + \varepsilon_{it} \qquad (5.4)$$

当 $mark_{it} > \gamma$，$I_1 = 0$ 且 $I_2 = 1$，此时，此时模型可以表示为：

$$urba_{it} = \beta_1 indu_{it} + \beta_2 peop_{it} + \beta_3 unim_{it} + \beta_4 inco_{it} + \beta_5 pgra_{it} + \beta_6 serv_{it}$$
$$+ \beta_7 bus_{it} + \gamma_1 mark_{it} + \mu_i + \varepsilon_{it} \tag{5.5}$$

通过让模型的残差平方和 $s_t(\gamma)$ 最小，得到模型中各项系数的估计值，并通过 LM 检验确定门槛数量，构造统计量 F 为：

$$F = n \frac{T_0 - T_n(mark_i)}{S_n(mark_i)}$$

其中，T_0 代表没有模型不存在门槛时的残差平方和，T_n 代表存在门槛时的残差平方和，并且 F 统计量服从于"卡方分布"。但在不存在门槛值情况下，$mark_i$ 不存在，将导致统计量 F 非标准、非相似分布，即偏离卡方分布。为解决这一问题，汉森（Hansen，1996）提出自助抽样法。依据给定的解释变量和门槛变量，以模拟产生的因变量序列的残差 $e_t(\gamma)$ 来估计统计量 F，将模拟产生的 LN 统计量占总模拟次数的百分比作为自助抽样法的 P 值。根据自助抽样法计算 P 值，模拟次数为 500，结果如表 5 - 3 所示。

如表 5 - 3 所示，通过 LM 检验与自助抽样法确定的 P 值，可以发现该门槛模型存在两个门槛值，在 1% 的水平下显著，说明市场化与新型城镇化之间存在门槛效应，并且双门槛可以将模型划分为更多的区间，更细化地反映变量变化趋势，所以选取双门槛进行研究。

表 5 - 3   **门槛估计值**

模型	门槛值	LM 检验值
单门槛 $mark_1$	7.4700	23.96 ***
双门槛 $mark_0'$	4.2900	14.94 ***
双门槛 $mark_1'$	7.4700	23.96 ***

注：*** 表示在 1% 的水平下显著。

根据表 5 - 4，核心解释变量产业集聚的回归系数均为正，并且呈现上升的趋势，且在 1% 水平下显著。表明随着市场化水平的上升，产业集聚对新型城镇化质量的促进作用呈现了增长的趋势。产业集聚通过对基础设施建设、居民生活成本以及就业机会等方面的影响，可以有效促进新型城镇化质量，并且，随着市场化程度的提高，要素流动、技术进步以及制度变迁带来的正向外部性有利于该促进效应的提升。市场化（marketization）的回归系数在门槛值以下表现为负，高于第二个门槛值后，系数为正，对新型城镇化质量发展具有促进作用。市场化程度较低时，市场分割、公平性难以保证和缺乏监督等问题占据主要地位，使得市场化对新型城镇化呈现抑制效应。当市场化程度提升到更高门槛值时，市场对资源的配置以及效率提升作用得以体现，促进新型城镇化质量发展。

表 5 - 4　　　　　　　　　　　门槛效应回归结果

变量	mark < 4.29	4.29 < mark < 7.47	mark > 7.47
mark	− 0.0038	− 0.0189	0.0017
	(− 0.8)	(− 3.54)	(0.13)
indu	0.0842 ***	0.1835 ***	0.2291 ***
	(3.07)	(11.22)	(4.78)
peop	− 0.1155	− 0.0043	− 0.1557
	(− 0.66)	(− 0.19)	(− 0.86)
unim	0.0276 ***	− 0.0146 *	− 0.0287 **
	(3.52)	(− 1.77)	(− 2.45)
inco	0.0371 *	− 0.0243	− 0.1219 ***
	(1.71)	(− 1.44)	(− 4.03)
serv	− 0.0003	− 0.0015 *	0.0056 ***
	(− 0.29)	(− 1.93)	(4.54)
bus	0.0025	0.0058 ***	0.0042 **
	(0.86)	(2.76)	(2.41)
pgra	0.0049 **	0.0044 **	0.0014 *
	(2.1)	(2.29)	(1.31)
LR 检验	1.97 *	73.85 ***	38.34 ***

注：表中 *** 、 ** 、 * 分别表示在1%、5%、10%水平下显著，括号中为 z 统计值。

城镇人口的增加对新型城镇化质量的影响存在一定抑制效应，但市场化水平的提升有助于减小该负向影响。新型城镇化建设过程中，人力资源的作用巨大，不仅可以提供充足的劳动力供给，还可以带来广阔的消费市场空间，劳动力资源配置效率有巨大提升空间。城镇失业率对新型城镇化质量的影响效果由正转负，较高的失业率表明劳动力供给减少，要素供给的降低会限制企业的生产，产业集聚效应受到抑制，不利于城镇化的发展，但市场化程度越高，失业对居民生活水平影响越大，不利于新型城镇化人口发展质量提升。地区人均生产总值系数由正转为负向，与面板模型的结果出现较大差异，以人为核心的新型城镇化具有社会、经济、生态多个方面的属性和要求，单纯的人均收入增长不能显著提升新型城镇化水平。第三产业比重的系数为负且较小，但在市场化水平提升后，影响效果转为正向。表明第三产业推动新型城镇化的后续动力依然没有充分显现。第三产业的发展对市场化率较低的城镇还是一个相对奢侈的选项，现阶段的城镇化发展还处于尚未成熟阶段，需要进一步提高市场化水平，才能体现第三产业的带动作用。人均绿地面积和人均道路面积在实证中表现出对城镇化质量的提升作用。生活环境质量与基础设施建设对居民生活有着直接的影响，幸福指数和舒适度很大程度受两者的影响，是新型城镇化质量的重要组成部分。公共交通和人均绿地反映了城镇化过程中基础设施的建设情况，可以为城镇居民提供便利，降低生活成本，提高居民生活质量，实现新型城镇化绿色和宜居的内涵要求。

本章小结与启示

本章理论分析和实证检验了市场化、产业集聚与新型城镇化之间的内在作用机理，得到以下研究结论：第一，市场化水平对新型城镇化质量的影响作用呈现区域差异性，在东部地区表现正向，但在中部和西部地区呈现为负向关系。第二，产业集聚在东部地区和西部地区的促进作用更显著，但在中部地区作用有限，同时，随着市场化水平的不断提升，产业集聚对新型城镇化质量的促进作用呈上升趋势。第三，进一步的门槛效应分析表明市场化、产业集聚有效推动新型城镇化质量提升存在某一特定门槛，随着市场化水平不断提升，才能在新型城镇化进程中凸显其重要促进作用。第四，人力资源配置效率仍有较大提升空间，经济发展与产业结构需要与城镇建设相协调，基础设施建设可以有效推动新型城镇化发展质量。基于上述研究结论，本章提出以下三个方面的政策启示。

第一，推动有效市场与有为政府更好地结合，提高要素配置效率。完善要素市场的监督体制和交易制度，保障市场机制对要素价格形成的决定性作用，实现要素交易流程的公开透明。增强对大数据、云服务、5G等科学技术的应用，提高市场效率，降低交易成本。厘清市场与政府的关系，进一步加强市场在资源配置中的决定性作用，强化政府在公共服务、法律制度等方面的保障作用，持续优化市场环境，推动新型城镇高质量发展。

第二，发挥产业集聚功能，因地制宜推进产城融合发展。根据地理区位、资源禀赋、比较优势以及城市规模等，不断调整产业结构，优化产业布局，采取针对性的产业发展战略，充分发挥市场化的激励功能，推动产业集聚化发展。基于区域发展的异质性特征，加强产业集聚化发展配套设施，加强研发机构与市场推广互动能力，构建高技术、高附加值产业链，推动产业转型升级，因地制宜推进产城融合发展。

第三，增强城乡公共服务供给，持续改善民生福祉。加强城乡公共交通基础设施建设，提高城乡公共交通立体化、网络化和循环化发展水平，减少居民出行时间成本。加大对城乡公共服务的财政支持力度，推进医疗卫生、基础教育和社会保障制度改革，推进医疗资源共享化发展，实现人人享有安全、有效、公平、可及的基本医疗卫生服务，推进教育资源均等化发展，实现优质教育资源均衡配置，推进社会保障一体化发展，形成全覆盖、保基本、多层次、可持续的城乡社会保障体系。

第六章　交通基础设施、城镇规模与以人为核心的新型城镇化

作为城镇化发展的大动脉，交通基础设施发挥着重要的承载与纽带作用。毋庸置疑，便捷发达的交通基础设施有利于加强地区之间的交流沟通，节省运输成本，缩短空间距离，有利于要素流动和产业持续繁荣发展。随着区域经济一体化步伐的加快，地区间的交流联系更加频繁和紧密，交通基础设施有助于提高地区间的可达性，助力区域一体化和城乡一体化。可见，城镇规模的扩大和要素自由流动都离不开交通基础设施供给，如何基于交通基础设施有效推动要素更高效地流动和配置，发挥大国城镇该有的规模经济，进而推动我国以人为核心的新型城镇化更高质量发展已经成为当代亟须解决的重要命题。基于此，本章深入分析交通基础设施、城镇规模与以人为核心的新型城镇化质量之间的理论机理，厘清驱动效应出现区域差异性的内在逻辑，在此基础上运用偏微分空间效应分解的方法探讨三者之间的空间交互效应，为推动以人为核心的新型城镇化高质量发展提供理论支持与经验证据。

第一节　引言与文献综述

城镇化是现代化发展的必经之路，有着人口向城镇集聚、城镇数量增加和规模扩大的特征，并由此引发社会、经济和空间结构的变革（魏后凯，2014）。改革开放以来，我国城镇化的发展突飞猛进，城镇化率2018年底达到59.58%，正处于诺瑟姆所谓的加速发展阶段（李国平，2013），但我国城镇化发展重速度而轻质量的问题由来已久，2012年以前表现尤为明显，规模扩张型的传统城镇化发展模式已经无法适应新时代经济高质量发展的环境。国家统计局人口司发布的"人口总量平稳增长，人口素质显著提升"的研究报告显示，我国2018年户籍人口城镇化率为43.37%，存在部分人口没有城镇户籍但却在城镇工作和生活，无法享受城镇居民的待遇。同时，由于传统城镇化曾一度粗放蔓延发展，导致土地

城镇化快于人口城镇化，城镇建设用地效率低下，"空城""睡城"现象突出。这种规模扩张、政府主导和资源驱动的传统城镇化发展模式，本质是"以物为本"，与以人为核心的城镇化本质内涵相脱节。因此，城镇化必须回归其本质要求，走以人为核心的新型城镇化发展模式。新型城镇化秉承以人为核心的发展理念，注重质量提升，要求市场在城镇化进程中发挥主导作用，逐步实现农业转移人口市民化（王颂吉、黎思灏，2018）。

在新型城镇化这一伟大事业的征途中，交通基础设施和城镇规模变得越来越重要，较低的通勤成本和适度的城镇规模更有利于我国新型城镇化高质量发展。城镇规模的扩大和要素自由流动都离不开交通基础设施，作为城镇化发展的大动脉，交通基础设施发挥着重要的承载与纽带作用。"要想富，先修路"，交通基础设施作为"铺路石"，其作用毋庸置疑，加强地区之间的交流沟通，节省运输成本，从而缩短空间距离，有利于要素流动和产业持续繁荣发展。伴随着经济一体化步伐的加快，地区间的交流联系更加紧密，作为大动脉的交通基础设施，更有助于提高地区间可达性，助力区域一体化和城乡一体化，推动新型城镇化高质量发展。城镇的规模是质量的基础，更多的人口将创造更大的市场规模和经济价值，进一步提高城镇化发展质量（曾鹏等，2015）。随着区域可达性的提升，企业或产业也不断向城镇聚集，城镇规模不断扩大，由此产生诸如规模经济、关联效应、技术创新、知识溢出等集聚效应。同时，人口集聚可以产生城镇排污的规模效应，减少人均排污，可以减小对城镇环境的冲击力（郑怡林、陆铭，2018），但是当城镇规模扩大到一定的程度时则会出现边际收益递减，而拥挤效应出现递增（王俊、李佐军，2014）。在规模经济和拥挤效应的相互对冲下，城镇的规模和福利水平发生着动态变化（肖文、王平，2011），这和亨德森（Henderson，1985）得出的结论一致，陈诗一等（2019）也指出新型城镇化是规模适度和交通发达的城镇化。因此，如何基于交通基础设施有效推动要素更高效地流动和配置，发挥大国城镇该有的规模经济，进而促进我国新型城镇化更高质量发展已经成为新时代亟须探讨的重要命题。

在城镇化过程中交通基础设施建设必不可少，特别是在城镇化高质量发展的背景下交通基础设施的功能与效应更备受关注。已有学者通过对交通基础设施的研究更多地关注其对经济发展的影响，阿绍尔（Aschauer，1989）开创性地研究了基础设施和经济增长之间的关系。骆许蓓（2004）研究发现通过改善中部地区交通枢纽省份的交通基础设施能够有效推动我国西部地区经济发展，验证了中部地区是承接我国东西部的重要桥梁纽带。张学良（2007）认为我国交通基础设施和经济发展表现出较明显的空间集聚特征，而且中部地区交通基础设施的发展对经济发展的作用较大，增加交通基础设施的投入不但可以推动中部地区经济增长，而且更有利于全国范围内的经济增长（刘正桥、张亚斌，2013）。但也有学者研究发现在中西部部分人口密度较低的地区，存在着交通基础设施的过度建设（王佳、陈浩，2016），而且我国交通基础建设的供给存在着显著的地区和城乡差异（张芬，2007）以及"U"型规模效应关系，交通基础设施投入初期对经济发展产生正向促进作用，但随着投入规模的不断扩大会造成资源的浪费和闲置从而对经济产生负作用（万丽娟、刘媛，2014）。张光南等（2013）验证了规模效应的存在，同时，这种"U"型关系还体现在人均产出和交通基础设施贡献方面，且具有长期稳定的促进作用（蔡新民、刘金全，2017）。但由于交通基础设施建设的投入不能立即产生效果，所以交通基础设施对经济发展的促进作用更多地应该注重长远效果（刘雅文等，2009；刘育红，2012）。鲁德拉（Rudra，2019）研究了 G20 国家的交通基础设施、金融渗透和经济增长之间的相互作用，发现金融渗透率和交通基础设施都可以刺激经济增长。吉罗德（Gerald，2019）研究了印度交通基础设施如何影响男女的农业和非农业就业，发现交通基础设施的改善对性别平等准则更为普遍的社区的女性非农就业会产生更积极的影响。

相比交通基础设施与经济发展之间的关系，研究新型城镇化与交通基础设施的文献较少。姚士谋等（2001）论述了高速公路线路的设定要根据不同城镇的特点，综合考虑，合理安排，组织交通网与城镇接口的布置。蒋敏（2008）利用耦合协调函数研究发现中国省域间的"交通—城镇化"协调关系还处在中低阶段，以后应加强发挥交通对城镇化的推动作用。赵晶晶等（2010）研究发现城市化率对交通基础设施的影响存在着"U"型关系，反之则为倒"U"型关系。纪颖波等（2016）从协调发展的角度出发，探究了新型城镇化与交通基础设施之间的发展不均衡、不一致、脱节以及居民生态意识等问题。周慧等（2016）利用空间计量模型发现交通基础设施促进了中部地区城镇化发展。何文举（2016）以湖南省为例，实证分析了交通基础设施与城镇化，发现交通基础设施的发展能推动当地和相邻地区城镇化的发展，但直接效应大于溢出效应，提出应以发展本地交通为主、连通外部为辅，进而提高城镇化发展水平。

在既有的城镇规模研究文献中，阿隆索（Alonso，1971）通过构建城市总成本—收益模型研究城镇规模的效应，认为只有当城镇规模扩大到一定的程度时，才有必要供给高投入的医疗、交通、文化娱乐等基础设施，因为城镇的规模越大则集聚效应更加明显，从而产生较高的规模经济、较强的科技发展动力、较大的外部扩散效应及创造较多的就业机会（王小鲁、夏小林，1999）。肖文等

（2011）研究发现城镇规模和福利水平之间存在倒"U"型关系，最优城镇规模在规模经济的增加或拥挤效应的减小中不断扩大。陆铭等（2012）发现城市的规模经济效应能够提高劳动力个人就业概率，城市规模每扩大1%，个人的就业概率平均增高0.039~0.041个百分点。柯善咨等（2014）以城镇的规模经济和外部成本的差值为分析基础，证明了城镇规模的净聚集效应随着城镇规模扩大呈现先增后减的倒"U"型变化。曾鹏等（2015）通过分析认为在城镇规模的经济效应占主导地位的时期城镇规模的扩大有利于缩小城乡收入差距，且适度的城镇规模不仅能够增加规模经济效应而且还可以减少拥挤效应（王小鲁、夏小林，1999），在合理界定城镇规模效应和外部成本的基础上发现，当城镇规模过小时，外部成本较高而规模收益较低；当城镇规模过大时，负外部效应会抵消一定的规模收益。但是由于我国的户籍制度、社会福利保障等制度长期以来成为城镇扩张的阻碍，中国的城镇化更多地倾向于本地化，由于城镇规模较小，因而无法发挥大城市的规模经济效应，城市劳动生产率的提高和经济发展也因此而被限制。从现实经验看，大城市和中小城镇的发展并不相互冲突，中小城镇的发展以大城市的发展为基础，并受其辐射功能的带动。因此，在城镇发展的规模经济大于拥挤效应的城镇化早期，过早限制大城市发展，侧重发展中小城镇，会带来巨大的效率折损（陆铭等，2012）。2018年底，我国城镇化率为59.58%，发达国家多数城镇化率超过了80%，如果以80%为基准，那么我国城镇化率至少还需提高20.42%，而这20.42%甚至更多的差距是我国城镇化发展的提升空间，所以在理论上来说我国城镇化发展过程中城镇规模的扩大更有利于产生较大的经济效应。

综上所述，研究交通基础设施对经济增长影响的文献较多，但少有交通基础设施与以人为核心的新型城镇化关系的研究成果，对研究城镇规模与新型城镇化发展质量之间内在关系的文献则更加少见。因此，本章将深入分析交通基础设施、城镇规模与新型城镇化质量之间的理论机理，厘清出现区域差异性的内在逻辑，并将三者纳入同一分析框架下进行实证考察，进一步运用偏微分空间效应分解的方法探讨三者之间的空间交互效应，为新型城镇化高质量发展提供理论支持与经验证据。

第二节　理论机理

一、交通基础设施与新型城镇化质量

如图6-1所示，交通基础设施作用新型城镇化质量的主要机理在于：一是

交通基础设施作为一种公共投入，具有较大的乘数效应，一个地区交通的发达程度在一定程度上决定了该地区经济的发达与否，交通基础设施所产生的乘数效应可以直接带动当地经济的增长，进而推动新型城镇化发展。二是交通基础设施的发展和完善可以提高路网密度，提升本地和区域间的可达性，节省居民出行和货物运输时间，提高效率，打破区域间分割状态，加快区域间经济、文化等方面的交流合作，推动产业和人口集聚，从而有利于推动区域一体化进程及城市群的发展。三是交通基础设施的完善增强了市场活动参与者之间的联系，市场规模不断扩大，经济主体之间的竞争愈加激烈，优胜劣汰更加明显，市场化质量不断提升，由此产生较大的市场吸引力，进一步促进了要素和资源的流动，在规模经济和负向外部性的作用下产生集聚经济，形成空间集聚效应，从而扩大城镇规模，提高城市发展层次和水平。

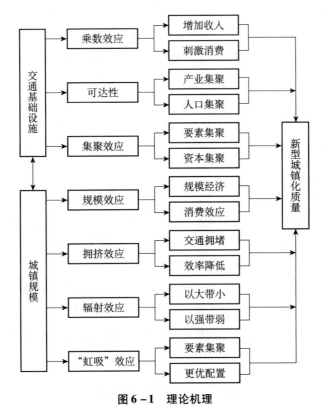

图6-1　理论机理

二、城镇规模与新型城镇化质量

城镇人口集聚带来城镇规模的扩大，在城镇发展初期，规模经济效应占主导地位，扩大城镇规模会使得规模经济和消费经济效应提高，为新型城镇化数量和质量的双提高提供规模经济基础；规模较大、层次较高的城镇，其公共资源和交通等基础设施较为充足和完善，有集中的市场，并且由于企业和人口的集聚而在技术、信息和人力资源等方面具有比较优势，从而具有较高的经济和社会效应，进而进一步促进交通等基础设施的发展完善。当城镇规模扩大到一定程度之后，由于人口数量膨胀、城镇规模扩大，导致城镇交通、环境、生产成本等方面状况恶化，增加了城镇的拥挤程度，产生所谓的拥挤效应，这种拥挤表现为城镇规模过大导致通勤成本增加（Alonso，1964）、物价房价上涨、劳动力成本上升，使得企业在大城镇的集聚效益和小城镇的低劳动成本优势之间进行抉择，由此导致城镇规模效应下降，产生负的外部效应（Puga，1999），成为城镇规模扩大的阻力，城镇规模产生的经济效应以及与此并随的拥挤效应会发生对冲，由此可看出城镇规模效应的演化机制是探究城镇规模是否适度的理论基础（席强敏，2018）。从空间效应来看，随着城镇化的发展以及城镇规模的扩大，"虹吸"效应使城镇产生空间上的集聚，从而形成城市集群化发展。城市群的形成一方面可以产生"虹吸"效应，多城镇的集聚化发展使得城镇间的交通基础设施建设更加紧密和发达，要素的流动阻力进一步减小，要素流动更加活跃，可以吸引周边的要素和企业向城市群集中，要素的高度集中使得市场优胜劣汰更加明显，市场竞争更加激烈；另一方面存在一定程度的辐射作用，城市群的辐射带动作用既可以使得周边城镇学习模仿，又可以辐射带动周边城镇的发展，产生大城带动小城、强城带动弱城的城镇化发展转型升级效应。

三、交通基础设施与城镇规模

城镇规模一定程度上受交通因素影响，合理的城镇规模必然有着与之匹配的交通基础设施。城镇规模的扩大和要素流动都离不开交通基础设施的载体与纽带作用。从城镇内部来看，交通基础设施的合理布局可以有效降低城镇的拥挤程度，提高城镇系统运转和居民出行的效率，增强居民的幸福感，从而可以吸引更多的人口前来定居，使城镇规模进一步扩大；从外部来看，区域间铁路和高速铁路的发展可以更好地提升区域可达性，推动两地经济文化的交流与合作，更好促进要素流动，促进产业转移，加快人口和产业集聚进程，进一步推动城市群的发展。同时，城镇规模的扩大为交通基础设施提出了新要求，主要表现：一方面，城镇规模的扩大导致原先交通系统出现拥挤现象，城镇拥挤效应增强，加强和完善交通基础设施可以整体降低城镇拥挤效应，居民生活幸福感增强，城居舒适度提高，从而有利于进一步扩大城镇规模；另一方面，城镇规模的增大使得消费市场规模扩大，居民消费增加，政府财政收入增加，为城镇基础设施建设提供更多资金支持，促进交通基础设施数量和质量进一步提升，增进城市相邻地区的交流合作。

第三节　变量说明与模型构建

一、变量说明

1. 被解释变量：以人为核心的新型城镇化（urba）。被解释变量采用以人为核心的新型城镇化发展质量表示，具体参照第三章中关于该变量的综合测度结果。

2. 交通基础设施（traf）。由于从全国层面来考虑，我国的交通基础设施主要以公路和铁路为主，通过参考张浩然（2012）、金江（2012）、万丽娟（2014）、何文举（2016）、肖挺（2016）等学者的研究成果，以路网密度来衡量交通基础设施，即采用各省份历年公路和铁路总里程之和与各省份面积之比来表征交通基础设施。

3. 城镇规模（numb）。城镇规模是指在一定城镇地域范围内所承载的人口、建筑、资源和商品等所表征的人口规模、空间规模和经济规模，三大规模是城镇规模重要的表征（张换兆，2008）。城镇规模概念内涵虽涉及人口数量、地域面积和经济总量三个方面，但人口规模可在一定程度上决定经济规模和空间规模，故通常采用人口规模量化城镇规模（席强敏，2018），因此，将城镇规模用城镇人口来衡量这一做法得到国内外众多学者认可（曾鹏、吴功亮，2015）。故借鉴已有学者的研究用城镇人口表征城镇规模。

4. 控制变量。本书选取了以下控制变量：第三产业从业人员（work），用第三产业从业人员数除以三产业就业人数总和，反映一个地区第三产业的发达程度以及发展规模状况。城镇登记失业人数（unem）用各省份历年失业人数来表示，反映一个地区的失业状况。个人可支配收入（inco）用每省历年城镇个人平均可支配收入表示，通过消费物质产品以及劳务的数量和质量表现出来，反映了人们对物质、精神享受等方面的满足程度。人力资本（know）在一定程度上可以反映一个地区总体的人力资本的数量和质量，采用每万人拥有大学文化程度表示。

基本医疗保障（medi）用城镇常住人口中参保基本医疗保险的人数除以总城镇人数获得。科教投入（scie）用科学与教育支出占财政支出比重，反映了一个地区的科研和教育投入水平和力度。

二、模型构建

1. 空间相关性检验

在考虑空间建模之前应该先考察所选数据是否有空间依赖性，即是否存在空间相关性，利用莫兰指数（Moran's I）检验空间相关性，其计算公式为：

$$I = \frac{\sum_{i=1}^{n} \sum_{j=1}^{n} w_{ij}(x_i - \bar{x})(x_j - \bar{x})}{s^2 \sum_{i=1}^{n} \sum_{j=1}^{n} w_{ij}} \tag{6.1}$$

其中，s^2 为样本方差，w_{ij} 为空间矩阵权重，采用（0，1）空间邻接矩阵，即 i 区域与 j 区域如果有公共的边界，则定义 w_{ij} 为 1，否则为 0。

表 6-1 为城镇规模、交通基础设施与新型城镇化质量的全局 Moran's I 值，可见三个变量均具有较强的空间正相关性，其中，系数值最小为 0.181，最大为 0.524，可以运用空间计量模型进行空间效应分析。图 6-2 为 Moran's I 趋势图，由图可知，以人为核心的新型城镇化质量 Moran's I 值在 0.2~0.4 之间上下波动，交通基础设施和城镇规模的 Moran's I 值基本稳定在 0.5 和 0.2。

表 6-1   **Moran's I 值**

变量	2003 年	2004 年	2005 年	2006 年	2007 年	2008 年	2009 年
lnurba	0.329 *** (3.249)	0.315 *** (3.140)	0.336 *** (3.346)	0.376 *** (3.696)	0.398 *** (3.893)	0.398 *** (3.885)	0.401 *** (3.922)
lntraf	0.490 *** (4.820)	0.492 *** (4.822)	0.493 *** (4.825)	0.524 *** (5.123)	0.518 *** (5.073)	0.513 *** (5.031)	0.503 *** (4.937)
lnnumb	0.181 ** (1.973)	0.188 ** (2.040)	0.197 ** (2.128)	0.196 ** (2.120)	0.197 ** (2.130)	0.197 ** (2.130)	0.200 ** (2.153)
变量	2010 年	2011 年	2012 年	2013 年	2014 年	2015 年	2016 年
lnurba	0.291 *** (2.952)	0.408 *** (3.986)	0.331 *** (3.306)	0.328 *** (3.281)	0.318 *** (3.179)	0.243 *** (2.527)	0.291 *** (2.982)
lntraf	0.502 *** (4.929)	0.497 *** (4.890)	0.496 *** (4.887)	0.499 *** (4.910)	0.494 *** (4.868)	0.495 *** (4.877)	0.501 *** (4.934)
lnnumb	0.195 ** (2.107)	0.199 ** (2.143)	0.200 ** (2.154)	0.203 ** (2.180)	0.203 ** (2.181)	0.202 ** (2.178)	0.205 ** (2.202)

注：括号里代表 z 统计量，***、** 分别表示在 1%、5% 水平上显著。

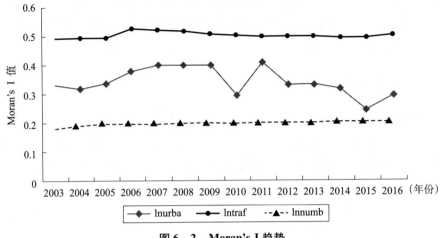

图 6 - 2　Moran's I 趋势

2. 模型设定

空间计量模型的一般形式如下：

$$y_{it} = \tau y_{i,t-1} + \rho w_i' y_t + x_{it}' \beta + d_i' X_t \delta + u_i + \gamma_t + \varepsilon_{it} \qquad (6.2)$$

$$\varepsilon_{it} = \lambda m_i' \varepsilon_t + \upsilon_{it} \qquad (6.3)$$

其中，$y_{i,t-1}$ 为被解释变量的一阶滞后项，$d_i' X_t \delta$ 表示解释变量的空间滞后项，γ_t 代表时间效应，u_i 为个体效应。

通过进一步检验，由表 6 - 2 的 LM 和 R_LM 检验及表 6 - 4 的 Wald 和 LR 检验可知，所用样本数据更适合建立空间杜宾模型。

表 6 - 2　　　　　　　　　　　LM 和 R_LM 检验

	全国	东部	中部	西部
LM_Spatial error	239. 927 ***	39. 069 ***	2. 572	10. 923 ***
R_LM_Spatial error	38. 025 ***	0. 885	2. 598	0. 027
LM_Spatial lag	241. 841 ***	56. 949 ***	9. 788 ***	23. 341 ***
R_LM_Spatial lag	39. 939 ***	18. 765 ***	9. 813 ***	12. 445 ***

注：括号里代表 t 统计量，*** 表示在 1% 水平上显著。

通过构建普通面板模型和空间杜宾模型（SDM）来进行比较分析，模型构建分别如下：

$$lnurba_{it} = \beta_0 + \beta_1 lntraf_{it} + \beta_2 lnnumb_{it} + \beta_3 X_{it} + u_{it} + \varepsilon_{it} \qquad (6.4)$$

其中，β_0 是常数项，β_1 和 β_2 分别为交通基础设施和城镇规模的系数，β_3 为控制变量的系数，$lntraf_{it}$、$lnnumb_{it}$ 和 $lnurba_{it}$ 分别表示交通基础设施、城镇规模和新型城镇化质量，X_{it} 为控制变量，u_{it} 为地区固定效应，ε_{it} 是随机扰动项，变量的下标 it 表示第 i 个地区第 t 年。

$$\ln urba_{it} = c + \rho w_{it} \ln urba_{it} + \beta_1 \ln traf_{it} + \beta_2 \ln numb_{it} + \beta_3 X_{it} + \eta_1 w_{it} \ln traf_{it}$$

$$+ \eta_2 w_{it} \ln numb_{it} + \eta_3 w_{it} X_{it} + u_i + \gamma_t + \varepsilon_{it} \tag{6.5}$$

其中，c 为常数项，ρ 为空间自回归系数，η_1、η_2 和 η_3 分别表示解释变量和控制变量的相关系数，w_{it} 表示空间权重矩阵，u_i 和 γ_t 分别为个体效应和时间效应。

三、数据来源

选取 2003 ~ 2016 年我国 30 个省份（未包括西藏和港澳台地区数据）的面板数据进行研究，数据具体来源于历年《中国统计年鉴》《中国城市统计年鉴》《中国能源统计年鉴》《中国环境年鉴》以及国家统计局分省份年度数据和部分地方统计年鉴，为使数据更加平稳，提高估计的有效性，对所有变量取自然对数，变量的描述性统计如表 6 – 3 所示。

表 6 – 3　　　　　　　　　　变量描述性统计

变量	观测值	平均值	标准差	最小值	最大值
lnqua	420	3. 5697	0. 3033	2. 8034	4. 3330
lnnum	420	7. 4555	0. 7572	5. 3180	8. 9373
lntra	420	− 0. 5182	0. 8492	− 3. 3437	0. 7841
lnwor	420	3. 5187	0. 2671	2. 6781	4. 4284
lnune	420	3. 0025	0. 7120	1. 0473	4. 2766
lninc	420	9. 7153	0. 4959	8. 7842	10. 9628
lndeg	420	3. 5404	0. 5427	1. 8814	4. 5725
lnmir	420	3. 4364	0. 4525	2. 5049	4. 6743
lnser	420	2. 8633	0. 2005	1. 1352	3. 2271

第四节　基准回归结果与分析

表 6 – 4 中（1）、（2）、（3）和（4）列分别表示全国、东部、中部和西部的普通面板回归结果，由 Hausman 检验可知，全国和中部地区适用固定效应模型，东部和西部符合随机效应模型。交通基础设施全国和东部地区的系数分别为 0. 0712 和 0. 2596 且通过了 1% 的显著性检验，中部和西部地区系数一正一负但都没有通过显著性检验。东部地区城镇规模系数为 0. 1735 且通过了 1% 的显著性

检验，全国和其他分区系数为正但没有通过显著性检验。控制变量中个人可支配收入的系数均为负，东部地区人力资本系数为 - 0.0147，中部地区失业人数系数为 0.0881，个人可支配收入系数为 - 0.1200 且均通过了 10% 的显著性检验，这和理论预期相悖，这在一定程度上可以说明虽然实证模型拟合较好，但普通固定或随机效应模型可能存在较大误差，从而导致部分变量回归结果与理论相悖。通过前面的分析，城镇规模的扩大不仅会对本地区产生经济效应，而且还会辐射带动周边地区的城镇化发展，同理，交通基础设施对本地和邻近地区都存在相应的空间效应，因此，从模型（5）开始，为克服这一分析缺陷，进一步加入空间变量进行经验考察。

表 6 - 4 中（5）、（6）、（7）及（8）列分别表示全国、东部、中部及西部的空间杜宾模型回归结果，Hausman 检验结果表明全国、东部和西部接受随机效应的原假设，中部地区接受固定效应的原假设，但从总体回归结果来看，总的空间效应的显著度和影响作用并不理想，并不能判定变量究竟是对区域本身的影响显著还是对周边地区的影响显著，为解决这一问题，接下来运用偏微分效应分解的方法将空间杜宾模型的估计结果分解为直接效应、间接效应和总效应，一定程度上降低了直接使用空间杜宾模型结果进行溢出作用分析所产生的偏差，根据勒沙杰和佩斯（Le Sage & Pace，2009）及李延军（2018）的做法，对空间杜宾模型估计结果运用偏微分效应分解的方法进行效应分解，表 6 - 5 和表 6 - 6 分别为全域层面和分域层面的空间效应分解结果。

表 6 - 4　　　　　　　　　　　　　　基准回归结果

项目	(1)	(2)	(3)	(4)	(5)	(6)	(7)	(8)
	FE	RE	FE	RE	SDM (RE)	SDM (RE)	SDM (FE)	SDM (RE)
lntraf	0.0712 ***	0.2596 ***	0.0760	- 0.0128	0.0124	0.0752 *	- 0.0123	- 0.0282
	(2.77)	(6.66)	(1.44)	(- 0.48)	(0.52)	(1.93)	(- 0.17)	(- 0.71)
lnnumb	0.1229	0.1735 ***	0.2080	0.0931	0.0833 **	0.0914 *	0.1312	0.1243
	(1.15)	(5.32)	(1.30)	(1.18)	(2.14)	(1.72)	(0.95)	(1.50)
lnwork	0.0543	0.5713 ***	0.0738	0.3161 ***	0.1555 ***	0.2491 ***	0.1458	0.2105 ***
	(0.92)	(8.13)	(0.51)	(3.71)	(3.81)	(3.68)	(1.22)	(3.11)
lnunem	- 0.0675 *	- 0.0614 **	0.0881	- 0.0880	- 0.0485 *	- 0.0527	0.0092	- 0.2364 ***
	(- 1.92)	(- 1.97)	(1.41)	(0.303)	(- 1.94)	(- 1.57)	(0.22)	(- 3.64)
lninco	- 0.1232 ***	- 0.1645 ***	- 0.1200 *	- 0.0786	0.3079 ***	0.0505	1.0344 ***	0.5560 ***
	(- 3.23)	(- 3.19)	(- 1.90)	(- 1.57)	(4.57)	(0.57)	(4.90)	(3.19)

续表

项目	（1）	（2）	（3）	（4）	（5）	（6）	（7）	（8）
	FE	RE	FE	RE	SDM（RE）	SDM（RE）	SDM（FE）	SDM（RE）
lnknow	0.1191 ***	−0.0147	0.1030 **	0.0924 **	0.2231 ***	0.1684 ***	0.1215 **	0.3433 ***
	(4.71)	(−0.36)	(2.00)	(2.02)	(7.99)	(4.41)	(1.98)	(5.07)
lnmedi	0.0959 ***	0.0689 *	−0.0768	0.1538 ***	0.1544 ***	0.0760 ***	0.1729 **	0.1836 ***
	(4.24)	(1.75)	(−0.80)	(4.17)	(9.42)	(3.24)	(2.25)	(6.31)
lnscie	0.1277 ***	0.0207	0.3304 ***	0.1369	0.1026 ***	0.0888 ***	0.1919 **	0.1200
	(3.65)	(0.37)	(3.92)	(1.41)	(3.61)	(2.64)	(2.22)	(1.57)
W × lntraf					0.0766 **	−0.0050	0.0363	0.6566
					(2.31)	(−0.11)	(0.26)	(0.68)
W × lnnumb					−0.1003	−0.2337 **	0.3456	0.0782
					(−1.45)	(−2.47)	(1.32)	(1.32)
W × lnwork					−0.3280 ***	−0.2657 **	0.5834 **	0.0462
					(−3.56)	(−2.05)	(2.56)	(0.24)
W × lnunem					0.0740	0.0850	0.1072	−0.0722
					(1.30)	(1.40)	(1.05)	(−0.53)
W × lninco					−0.2776 ***	0.0055	−0.6243	−0.1156
					(−3.98)	(0.05)	(−1.44)	(−0.65)
W × lnknow					−0.2583 ***	−0.1451 ***	0.0260	−0.6041 ***
					(−6.71)	(−2.99)	(0.20)	(−3.22)
W × lnmedi					−0.1377 ***	−0.1209 ***	−0.1044	−0.3199 ***
					(−4.53)	(−4.71)	(−0.98)	(−3.63)
W × lnscie					0.0066	0.0216	0.0818	−0.1413 ***
					(0.14)	(0.42)	(0.52)	(−2.58)
Rho					0.5868 ***	0.4305 ***	−0.1857 *	0.5385 ***
R − sq	0.4809	0.7574	0.0182	0.5804	0.6721	0.7767	0.2434	0.5393
Hausman	153.55 ***	−31.54	53.53 ***	11.53	8.17	3.61	14.95 *	1.08
Wald test spatial lag					145.07 ***	75.07 ***	45.39 ***	53.67 ***
LR test spatial lag					19.68 **	14.13 *	28.70 ***	7.00
Wald test spatial err					53.00 ***	37.21 ***	27.22 ***	22.87 ***
LR test spatial err					20.05 **	14.12 *	25.92 ***	7.99

注：括号里代表 t 或 z 统计量，***、** 和 * 分别表示在 1%、5% 和 10% 水平上显著。

表 6 – 5　　　　　　　　　　　全域层面的空间效应分解

变量	直接效应	间接效应	总效应
lntraf	0.0304 (1.29)	0.1898 *** (3.14)	0.2203 *** (3.54)
lnnumb	0.0700 (1.61)	− 0.1284 (− 0.81)	− 0.0583 (− 0.31)
lnwork	0.1136 ** (2.29)	− 0.5101 ** (− 2.21)	− 0.3964 (− 1.49)
lnunem	− 0.0395 (− 1.35)	0.0966 (0.77)	0.0570 (0.39)
lninco	0.2892 *** (4.82)	− 0.2142 ** (− 2.40)	0.0749 (0.89)
lnknow	0.1983 *** (7.69)	− 0.2888 *** (− 4.42)	− 0.0904 (− 1.40)
lnmedi	0.1451 *** (7.35)	− 0.1026 (− 1.41)	0.0424 (0.49)
lnscie	0.1160 *** (4.11)	0.1524 * (1.75)	0.2685 *** (2.73)

注：括号里代表 z 统计量，*** 、** 和 * 分别表示在 1% 、5% 和 10% 水平上显著。

表 6 – 6　　　　　　　　　　　分域层面的空间效应分解

变量	东部			中部			西部		
	直接效应	间接效应	总效应	直接效应	间接效应	总效应	直接效应	间接效应	总效应
lntraf	0.0833 ** (2.22)	0.0449 (0.449)	0.1283 * (2.01)	− 0.0129 (− 0.18)	0.0424 (0.34)	0.0294 (0.18)	− 0.0117 (− 0.29)	0.1301 (1.33)	0.1184 (1.08)
lnnumb	0.0437 (0.64)	− 0.3032 * (− 1.92)	− 0.2594 (− 1.20)	0.1047 (0.74)	0.2995 (1.22)	0.4043 * (1.70)	0.1413 (1.28)	0.1829 (0.46)	0.3242 (0.66)
lnwork	0.2195 *** (2.81)	− 0.2336 (− 1.13)	− 0.0141 (− 0.05)	0.1201 (1.09)	0.5002 ** (2.53)	0.6203 ** (2.51)	0.2277 *** (2.62)	0.0941 (0.32)	0.3219 (0.88)
lnunem	− 0.0375 (− 0.92)	0.0946 (0.99)	0.0571 (0.45)	0.0021 (0.05)	0.1033 (1.07)	0.1054 (0.98)	− 0.2890 *** (− 3.30)	− 0.4602 (− 1.34)	− 0.7492 (− 1.80)
lninco	0.0571 (0.76)	0.0419 (0.33)	0.0990 (0.86)	1.0891 *** (5.61)	− 0.7264 * (− 1.75)	0.3627 (0.73)	0.4899 *** (3.12)	− 0.5848 ** (− 2.43)	− 0.0948 (− 0.41)
lnknow	0.1520 *** (4.65)	− 0.1166 ** (− 2.06)	0.0353 (0.69)	0.1232 ** (2.06)	0.0036 (0.03)	0.1269 (0.87)	0.3147 *** (4.98)	− 0.2766 ** (− 2.05)	0.0381 (0.27)
lnmedi	0.0556 ** (1.98)	− 0.1335 *** (− 2.94)	− 0.0778 (− 1.15)	0.1836 ** (2.20)	− 0.1295 (− 1.27)	0.0540 (0.63)	0.1745 *** (4.75)	− 0.0772 (− 0.68)	0.0972 (0.70)
lnscie	0.1026 *** (2.98)	0.0927 (1.27)	0.1953 * (2.14)	0.1896 ** (2.38)	0.5522 (0.37)	0.2449 (1.40)	0.1408 * (1.71)	0.1843 (0.88)	0.3252 (0.210)

注：括号里代表 z 统计量，*** 、** 和 * 分别表示在 1% 、5% 和 10% 水平上显著。

第五节　空间效应分解结果与分析

理论上，交通基础设施既会产生直接作用也会产生空间交互作用力，根据表 6-5 效应分解结果，全域效应分解表示本地交通基础设施的直接效应系数为 0.0304，但没有通过显著性检验，间接效应系数为 0.1898，并通过了 1% 的显著性检验。显然，本地效应不明显，交通基础设施的发展对本地新型城镇的影响并不明显，体现出更多的则是间接效应，交通基础设施发展提升了区域可达性，体现出较强的空间集聚效应，从而加快了产业和要素在全域层面的流动。从城镇规模来看，其直接效应系数为 0.0700，间接效应为 -0.1284，表明城镇规模的直接效应较小，间接效应较大，但都没有通过显著性检验，城镇规模的直接效应不明显，且对比普通面板回归结果，后者存在高估现象，这也验证了有关学者的研究结论（周慧等，2016）。在考虑空间因素后，个人可支配收入的直接效应系数为 0.2892，间接效应系数为 -0.2142，第三产业从业人员占比直接效应系数为 0.1136，间接效应为 -0.5101，且全部通过了 5% 水平下的显著性检验，这说明，个人可支配收入的提高对本地城镇化的发展有较大的推动作用，同样，第三产业从业人数一定程度上代表了一个地区第三产业发展的状况，第三产业的发展有利于推动更多的劳动力转移；反之，邻地收入的增加和第三产业的发展对本地城镇化有较大的负作用，主要表现在对周边地区的劳动力有着较大的"虹吸"作用，出现劳动力向经济发达和城镇化发展较好的区域转移的现象。人力资本的直接和间接效应系数分别为 0.1983、-0.2888，城镇基本医疗保障的系数分别为 0.1451、-0.1026，科教投入为 0.1160、0.1524，除基本医疗保障的间接效应系数没有通过显著性检验，其他系数均通过了至少在 10% 水平下的显著性检验，人力资本的间接效应大于直接效应，基本医疗保障虽有间接效应但不显著，科教投入直接和间接效应均为正，这表明科教投入的增加对本地和邻地城镇化的发展都有一定的正向促进作用。失业人数直接效应系数为负，失业人数的减少有利于城镇化的发展，其间接效应为正但也不显著。

考虑到区域异质性，进行了东中西各地区的分域空间效应回归分析，如表 6-6 所示。从东部地区效应分解来看，交通基础设施的直接效应系数为 0.0833，并通过了 5% 水平下的显著性检验，间接效应系数为 0.0449，但不显著，对于东部来说，交通基础设施的直接效应较为明显，交通基础设施的发展创造了就业，增加了居民的收入，刺激了居民消费，能对新型城镇化质量的提升作出贡献。东部交通基础设施的间接效应较弱，空间集聚效应在慢慢减弱，主要表现：一是东部地区经济发展较快，在前期快速发展的过程中吸纳了较为丰裕的要素和资源，城镇规模不断扩大，基础设施建设等方面日益发展完善，后期吸纳能力慢慢减弱，要素和资源向东部的集聚也日益趋缓；二是东部地区高产值产业发展更多地趋向于高精尖端，这部分产业的发展需要具备高等知识水平的职业技能劳动力，劳动力需求门槛较高且需求量小，高门槛和高要求使得这些产业对其他普通劳动力吸引力下降。城镇规模直接效应系数为 0.0437，但不显著，间接效应系数为 −0.3032，并在 10% 水平下通过了显著性检验，这表明东部地区城镇规模整体趋于饱和状态，规模收益曲线不断趋向平缓，甚至出现收益递减，规模经济效应日益减弱。对东部影响较大的是城镇规模的间接效应，也即东部地区以外的地区城镇规模的扩大会对东部产生较大的负向影响，主要表现在东部地区城镇规模普遍较大，规模经济和"虹吸"效应较大，但也伴随较强的拥挤效应。前期虹吸作用较大，经济的较快发展吸引较多的劳动力和资源向东部集聚，要素向城镇的持续性集聚使得城镇规模不断增大，规模经济呈现收益式递增，当城镇规模增大到一定的程度时规模经济出现边际收益递减，拥挤效应大于规模经济，交通、环境状况变差，通勤成本增加，物价上涨以及劳动力成本增高，城镇生活成本增加。此时，由于中部地区城镇的拥挤程度较小，较为完善的城市功能和较优的城镇规模对东部地区劳动力产生一定的吸引力，导致部分劳动力更愿意选择在基础设施建设良好、生产生活压力相对较小及成本较低的中部地区的部分城镇生活。中部和西部地区交通基础设施的直接效应系数分别为 −0.0129、−0.0117，间接效应系数为 0.0424 和 0.1301，但均未通过显著性检验，可能的原因是中西部人口密度低的地区存在交通基础设施的过度建设，从而导致交通资源利用效率不高，甚至闲置和浪费，致使其未能充分发挥出交通基础设施的效应，对中西部地区发展城镇化产生了一定的抑制作用，致使直接效应不明显，这一结果和相关学者得出的结论类似（王佳，2016）。另外，交通基础设施的发展提升了区域可达性，正向来说加快了地区的交流与合作，但从实际发展来看，负向表现更明显，可达性的提升加剧了区域要素和资源流向富裕区，在前期发展中，中西部所拥有的要素和资源在东部快速发展的过程中不断流向东部地区，本地要素和资源流失严重，负集聚效应增强，从而使得中西部地区进一步丧失城镇化发展的有利条件。但随着人口红利优势的减弱以及产业转移的发展，部分要素和资源也慢慢向中西部集聚，从而使得中西部地区表现出一定的集聚效应。中西部地区城镇规模的直接和间接效应系数均为正，但未通过显著性检验，这也说明中西部地区城镇规模还普遍较小，虽然有一定的规模经济，但不明显，主要表现在中西部地区省会城市存在"一城独大"的现象，虽然可以通过先富带后富来整体推动区域性富裕，但从现有的经验来看，"一城独大"式的先富带后富对区域性富裕的效果并不明显，反而导致要素和资源过度集中，城乡一体化和区域内发展差异化更大，区域差异更为严重，从而使得中西部地区看似有"大城市"，实则对提升城镇化质量的贡献并不理想，"空城""睡城"现象严重。第三产业从业人员、失业人数以及个人可支配收入对西部地区的影响较为明显，对东中部地区影响较小，基本医疗保障的发展均有利于当地新型城镇化质量的提高。人力资本和科教投入对城镇化发展均有着正向的促进作用，其中，中西部地区系数较大，效应更为明显，提高人力资本和增加科教投入更有利于中西部地区新型城镇化高质量发展。

本章小结与启示

本章基于我国的省级面板数据，理论分析了交通基础设施、城镇规模与新型城镇化质量之间的作用机理，实证检验了三者之间的空间效应，研究发现，第一，交通基础设施、城镇规模与新型城镇化质量之间存在显著的空间自相关性，且整体表现为正的空间溢出效应。第二，运用偏微分效应分解的方法将空间杜宾模型的估计结果分解为直接效应、间接效应和总效应，在一定程度上降低了直接使用空间杜宾模型结果进行溢出作用分析所产生的偏差。结果显示，我国交通基础设施的本地效应不明显，更多的则是空间溢出效应，城镇规模的直接效应较小，负向间接效应较大。同时发现，在忽略空间溢出作用的情况下，模型对研究对象的估计存在系数高估的现象。第三，空间效应的区域异质性明显，东部交通基础设施表现出较强的直接效应，但间接效应不明显，其系数高于中西部地区，直接效应一定程度上制约着中西部城镇化发展，中西部地区由于交通基础设施利用率较低问题，从而对新型城镇化质量产生一定的负向作用。东部地区城镇规模的直接效应不明显，规模经济处于边际收益递减阶段，同时伴随着较高程度的拥挤效应，从而更易受中部地区城镇化的空间冲击性交互作用，中西部处于边际收益递增阶段，城镇化规模化发展向中西部地区延展的迹象已然出现。第四，第三产业从业人员、失业人数以及个人可支配收入对西部地区的影响较为明显，对东中部地区影响较小，基本医疗保障的发展均有利于当地新型城镇化质量的提高。人力资本和科教投入对于新型城镇化的发展均具有较大的正向推动作用，中西部地区人力资本的提高和科教投入的增加所产生的溢出效应更大。针对研究得到的结果，本章提出以下对策建议。

第一，东部地区交通基础设施较为完善，区域内可达性和集聚程度较高，在区域内发展的同时侧重区域间的合作发展，加强交通基础设施的共建共通、互联互通。区域间增加铁路发展的研发投入，推动铁路系统的创新发展，在铁路提速的同时注重质量的保障，做到效率和质量并重；区域内打造"铁路市市通、铁路县县通、公路村村通"的交通发展格局，推进"市—县—村"交通网络一体化发展。最终打造高密度、高效率、高质量的互联互通交通网，推动交通高质量发展，从而进一步促进城市群的发展，推动区域一体化和新型城镇化均衡式、高质量发展。对于规模特大的城镇，应完善城镇内部交通基础设施以缓解拥挤。对于规模较小的城镇，一方面政府应给予一定的政策支持，如购房优惠、免费落户等政策；另一方面大城要通过要素和产业转移辐射带动小城发展。同时，促进基础性产业优化升级，增加工业附加产值，提高劳动力福利水平，从而进一步增强小城发展，吸引更多人口定居，最终形成"大城带小城，小城变大城，大城连成群"的新型城镇化发展模式，通过交通和城镇规模的交互性发展，进一步推动东部地区新型城镇化高质量发展。

第二，中部地区应通过"主内辅外"，侧重区域内交通均衡性发展，完善市县级基础交通，做到基础性交通交互发展，推动区域内要素和资源均衡流动，缩小区域内发展差异化；对外加强与东部地区的交流，兼顾和西部地区的合作，充分发挥承东启西、贯通南北的衔接作用。同时，兼顾交通基础设施区域一体化建设，不断推进铁路升级改造，并重高速铁路的发展建设，同时完善和升级公路建设，促进要素加速流动，提升区域间可达性，进一步提高吸纳资本和产业以及人口集聚的能力，增强集聚效应。通过区域内和区域间的交互式协调发展，整体提高中部地区的交通运输效率，进一步为推动中部城市群崛起式的新型城镇化的发展而服务。充分利用空间集聚的优势，完善城镇基础设施建设，提高人居质量水平，合理利用人口转移的优势，配合人才发展战略，减缓要素和资源的流出，同时，培植有较强吸引力的产业链，通过提高工资、完善社会保障制度以及提高社会福利水平以吸引更多劳动力到中部地区就业居住。适当扩大城镇规模，进一步发挥城镇的规模经济效应，同时规避"一城独大"的极化城镇发展模式，要推进大中小城镇均衡发展，通过交流与合作推动区域性城市群的建设，形成由

"点"到"线"、由"线"到"面"的城市群式的新型城镇化发展模式，同时，增加科教投入，培养高素质创新型人才，培育创新发展新动能，为中部新型城镇化健康发展注入新动力。

第三，西部地区地域广阔，人口分散，交通基础设施无法形成高效供给，应通过推动人口规模化集聚，对于居住在地广人稀的居民鼓励其向人口集聚区域流动，提高交通供给的质量和效应。同时，推动交通基础设施供给侧结构性改革，按照交通基础设施建设标准因地制宜修建公路、铁路等，避免出现无效供给，注重其发展质量；通过升级改造和完善交通基础设施，提升可达性，加快要素流动，加强地区间的交流合作，充分发挥交通基础设施的传输效应。利用好"一带一路"以及西部大开发等政策优势，推动"五通"发展，利用知识、人才、产业转移、基础设施以及可持续发展战略优势，加大招商引资力度。同时，借助政策平台大力发展对外贸易，承接绿色和持续性良好的产业转移，优化产业结构，推动产业转型升级；加强与发达地区的交流学习，学习东中部区域先进发展经验，先模仿后创新，激发西部地区发展的内生动力；合理扩大城镇规模，通过完善城镇基础设施，提高城镇化发展水平和质量，为劳动力提供宜业宜居的生活环境，推动西部地区以人为核心的新型城镇化高质量发展。

第七章　以人为核心的新型城镇化
高质量发展路径

以人为核心的新型城镇化是对传统城镇化的校正和优化，是以质量提升与改善民生为要旨，关键在于将人在城镇化进程中的核心地位落到实处，重在体制机制创新，强调有效市场与有为政府的二元驱动，通过不断破除体制机制藩篱，激发要素创新活力，提高资源配置效率，从而推动城乡一体化发展。因此，在路径选择上应避免传统城镇化规模和数量观的发展道路，要着重突出高质量发展的主旋律，重构以人为核心的新型城镇化路径。本章主要从创新驱动发展路径、要素优化配置路径、空间集聚化引领路径、区域协调发展路径、因地制宜发展路径等五个方面重构以人为核心的新型城镇化发展路径，进而明确以人为核心的新型城镇化建设的着力点和推进方向，助力新时代城镇化高质量发展。

第一节　创新驱动发展路径

一、制度创新

制度创新是现有制度或经济组织形式不能促进经济社会发展，创新者主动变更制度规则的行为（文魁，2013），旨在激发人们的创造性和积极性，不断优化资源配置，最终推动社会发展与进步。大量实践证明良好的制度环境是技术创新的重要前提，如知识产权保护制度、专利制度和产权制度等对技术进步具有决定性作用。城镇是创新主体的集聚地，也是创新的主战场，以人为核心的新型城镇化是对传统城镇化的校正与优化，是对原有城乡二元结构桎梏的突破，除城镇规模不断扩大和城镇人口不断增多之外，更加注重以人为核心，将人在城镇化过程中的幸福感、获得感和满意度等对美好生活的追求作为新型城镇化建设的重要目标。所以，城镇人口就业、教育、医疗卫生和社会保障等就成为新型城镇化建设的重点内容，是以人为核心的集中体现。我国城镇化发展至今，农村人口市民化不断推进，城镇基础设施建设不断增强，产业结构不断优化，城镇化率显著提高，但与之匹配的土地制度、户籍制度以及社会保障制度等却没有跟上城镇化的快速发展。推进相关制度创新不仅可以降低城镇化的发展成本，提升城镇建设的组织效率，而且可以防止"城镇空心化""过度城市化"等问题，有效保障农村人口市民化后的生活质量。因此，以制度创新推动以人为核心的新型城镇化主要可以从土地制度、户籍制度和社会保障制度创新三条路径切入。

（一）土地制度创新

城镇化与工业化快速发展产生大量城镇就业需求（夏柱智，2014），随着农村劳动力不断向城市转移，造成大量农业用地的闲置，主要原因是长期以来土地市场不健全，产权结构不明晰。同时，城镇化建设需要以土地为基础，但土地只能由地方政府供给，阻碍了市场力量对土地要素进行配置，造成土地财政以及土地要素供需不均衡问题（盖国强，2007）。推动土地产权制度改革，建立高效有序的土地市场，将土地要素使用权等以市场的方式进行配置，将农民土地使用产权以法律形式确立，明确各项权利内容和主体，确保土地要素可以在市场中自由流动，并为农民带来产权收益，这不仅是农村人口市民化的重要经济基础，也是农民市民化后的收入来源之一，有助于推动农民工市民化进程（黄佩红，2018）。第一，进一步明确产权，奠定土地制度创新基础。产权明确是推进土地制度创新的保障，土地制度所涉及的权利主要有农村集体所有权、集体建设用地使用权、房屋所有权以及农村土地承包经营权等，其中，农村集体土地所有权、宅基地使用权和集体建设用地使用权是土地确权中的三权，也是土地权利制度权力的核心内容。为实现土地确权，政府应对土地产权主体与客体进行界定，消除不确定因素，为土地所有者提供土地权利证书，并让该证书在交易市场与政府机构得到认可，确保在法律上厘清土地权利和责任，突破土地在市场流动的障碍。第二，建立统一、公平、透明、高效的土地权利交易平台，该平台要应用现代化企业管理体系，保障土地权利交易主体充分了解交易信息，实现土地产权交易的现代化。第三，建立土地权利交易市场的风险管理机构，降低交易风险。建立如保险公司、担保公司等相对完善的风险管理机构来降低和转移违约和市场波动风险，提升土地产权交易的积极性。

（二）户籍制度创新

户籍制度是我国特定历史阶段城镇化过程中的特殊制度设计，在特定历史环境具有特定意义，但随着经济发展和城镇化进入新的发展阶段，户籍制度弊端日益凸显，进城的农村户籍人口难以享受城镇居民相等的福利待遇，农村人口市民化受到户籍制度的限制（傅晨，2014）。户籍制度改革的核心在于消除因户籍不同而带来的社会福利、公共服务的不均衡分配，从根本上推动户籍制度改革需要建立完善的公共基础设施和社会福利分配体系（孙文凯，2017）。因此，以户籍制度创新为突破口，推动城乡一体化进程，促进以人为核心的新型城镇化高质量发展需从以下方面着手：第一，尽快突破户籍制度藩篱，打破城市与农村之间地域、制度、政策等公共权利壁垒，使城乡居民在教育医疗、公共福利、社会保障、就业机会等民生领域享有同等权益。第二，因地制宜、因时制宜加大对中小城市公共服务产品的投资力度，同时缓解"大城市病"和"小城市病"，加强产业培育和提供充足就业岗位，促进要素在城乡之间的快速高效流动，增强城乡公共服务供给及其均等化发展，破解城乡二元结构。第三，进一步推动实施差别化落户政策，兼顾户籍转变的效率与公平，针对不同城市规模和城市吸纳能力施行差异化的城市落户政策，实施公开透明的市民化动态管理措施，推动落户人口身份转换，保障差别化落户的公平性和高效性。第四，健全城乡人口管理体系，完善进城农民居住证制度，保障进城务工人员在医疗、教育等公共服务的权益，为务工人员较快市民化奠定前期经济与社会基础。第五，减小城乡户籍权益差异，推动城乡户籍权益均等化，依据城市规模和经济基础，进一步提升中小城市基础设施建设力度，促进中小城市产业结构升级与经济发展转型。

（三）社会保障制度创新

社会保障城乡差距严重，农村的社会保障力度欠缺，城市与农村的社会保障制度相互隔离，两者没有建立完善的过渡机制，存在制度断层（周爱民，2019）。农村社会保障制度水平较低，尽管已经形成较为系统的基本保障，但保障力度和水平还有很大的提升空间。因此，新型城镇化建设过程中需要建立全国性的社会保障基金网络，消除因流动性导致的保障中断。协调城乡社会保障制度，实现城乡社保的无障碍转换，打通农村人口市民化的社会保障通道。社会保障制度创新需从以下方面切入：第一，构建综合覆盖城乡的社会保障体系，缩减城乡社会保障的差距，以统一的社会保障体系为基础，以保障城乡居民的基本生活作为底线，统筹协调各地区现有的经济发展差距，为各类生产生活人员提供社会保障。第二，加快养老保险建设速度，增强社会保障对不同群体的针对性，进一步增强农村居民的养老保险制度建设，积极探索城乡养老保险之间的转变途径，推进农村新型养老保险制度发展，扩大新型农村养老保险的覆盖范围，完善原有养老保险和新型养老保险的转换机制。第三，对农民工制定相应的养老保险制度，针对其不同的收入实施养老保险缴费比例，全面实施企业为农民工缴纳养老保险政策。第四，增强社会保障制度中网络服务占比，提高社会保障服务的效率和灵活性，将网络化管理贯穿到社会保障体系的资金缴纳、信息交流、监督管理以及保障提供等各个方面，满足社会保障服务的信息化需求。

二、政府职能创新

新型城镇化发展需要政府与市场的共同推动，核心在于正确处理政府与市场的关系，明确界定政府与市场的边界，充分发挥政府的宏观调控和市场的优化资源配置作用。政府和市场作为经济发展中的重要参与者，两者并非对立而是协调互补的关系，因此，正确处理政府与市场的关系，避免现实中的"市场失灵"或"政府失效"问题，关键在于界定政府在市场中的职能，深入推进市场化改革，减少政府对资源的直接配置，发挥市场主导作用，政府职能的转变与创新对激发市场活力、推动新型城镇化发展具有重要意义（胡象明，2014），也是建设中国特色社会主义市场经济和国家治理体系的必然要求，实现政府职能转变，推进城镇化高质量发展，需要从政府与市场关系、中央与地方政府以及政府组织结构等多方面推进新型城镇化路径优化。第一，协调政府与市场关系，发挥市场的资源配置功能。从政务、商业和社会等多方面对政府与市场的权责进行划分，界定政府与市场作用的边界，构建政府宏观调控、市场微观配置的共同作用机制（胡扬名，2013）。进一步划分中央与地方权力与责任，从整体宏观角度规划和推进城镇建设。政府通过法律法规的配套以及合理的监督为市场经济提供公平有序的市场环境，保证市场对资源配置的决定性作用。在城镇化过程中限制地方政府对城镇建设的不合理干预，让市场决定城镇化发展方向和模式，实现城镇化高质量发展。第二，优化政府组织结构，转变行政服务理念，提高各级政府联动运行效率，优化政府部门协调机制和工作流程，采取现代化企业架构方式，优化精简组织机构，避免出现人浮于事的臃肿政府机构，提升工作效率，降低企业在申请、审批等流程中的时间成本，明确划分部门之间的权责，加强部门协调，打破部门间的行政事务壁垒。第三，进一步完善中央与地方财政体制，科学支持城镇化发展。深化分税制财政体制改革，破解地方政府的财政困局，均衡中央和地方的财权与事权，保障地方政府对城镇化建设的财政支出，减轻地方政府部门对土地财政的依赖。完善财政分权体制，提高中央对地方的财权与事权分配的合理性，抑制地方政府对经济增长的过度热衷，加强地方政府对地区就业、教育、医疗、社保等民生项目的关注，并提升财政支持力度。

三、城市管理创新

城市管理实质是为城镇居民服务，重点在于更加高效地保证和提升城镇居民的生活质量，是提高以人为核心的新型城镇化质量的关键环节（刘建平，2003）。城市管理创新是管理模式、管理主体以及管理理念的转变，以满足城镇居民需求为核心，尊重居民意愿，提升社会资源整合能力，保障公共秩序，提高社会治理能力和社会抗风险能力，解决社会矛盾，为居民生活带来便利。传统城市治理中政府作为主要管理方，城市居民较少参与到城镇管理活动中（朱广黔，2013）。政府管理的优势在于诸多城镇事务与政府部门直接衔接，有助于提升管理效率，但过多的社会性事务由政府部门承担难以充分切合城市居民的实际需要，导致城市管理创新缺乏动力（李敢，2013）。因此，第一，改变城市管理的传统观念，确定管理工作以服务城镇居民为核心的原则，同时，城镇居民也需要突破被管理的思维桎梏，主动参与城镇管理，提升城镇管理效率和水平。第二，明晰管理的权利与责任，明确管理部门的职责与权限，落实管理模式的法律法规，并及时拨付管理工作所需要的资金，制定可行的考核机制，激发管理工作的积极性和创造性。第三，推进管理方式方法的现代化转变，提升管理效率，推进城镇管理方法与手段与时俱进，加强大数据、互联网、物联网等信息化手段在管理工作中的使用，从城镇居民便利角度出发，减少管理中的烦琐环节，推进管理创新。

第二节 要素优化配置发展路径

一、提高资本要素使用效率

资本要素是生产环节的基本要素之一（陈汝影，2020），是扩大再生产的基本前提，在经济发展中占有极重要的地位，不仅直接作用于经济增长，而且多方面间接影响经济增长。城镇化作为经济发展的重要组成部分，也在很大程度上受资本要素的影响。新型城镇化是一项长期和艰巨的复杂工程，涉及农业人口向城镇的转移、产业结构的调整、城市基础设施建设和公共服务水平提高等诸多问题，解决这些问题需要大量资金的投入和科学有效配置。城镇化建设过程中对资本要素的供给和需求上存在不对称情况（郭磊磊，2018），城镇化发展资金需求巨大，相应的投融资体系不能局限于政府的财政支持，还需要增加市场在资本要素配置中的作用，构建市场化、多元化的投融资体系。我国城镇化建设从传统城镇化向新型城镇化转变，更加注重以人为核心这一理念，对资本要素的供求体系提出了更高的要求。

第一，加快财税制度改革，加强政府债务风险管理，稳定和发挥政府财政在城镇化建设中的支撑作用。城镇化资金需求主要来自政府财政，并且随着城镇化率的上升而不断增加，各地方政府的财政能力不同，对城镇化的资金支持存在较大差异，一定程度上扩大了城镇化的地区不均衡。同时，地方政府对城镇化的资金支持在整体上的增长速度呈下降的趋势，这与城镇化率的增长趋势矛盾，使得新型城镇化的资金供求缺口逐年扩大（潘冬，2014）。要进一步加快财税制度改革，加强税收税种的合理化，拓展地方政府财政收入来源，加强债务的风险管理，控制债务增量，发挥政府财政对新型城镇化建设的支撑作用，增加民间资本在城镇化建设资金中的份额，让民间资本发挥作用，促进城镇化建设投融资方式向多元化、结构优化、均衡发展的方向转变，降低地方政府的财政压力。

第二，实现投融资方式的转变，构建多元化的高效城镇化建设投融资体系。城镇建设资金需求多元化，供给方式单一（徐至寒，2016），投资主体单一、融资方式简单与多元化的资金需求相矛盾限制了城镇化发展。因此，需要转变财政资金的运行方式，增加财政补助、信贷贴息等手段，增强对其他资金的吸引力，扩大城镇化建设的资金来源。积极探索银行、信托、租赁、担保等多方位的投融资方式，优化投融资生态环境，促进投融资多元化发展（赵莎莎，2019）。注重投融资管理的创新，提高投融资效率，施行适合城镇化建设的资金管理措施。加强对城镇化融资风险的管理和控制，优化劳资结构，降低融资成本，提高新型城镇化建设的融资效率。构建多元化投融资体系，降低政府财政的投入比例，增强城镇化建设的资金保障。

第三，完善资本市场，优化资本配置。民间资本在多元化资金中具有潜力大和流动性高的特点，但长期以来，在城镇化建设的投融资项目中，民间资本会面临较多的"玻璃门"，即进入该行业的无形壁垒（陈罗俊，2012），受限于城镇化资本要素供求体系，民间资本在新型城镇化建设资金中比例较小，地方政府为弥补财政和集聚资金，较多地发展土地财政，以政府为主导的投融资体系对民间资本产生了较大的挤出效应。因此，一是营造良好投融资环境，提高民间资本进入城镇化建设的积极性，降低行业进入壁垒抑制，增加民间资本在新型城镇化建设中占比。二是资本密集型、劳动密集型、技术密集型等城镇建设项目应该采用差异化的资本配置方式，提高资本利用率。三是加强对地方政府在新型城镇化建设中的职能和权限界定，坚持地方政府财力与事权相匹配的原则，政府财政的重点应该面向公共服务领域，减少在生产领域的投资。四是在国有资本占有垄断地位的行业，引进和培育多元竞争机制，加快市场化进程，打破原有垄断形势，提高资本使用效率。

二、增强劳动力要素自由化流动

劳动力是经济增长的源泉之一，农村劳动力转移是发展中国家城镇化水平提高的主要来源，也是我国城镇化水平提高的重要途径（肖磊，2020）。随着城镇化的不断发展，我国农村劳动力数量占劳动力总数的比例呈稳定的下降趋势，但仍然占有较大的比例。农村劳动力在流动过程中很大程度上受到制度的约束，并且与之相关的劳动力市场信息不对称也是影响劳动力流动的重要因素，需要进一步发挥劳动力对新型城镇化建设的推动作用（吴又红，2019）。要实现这一目标，关键在于促进外来劳动力的市民化，在制度上进行相应的改革，减少劳动力在城乡地区间自由流动的阻碍。第一，进一步完善社会保障制度，调整和改革社会保障制度、户籍管理制度和土地政策，提高对外来劳动力的保障水平，打破城乡间的无形壁垒，在教育、医疗等方面减少对非本地城镇户籍的差别对待，减少劳动力流动的阻碍，让农民工真正融入城市，积极制定和完善其他各项配套政策和措施，均衡配置社会资源，平等覆盖公共服务，着力提高对农民工劳动权益的全面保护。第二，加大对农村教育和培训的财政支出力度，提高农村劳动力的受教育水平。增加对农村劳动力的定期不定期培训，提高其职业技能。增加对农村教育资源的投入，减少城乡教育差距，提高农村整体受教育程度，促进农村劳动力向城镇流动，这也是稳步提升城镇化的有效措施。第三，增强城乡劳动力市场信息化建设。大量农村剩余劳动力向城镇转移，受自身技能限制（石先进，2019），就业行业主要集中于建筑业和制造业等劳动强度大、工作时间长、薪酬水平低的行业，因此，需要增强农村转移劳动力就业领域和行业的多样性。逐步构建覆盖面广、信息真实、功能齐全、运作高效的农民工人力资源信息服务平台，将政府信息、企业信息、农民工信息等构建为统一的信息整体，实现劳动力需求与农民工劳动力供给的高效对接，同时，为农民工体制内维权提供依据与便捷通道。

三、提升土地资源利用效率

土地资源的高效配置和土地市场的功能完善对发挥土地价值和促进我国城镇化发展具有重要意义。在政策允许的条件下土地以一种特殊商品进入市场，通过市场化的价格机制、供求机制和竞争机制来实现土地要素的效用最大化配置。土地市场中，供给方和需求方以价格和需求作为筹码进行博弈，最终达到供求的均衡（郑振源，2019）。我国城市土地市场化进程发展迅速，但是仍然存在土地资源配置效率低下、土地产权主体缺位、政府治理缺失等问题，阻碍了城市土地市场效率的提升。如何发挥土地市场对土地资源的优化配置作用，将会对我国城镇化发展进程与发展质量产生至关重要的影响。土地市场效率是土地市场发展状况的综合表征，也是土地市场推动城镇化发展的重要突破口。第一，降低土地财政依赖度，界定土地市场发展方向。提高土地市场化程度，限制行政在土地要素流动中的影响力，提升土地市场配置效率。进一步明晰中央与地方的财政权，推进中央转移支付的结构优化，加快财税体制改革。推动地方产业合理化发展，以新兴优势产业替代落后产业，增加地方政府财政收入，减少地方政府对土地财政的依赖。改变原有观念，降低 GDP 在政绩考核中的地位，建立产业发展、生态环境、民生等多维综合考核体系，破解政治"锦标赛"机制。第二，加快土地市场化改革，构建土地市场管理体系。深化农村产权制度改革与农村土地制度改革，加快构建城乡统一的土地市场。探索农村集体经营性建设用地入市的科学途径，盘活农村土地资本，增强乡村发展动力与活力的同时，拓宽土地入市渠道，优化土地市场供给结构。培育土地市场参与主体（许经勇，2016），加快培育土地二级市场，放宽土地交易门槛，遏制资本深化对土地市场秩序的不良扰动，降低企业用地成本，提升土地利用效率，做大土地价值，夯实城乡融合发展的土地贡献基础。第三，推动土地市场化与农村人口市民化的紧密联系。界定农村人口土地使用权责，保障土地市场化过程中农村人口的土地权益，降低农村人口市民化的成本与风险（韩翰，2016）。保证土地要素的公平有序流动，降低农村人口市民化门槛，推进农村人口市民化，助推新型城镇化发展。

四、提升公共服务供给能力与效率

新型城镇化的核心是以人为本，强调城镇化建设过程中，保证居民的生活质量和生活满意度，公共服务供给对新型城镇化建设具有重要影响作用。公共服务包括的领域较广，公共教育、基本医疗、社保、公共安全、国防、就业保障、生态环境建设以及基础设施建设等均属于公共服务的范畴，其中，医疗、教育和社保是居民基本生活的保障，而基础设施和生态环境等是城镇化过程中居民生活质量和幸福感的重要环节（郭世芹，2018）。我国城镇化发展速度较快，公共服务供给水平明显提升，但受地区经济差距影响，公共服务供给也存在很大的区域不均等现象。同时，公共财政支出是公共服务供给的保障，供给水平也需要与城镇综合发展水平相适应，两者存在相互制约与促进的内在关系（蒋三庚，2019），因此，加快新型城镇化建设需要注重公共服务供给的协调性，促进公共服务均等化。第一，明确地方政府权责，完善财政体制。公共服务供给需要大量资金作为支撑，地方政府在履行公共服务供给责任的同时，需要相应的财政权利进行匹配，使得公共服务供给的事权与财权对等，进一步优化财政支出结构，突破传统城镇化注重经济效益的惯性结构，加大对公共基础设施建设、医疗教育以及生态环境等方面的财政投入，加强对财政资金使用的监管，防止因政府参与而降低资源配置效率。第二，协调公共服务供给中政府与市场的关系，实现两者优势互补。公共服务仍属于商品的范畴，可以用市场进行资源配置，提高效率，但市场的逐利性会损害公共利益，不利于公共服务供给。我国总体公共服务供给水平的绝对差异巨大，整体呈现由东到西依次降低的变化，并且区域差距有明显扩大的趋势（辛冲冲，2019）。在供给模式上形成多元化的供给模式（曹现强，2018），现在我国公共服务供给模式仍然以政府为主，但也在引进市场和社会资本等方面作出较多尝试，并取得较大进步。政府供给的优势在于可以"兜底"公平，企业进行公共服务供给在成本管理和效率提升中更具有优势，但又会影响公平性。因此，要完善公共服务供给市场化的监管体系，与政府相互促进相互完善，共同保障公共服务供给。第三，推进公共服务供给的城乡一体化发展。建立城乡公共服务统一的标准是缩减城乡差距的有效措施，应考虑各地区经济、社会等多方面的差异，实施多层次的城乡公共服务供给。对城乡公共服务供给体系实现公开透明的信息化管理，应用现代化的网络系统提升公共服务供给效率。在财政预算、服务供给等方面实现公开透明化管理。对农村地区大力推进农村公共服务供给，为农民工市民化提供保障，实现新型城镇化的高质量发展（丁菊红，2020）。

第三节　空间集聚引领发展路径

一、产业集聚

产业集聚可以为本地市场提供更多种类和不同层次的产品，并且由于产品运输成本较低，可有效降低集聚区生活成本，这不仅可以提高城镇居民生活质量，降低恩格尔系数，还可以吸引周边地区人口向城镇聚集，形成规模经济效应，有效提高新型城镇化质量（龙奋杰，2015）。产业集聚促使本地区资本、劳动力等要素充分流动，行为主体间的信息更加完全，减少了交易费用。推动横向产业相互竞争，优胜劣汰，促进技术进步，纵向产业链相互合作。产业集聚区的知识溢出、熟练劳动力市场的形成以及产业内部的交流合作形成的外部性效应使产业在空间上集聚可以产生规模报酬递增，为当地增加就业机会，为顺利推进农民工市民化提供重要机会窗口，增加农民进城定居人口数量。产业集聚可以有效促进人口集聚、技术创新以及提高城市竞争力，但产业集聚推动新型城镇化发展的积极作用依然有待提升（陈斌，2020），需采取以下路径促进新型城镇化高质量发展。第一，优化产业结构，实现产业高质量发展。改变以往劳动密集型、资源消耗型产业发展模式，降低过剩产能，提高投入产出率，减少生态环境压力。发挥高新技术产业的集聚效应，培养和引进高级技术人才，构建高效化的企业经营管理体系，增强产业发展的内在动力，细化产业分工协作体系，因地制宜发展具有竞争优势的新兴主导产业（刘望辉，2015），以高端产业的密集发展推动产业自主创新和技术升级。加大对主导产业的资金、人才和政策支持，培育以主导产业为核心的产业链，提高产业集聚的质量和规模，提高投入产出率，实现产业高质量发展。第二，合理规划，保障产业集聚与新型城镇化协同发展。统筹新型城镇化建设与产业融合发展，政府部门在对城镇建设进行总体规划过程中，应综合考量产业发展、人口分布和资源禀赋等，使城镇化建设与产业发展相互促进，融合共生。进一步提升产业发展与城镇化建设的互动水平，并及时制定对应的税收优惠、行政审批简化等配套政策措施。第三，健全产业体系，减少产业发展的制度性障碍。从经济、社会、生态多角度建立匹配城镇化发展的现代产业体系，优化产业发展和城镇建设的空间布局，健全产业体系，提升技术创新能力，为城镇建设提供种类齐全的产品、充足的资本要素以及稳定的就业需求（谭清美，2017），充分发挥集约型工业和现代服务业优质企业支撑新型城镇化发展的功能。在制度上打破行政壁垒，增强区域市场信息交流，减少企业交易成本，增强市场的资源配置作用，消除地区市场分割，提升产业集聚化发展，为新型城镇化高质量发展奠定坚实的基础。

二、推动城市集群化发展

新型城镇化组织形式不断优化，城市群是新型城镇化今后发展的主体形态。城市群是一定数量的城市，依据自身发展条件，以一个或两个特大城市作为核心，通过现代化的交通工具和信息网络联系起来构成的一个城市集合体（罗波阳，2014）。城市群主要有政策规划、特大城市溢出和多城市共同发展三种模式（尹鹏，2020），具有资源集中和规模效应，是经济发展的增长极，承载着产业结构优化和经济增长的重要任务。城市群作为产业和人口聚集的重要形式，可有效降低企业的生产成本，并进一步带来劳动力市场共享、中间品投入以及知识溢出。加强城市间的经济联系，共享城市间的基础设施建设和固定资产投资，城市集群化发展也可以有效缓解大城市的集聚不经济、完善城市产业结构、促进区域经济发展，对推动新型城镇化高质量发展举足轻重。因此，第一，明确中心城市与外围城市的定位。在经济高质量发展的大前提下，依据各地区的资源禀赋和产业布局，对城市进行合理的功能定位（张福磊，2018）。城市群的一个显著特征是以一个或几个大城市为核心进行发展，在发展过程中应合理平衡核心城市与一般城市的优先序发展关系。应注重核心城市的发展的同时满足一般城市所需的资源，缩减核心城市与非核心城市之间的差距，充分发挥城市群的规模经济效应。利用中心城市更好的基础设施与高质量的人口资本，推进现代服务业、金融业等第三产业的发展，注重创新驱动发展，外围城市应更多地侧重发展第二产业，充分发挥自身低成本的优势，吸收中心城市因产业结构调整而转移的制造业，优势互补，提升不同层级的城市竞争力。第二，统筹规划，发挥城市群的中心带动功能，缩小地域发展差异。我国城市群发展较为成熟的主要以长三角、珠三角以及京津冀城市群，处于成长型的有成渝、长江中游、辽中南等城市群，这些城市群主要分布于我国经济发展较好的东部沿海和中部地区，经济发展较差的西北、西南的边缘地区缺乏城市群的带动（罗思东，2014）。应高度重视东、中、西部地区的城市群发展差异，侧重城市群发展薄弱地区进行战略布局，推进城市群在不同地区之间的产业关联，推动东部发展较成熟的城市群产业向中部、西部转移，促进边缘地区的城市群建设。从城市群战略格局上，应提升中西部地区城市群在经济发展中的带动作用，更好地发挥城市群对本地区经济增长的促进作用，提高资源利用效率，缩小区域发展差异。第三，加强城市之间的经济联系，弱化市场分割。充分发挥城市群的产业联动作用，进一步提升和扩大产业集聚效应，缩小地域经济发展差异，建立健全城市共同市场，弱化城市之间的市场分割，提高城市群发展效率。国家层面也应对城市行政功能与经济功能的冲突进行调整，减少城市之间资源流动的制度障碍和行政壁垒（梁红艳，2018）。强化中心城市的核心地位，增强中心城市对外围城市的溢出效应和辐射作用，加强城市间交通设施与信息网络的建设，减少城市间交易成本，实现城市集群经济联动发展。

三、优化城镇空间布局

城镇空间布局具有两方面的含义，一方面是指在一定区域范围内城镇建设的整体结构与空间特征，具体由城镇、交通设施组成，经济影响力更大的中心城镇通过交通等基础设施与外围城镇形成经济联系，构成一个整体；另一方面是指城镇内部空间结构和分布，主要受到生产生活的客观物质需要以及城镇的地理环境影响，内部的居住区、工业区以及商圈等共同构成城镇内部的整体布局（韩冬，2014）。城镇空间布局是城镇经济发展、生态环境以及人文景观等的直接表现，对城镇规模扩大的效率和速度影响重大（刘勇，2015）。新型城镇化进程有着新的发展理念和生产生活需求，要对以往的城镇结构进行优化和调整。第一，科学规划城镇整体布局。政府应充分发挥宏观规划作用，以全局视角为城镇建设构建蓝图，依据城镇的地理位置、资源禀赋以及生态环境，统筹城市社会、经济和文化等方面的相互作用，不仅要充分考虑现有阶段经济发展状况，还应充分考虑未来城镇规模扩大以及向外延伸的空间，为后期的城镇可持续发展奠基。第二，推进城镇交通基础设施的建设。交通基础设施建设是城镇空间布局优化的一个关键变量（刘洪愧，2019）。要增强交通基础设施的经济联系纽带作用，促进城市间物质和信息充分交流，提高交通设施的通畅度。第三，统筹生产生活生态空间。着力提升城市生态功能，扩大公共开敞空间，以提升创新功能优化和重塑城镇空间格局，鼓励各类城镇空间形态探索创新，支持科技城、生态城、文化城、智慧城、未来社区、共享农庄等多样化发展形态，形成有利于要素集聚、产业拓展、空间融合的城镇空间布局。

第四节　区域协调发展路径

一、推动城乡一体化发展

城镇与乡村存在现实差距（吴巍，2017），新型城镇化更注重城镇与农村的一体化发展，在交通、信息交流、要素流动等方面实现低阻碍或无障碍的互动，使得农村与城镇拥有相对平等的发展机会和平台。庞大的农村劳动人口为城镇提供了充足的劳动力，进城定居的农民工是城镇产品市场重要消费群体，城镇周围的农村地区还为城镇居民提供大量农产品（黄渊基，2017）。因此，新型城镇化的发展需要相匹配的农村共同发展。城乡一体化的核心在于实现城镇与农村的协调发展，打破城乡二元结构，通过产业结构的优化和升级推动农业现代化，衔接城镇产业，解决"三农"问题。第一，建设城乡产业联动发展格局。实施以产带城、以城兴产战略，加快城乡产业对接、项目对接和生产要素对接，建立和完善城与乡、工与农之间的产业链，推动市域、县域产业梯度有效转移，形成城乡分工合理、区域特色鲜明、生产要素和自然资源禀赋优势得到充分发挥的产业联动发展格局。第二，建立城市帮扶农村产业发展机制，引导城市资金、技术、人才等要素向农村集聚。大力发展城乡双向辐射的第三产业，鼓励城市商贸、物流、金融等现代服务业向中小城镇、农村社区布局或建网布点，促进农村服务业加快发展，延伸农村产业，拓展发展空间。第三，加快推进城乡基础设施建设。加强城乡交通道路网络建设，努力达到城乡共享交通设施与运输服务。进一步加强农村和农业基础设施建设，加快实施城乡水电气供应及污水、生活垃圾处理一体化建设。建设农村面源污染治理以及城市工业污染防治等生态环境建设和保护工程，加大生态环境治理力度，以良好的农村生态环境推动生态农业、乡村生态旅游、康养产业的发展。第四，加强农村公共服务供给能力，提高农村社会事业发展水平。增加农村教育、卫生、文化等事业经费和固定资产投资财政增量支出。建立城乡统筹的养老保险制度，扩大农民工基本养老保险覆盖面，推进农民工养老保险关系灵活转续，促进社会保险制度城乡全覆盖和相互衔接。建立农村最低生活保障、五保供养、特困户制度，建立健全覆盖城乡的新型社会救助体系。加强社会保障服务管理能力建设，建立健全覆盖城乡的社会保障信息网络。推动城市优质资源向农村延伸，鼓励城市对农村进行帮扶。加强县区、乡镇、村文化体育公共设施建设，完善农村公共文化体育服务体系，加强社区文化中心、农家书屋和文化信息共享工程建设，引导城市文化体育组织到农村拓展服务。

二、加强区域一体化建设

区域一体化是经济发展中通过市场与政府的作用，突破空间限制，使商品、资源等生产要素实现区域内部的自由流动，在一定目标下提升资源利用效率，达到效益最大化，推动区域协调发展，提高区域经济发展水平。区域一体化思想是新型城镇化高质量发展的重要路径。第一，新型城镇化发展应突破传统城镇区域间形成的壁垒，形成区域统一市场。采取较多区域贸易联合措施，提升区域整体协作能力（杨君，2019），加强行政边界的经济合作，减少地方贸易保护主义，确定以市场为资源配置的主要手段。第二，要增强地方政府的合作力度，形成区域一体化的协作方案，减少行政部门的冗余环节，降低要素流动成本，推进地区数据资料共享，构建地方政府交流合作机制，提升区域自身贸易竞争力。第三，建立健全区域一体化合作机制。建立区域互利共赢的开放合作机制和区域共享的利益链接机制，推进区域产品市场一体化发展，加快区域产品流通市场建设，搭建区域产品流通平台。第四，建立人才一体化评价和互认体系，强化信息共享、政策协调、制度衔接和服务贯通，探索能出能进的区域人才柔性流动机制。第五，建立信息共享、监管共用、规制共建的区域信用体系一体化机制，推动环境保护、食品药品、产品质量、文化旅游等重点领域实施跨区域信用联合奖惩制度，实现各类红黑名单信息的跨部门跨区域应用，健全企业信用信息公示制度、经营异常名录制度和严重违法失信企业名单制度。

三、促进城乡公共服务均等化

公共服务供给的本质作用在于降低社会财富不均等而导致的不公平，并通过社会资源和国家财富的再分配来保障公民在医疗、教育、科技文化等方面的社会需要，是改善民生、缓解社会矛盾以及提升居民生活质量的有效力量。新型城镇化注重城乡居民的幸福指数，其成果直接表现为农村到城镇的转变，涉及基础设施、居住环境以及生活方式等方面的一系列向好变化，城乡公共服务供给体系也面临优化和重构，城乡公共服务均等化成为必然。第一，优化城乡公共服务体制，提高供给效率。针对不同区域的需求，因地制宜，应对不同情况而采取针对性的公共服务供给方式，提高公共服务供给效率，限制公共资源向城镇过度集中，使得乡村公共服务供给得到兼顾，缩小城乡公共服务供给差距。在对城乡提供公共产品时，要制定统一的城乡公共服务供给标准，保障农村公共服务供给的最低水平。第二，建立城乡统一的公共服务体制。促进城乡义务教育的均衡发展，使城乡孩子享有均等的受教育机会。建立城乡统一的公共医疗卫生体制，实现医疗机构和卫生资源在城乡合理配置。建立城乡统一的社会保障体制，全面落实农村最低生活保障，加快全面推行新型农村合作医疗制度，降低自费比例，减轻农民"看病难、看病贵"问题。建立城乡统一的劳动力就业体制，将农村劳动者按常住地纳入城乡一体的就业服务体系，并建立起覆盖城乡困难群体的就业援助体系，实现城乡劳动力市场的统一。第三，建立财权和事权相对等的公共财政体制。根据财权和事权相统一的原则，赋予与各级政府部门公共服务供给责任相适应的财政权力，保证各级政府有充足的财力提供相应的公共服务，中央政府应加大对农村的财政投入，给予基层政府相对较多的财力支撑。第四，完善财政转移支付制度，优化转移支付结构，要从实现城乡基本公共服务均等化的现实要求出发，逐步提高一般性转移支付的比重，增加对基层政府的转移支付，把更多的财力向基层转移，用于农村基本公共服务的供给。第五，按照基本公共服务均等化为导向的绩效考核指标体系和相应的政府问责制度，强化政府对基本公共服务供给过程和结果的监管职责，强化各级政府部门的责任意识，在绩效考核方面，建立基本公共服务的各项指标，同时把农民对基本公共服务的满意度作为绩效考核的主要指标。

第五节　因地制宜发展路径

一、推动工业强镇

工业是城镇化发展的根本动力。在新型城镇建设中对具有工业发展潜力或工业建设经验的城镇采取因地制宜的发展策略，推行工业强镇路径，以工业发展推动城镇化规模扩大和质量提升。第一，优化新型城镇化工业强镇发展路径，发挥政府引导作用，应用优惠政策引进或培养具有核心竞争力的工业企业，形成较大规模的工业园区。第二，培育壮大龙头企业、增强龙头企业市场竞争力和辐射带动力，使之成为优势产业发展和产业集聚的支柱。第三，鼓励和支持中小企业发展，围绕所在区域产业链进行专业化分工和产业配套，缩短营销半径、降低营销成本，引导现有中小企业提质增效。第四，鼓励企业自主创新，发展一批掌握更多核心技术、拥有更多知识产权的工业企业，充分发挥政府沟通、衔接、推动职能，促进企业与科研单位、大专院校、科技人员合作，不断开发新技术、新工艺、新产品，提高产品技术含量和附加值，推动产品换代、技术设备更新、产业结构升级。第五，城镇建设中应增强居民与工业园区的经济联系，通过提供就业机会扩大就业市场，提高城镇居民参与建设的积极性，实现工业强镇的精细化建设。并且优化城镇内部结构，打造要素集聚和流动的良好环境，统筹工业建设与生态环境保护，提升城镇宜业宜居性，为新型城镇化高质量发展注入新动力。

二、打造旅游名镇

发展旅游业可以有效扩大内需，带动关联产业发展，减少生态环境压力，符合新型城镇化的绿色发展内涵，是推动新型城镇化高质量发展的有效途径。第一，以城镇自身旅游资源禀赋为基础，整合地区旅游资源，定位特色旅游产业，以旅游产业为核心发展具有带动作用的优势产业，推动城镇人口、资本向旅游产业集中，共享旅游产业发展红利。第二，将小镇与生俱来的山水风光、古村古居、人文历史等独特的优势有机嵌入产业发展，在乡土文化中汲取传统营养，从城市文明中吸纳现代元素，建设更具有生命力和吸引力的特色小镇，促进产城融合发展，旅游产业的选择和发展应体现城镇自身特色和文化，避免同质化竞争现象。第三，充分发挥城镇化的经济潜力，明确市场地位，把握消费者倾向，适应市场需求。第四，切合城镇建设的生态资源和功能要求，确保旅游名镇总体规划科学性，出台旅游名镇与关联产业配套发展的政策措施，带动城镇经济发展的同时，提升城镇生态环境质量，体现新型城镇化以人为核心的价值导向。第五，注重旅游诚信体系建设，完善诚信经营机制，开展诚信旅游企业评选活动，提高城镇旅游服务整体质量。第六，加强旅游安全管理，加大市场监管力度。经常性的行风监督检查，维护游客的合法权益，增强企业安全生产意识，构建安全、舒适、和谐的旅游环境。

三、发展特色小镇

特色小镇的核心在于特色产业的发展，特色小镇可以带动区域产业体系不断优化，对城镇集聚化发展具有显著作用（刘国斌，2017）。在经济转型发展的新时期，因地制宜，适应市场需要，科学定位小镇特色产业，以创新发展为基础的特色小镇是新型城镇化高质量发展的重要内容。因此，第一，科学规划，打造高附加值的特色产业体系。特色小镇的整体规划应基于区域禀赋，注重对小镇生态环境的保护，选择适宜小镇发展的特色农业、工业、商贸或旅游业。第二，突出产业特色。无特色，不小镇，应坚持"一镇一业"，形成"一镇一风格"，聚焦特色产业，培育品牌，持续提升产品附加值，推动传统产业优化升级，着力培育各地具有核心竞争力的特色产业或特色产业集群。第三，依托最有基础、最有优势、最有潜力的产业支持特色小镇建设，力争培育方向明确、精准聚焦、错位发展、功能互补的优势龙头企业，大力培育一批"专、特、精、新"中小企业，以特色小镇为核心带动上中下游企业进行产业链重组，增强产业链的韧性。第四，坚持创新驱动，运用"互联网＋"、云计算、大数据等信息化手段，大力推广"互联网＋产业""数字＋制造""金融＋实体""创意＋传统"等发展模式，强化对接交流，加强时尚创意产业与传统产业的深度融合。第五，创新体制机制。夯实特色产业基础，构建有效的市场机制，制定精准的政策措施、形成有为的政府服务和小镇居民自治意识，进一步深化"放、管、服"改革，提供优质公共服务，着力消除各种制度性障碍，为特色小镇营造良好的发展环境。

参考文献

中文部分：

[1] 奥沙利文. 城市经济学 [M]. 苏晓燕, 等译. 北京：中信出版社, 2003.

[2] 蔡昉. 农业劳动力转移潜力耗尽了吗？ [J]. 中国农村经济, 2018 (9)：2 - 13.

[3] 蔡昉. 人口转变、人口红利与刘易斯转折点 [J]. 经济研究, 2010, 45 (4)：4 - 13.

[4] 蔡昉. 走出一条以人为核心的城镇化道路 [J]. 决策探索, 2017 (2)：22 - 23.

[5] 蔡继明, 等. 政府主导型与农民自主型城市化模式比较 [J]. 经济学动态, 2012 (5)：58 - 65.

[6] 蔡新民, 刘金全, 方毅. 我国交通基础设施建设对经济增长的影响研究 [J]. 经济纵横, 2017 (4)：70 - 76.

[7] 曹飞. 中国省域新型城镇化质量动态测度 [J]. 北京理工大学学报 (社会科学版), 2017, 19 (3)：108 - 115.

[8] 曹华林, 李爱国. 新型城镇化进程中 "人的城市化" 的动力机制研究——基于居民感知视角的实证分析 [J]. 宏观经济研究, 2014 (10)：113 - 121.

[9] 曹现强, 姜楠. 基本公共服务与城市化耦合协调度分析——以山东省为例 [J]. 城市发展研究, 2018, 25 (12)：147 - 153.

[10] 曾鹏, 褚王安, 张晓君. 就业结构、文化教育和城市规模对城镇化质量的影响——基于中国十大城市群的经验分析 [J]. 统计与信息论坛, 2015, 30 (11)：72 - 77.

[11] 曾鹏, 吴功亮. 技术进步、产业集聚、城市规模与城乡收入差距 [J]. 重庆大学学报 (社会科学版), 2015, 21 (6)：18 - 34.

［12］曾智洪. 中国新型城镇化包容性制度创新体系研究［J］. 城市发展研究，2017，24（5）：1 - 7.

［13］陈斌. 长三角城镇化、产业集聚与区域创新承载力的耦合关系［J］. 南通大学学报（社会科学版），2020，36（1）：42 - 49.

［14］陈斌开，林毅夫. 发展战略、城市化与中国城乡收入差距［J］. 中国社会科学，2013（4）：81 - 102.

［15］陈斌开，林毅夫. 重工业优先发展战略、城市化和城乡工资差距［J］. 南开经济研究，2010（1）：3 - 18.

［16］陈坤秋，王良健，屠爽爽，等. 效率与协调：土地市场助推城镇化发展的证据［J］. 经济地理，2019，39（3）：37 - 47.

［17］陈罗俊. 城镇化与农村金融市场发展研究［J］. 经济与管理，2012，26（10）：35 - 38.

［18］陈明星，龚颖华，隋昱文. 新型城镇化背景下中部地区的人口就近城镇化模式研究［J］. 苏州大学学报（哲学社会科学版），2016（6）：7 - 14.

［19］陈明星，隋昱文，郭莎莎. 中国新型城镇化在"十九大"后发展的新态势［J］. 地理研究，2019，38（1）：181 - 192.

［20］陈汝影，余东华. 资本深化、有偏技术进步与制造业全要素生产率［J］. 现代经济探讨，2020（6）：62 - 69.

［21］陈诗波，李伟，唐文豪. 中国新型城镇化发展的路径选择与对策探讨［J］. 理论月刊，2014（4）：174 - 178.

［22］陈诗一，刘朝良，冯博. 资本配置效率、城市规模分布与福利分析［J］. 经济研究，2019，54（2）：133 - 147.

［23］陈伟. 中国城市化滞后程度测度［J］. 河北经贸大学学报，2016，37（2）：123 - 129.

［24］陈肖飞，姚士谋，张落成. 新型城镇化背景下中国城乡统筹的理论与实践问题［J］. 地理科学，2016，36（2）：188 - 195.

［25］陈旭. 城市蔓延、地理集聚与城乡收入差距［J］. 产业经济研究，2019，（3）：40 - 51.

［26］陈友华. 理性化、城市化与城市病［J］. 北京大学学报（哲学社会科学版），2016，53（6）：107 - 113.

［27］陈雨露. 中国新型城镇化建设中的金融支持［J］. 经济研究，2013，48（2）：10 - 12.

［28］陈玉梅，吕萍．新型城镇化建设的制度创新：综合动因与体系架构
［J］．江海学刊，2014（6）：79 - 85.

［29］陈宗胜，王晓云，周云波．新时代中国特色社会主义市场经济体制逐
步建成——中国经济体制改革四十年回顾与展望［J］．经济社会体制比较，2018
（4）：24 - 41.

［30］程建平．混合型城市化发展模式初探［J］．河南师范大学学报（哲学
社会科学版），2006，33（4）：57 - 60.

［31］程俐骢，吴光伟．我国城市化滞后于工业化的成因分析［J］．同济大
学学报（社会科学版），2005，16（1）：52 - 57.

［32］仇保兴．中国特色的城镇化模式之辨——"C 模式"：超越"A 模式"
的诱惑和"B 模式"的泥淖［J］．城市发展研究，2009（1）：1 - 7.

［33］仇保兴．新型城镇化：从概念到行动［J］．行政管理改革，2012
（11）：11 - 18.

［34］崔功豪，王本炎，查彦育．城市地理学［M］．南京：江苏教育出版
社，1992.

［35］崔功豪．中国自下而上城市化的发展及其机制［J］．地理学报，1999，
54（2）：106 - 115.

［36］戴均良．中国城市发展史［M］．哈尔滨：黑龙江人民出版社，1992.

［37］单卓然，黄亚平．"新型城镇化"概念内涵、目标内容、规划策略及
认知误区解析［J］．城市规划学刊，2013（2）：16 - 22.

［38］丁菊红．财政分权与新型城镇化——基于公共服务供给视角的经验研
究［J］．上海行政学院学报，2020，21（4）：86 - 96.

［39］丁生喜，王晓鹏．青藏高原少数民族地区特色城镇化动力机制分
析——以环青海湖地区为例［J］．地域研究与开发，2012，31（1）：65 - 69.

［40］董晓峰，杨春志，刘星光．中国新型城镇化理论探讨［J］．城市发展
研究，2017（1）：26 - 34.

［41］杜忠潮，杨云．区域新型城镇化水平及其空间差异综合测度分析——
以陕西省咸阳市为例［J］．西北大学学报（自然科学版），2014，44（1）：
141 - 149.

［42］段禄峰，田宇轩，魏明，等．我国城镇化发展快慢问题研究［J］．理
论探索，2016（5）：102 - 108.

［43］樊纲，王小鲁，张立文，等．中国各地区市场化相对进程报告［J］.

经济研究, 2003 (3): 9 - 18.

[44] 樊杰, 蒋子龙, 陈东. 空间布局协同规划的科学基础与实践策略 [J]. 城市规划, 2014, 38 (1): 16 - 25.

[45] 范逢春, 谭淋丹. 城乡基本公共服务均等化制度绩效测量: 基于分省面板数据的实证分析 [J]. 上海行政学院学报, 2018, 19 (1): 53 - 64.

[46] 范进, 赵定涛. 土地城镇化与人口城镇化协调性测定及其影响因素 [J]. 经济学家, 2012 (5): 61 - 67.

[47] 方创琳. 中国城市发展方针的演变调整与城市规模新格局 [J]. 地理研究, 2014, 33 (4): 674 - 686.

[48] 方创琳. 中国新型城镇化高质量发展的规律性与重点方向 [J]. 地理研究, 2019, 38 (1): 13 - 22.

[49] 费孝通. 论中国小城镇的发展 [J]. 调研世界, 1996 (1): 4 - 6.

[50] 费孝通. 小城镇大问题 [J]. 瞭望周刊, 1984 (5): 24 - 26.

[51] 冯霞, 刘新平. 江苏省城镇化与生态环境系统耦合协同发展的路径选择 [J]. 干旱区地理, 2016, 39 (2): 420 - 427.

[52] 付永萍, 马永. 研发投入、对外直接投资与企业创新能力关系实证研究 [J]. 新疆大学学报 (哲学·人文社会科学版), 2017, 45 (1): 17 - 22.

[53] 傅小锋. 青藏高原城镇化及其动力机制分析 [J]. 自然资源学报, 2000, 15 (4): 369 - 374.

[54] 盖庆恩, 朱喜, 程名望, 等. 土地资源配置不当与劳动生产率 [J]. 经济研究, 2017, 52 (5): 117 - 130.

[55] 葛剑雄, 冻国栋. 中国人口史 第2卷 隋唐五代时期 [M]. 上海: 复旦大学出版社, 2002.

[56] 葛剑雄. 中国人口史 第4卷 明时期 [M]. 上海: 复旦大学出版社, 2000.

[57] 葛晶, 李勇. 行政垄断视角下人力资本错配的成因及其解释 [J]. 中南财经政法大学学报, 2019 (5): 43 - 52.

[58] 葛明岩, 刘贵福. 新型城镇化的路径选择: 建设生态化城镇 [J]. 广西社会科学, 2015 (4): 172 - 176.

[59] 辜胜阻, 李洪斌, 曹玉波. 新型城镇化改革的原则与路径 [J]. 江海学刊, 2014 (1): 79 - 85.

[60] 辜胜阻, 李永周. 中国农村城镇化的战略方向 [J]. 中国农村经济,

2000（6）：14-18.

[61] 辜胜阻，易善策，李华．中国特色城镇化道路研究［J］．中国人口·资源与环境，2009（1）：47-52.

[62] 辜胜阻，朱农，钟水映，等．广东和韩国城镇化与经济发展的比较研究［J］．人口学刊，1994（4）：3-11.

[63] 辜胜阻．非农化及城镇化理论与实践［M］．武汉：武汉大学出版社，1999.

[64] 辜胜阻．非农化与城镇化研究［M］．杭州：浙江人民出版社，1991.

[65] 辜胜阻，李正友．中国自下而上城镇化的制度分析［J］．中国社会科学，1998（2）：60-70.

[66] 谷国锋，李连刚，王建康．中国科技创新的空间集聚及其溢出效应——基于面板数据空间计量分析［J］．科学决策，2015（12）：42-56.

[67] 顾朝林，李阿琳．从解决"三农问题"入手推进城乡发展一体化［J］．经济地理，2013（1）：138-141.

[68] 顾朝林．城市群研究进展与展望［J］．地理研究，2011，30（5）：771-784.

[69] 郭彩琴，卓成霞．挑战与创新：新型城镇化进程中的府际合作［J］．深圳大学学报（人文社会科学版），2014，31（3）：78-85.

[70] 郭付友，李诚固，陈才，等．2003年以来东北地区人口城镇化与土地城镇化时空耦合特征［J］．经济地理，2015，35（9）：49-56.

[71] 郭琎，王磊．完善我国要素价格的市场化形成机制［J］．宏观经济管理，2019（8）：18-24.

[72] 郭进，徐盈之．城镇化与工业化协调发展：现实基础与水平测度［J］．经济评论，2016（4）：39-49.

[73] 郭磊磊，郭剑雄．人力资本深化对城乡经济一体化的影响——基于要素收益率趋同视角［J］．西北人口，2018，39（1）：23-31.

[74] 郭世芹，邹杰．城镇化和转移支付对民生性公共服务的影响［J］．统计与决策，2018，34（6）：106-108.

[75] 韩冬，韦颜秋．港城互动模式下城市空间格局演进路径研究——以天津为例［J］．城市发展研究，2014，21（9）：24-30.

[76] 韩翰，王士君，王永超．城市化与土地资源利用的协调度及优化配置研究——以辽宁沿海经济带为例［J］．资源开发与市场，2016，32（10）：

1166 – 1171.

［77］郝文渊，关鸿，马正南等．西藏城镇化动力机制分析［J］．地域研究与开发，2018，37（1）：65 – 69.

［78］何春，谭啸，汤凯．"一带一路"节点城市新型城镇化水平测度及优化［J］．经济问题探索，2017（6）：184 – 191.

［79］何平，倪苹．中国城镇化质量研究［J］．统计研究，2013，30（6）：11 – 18.

［80］何树平，戚义明．中国特色新型城镇化道路的发展演变及内涵要求［J］．党的文献，2014（3）：104 – 112.

［81］何文举．交通基础设施建设对城市化发展质量影响的空间计量研究——以湖南省为例［J］．城市发展研究，2016，23（9）：101 – 106.

［82］何玉长，潘超．经济发展高质量重在实体经济高质量［J］．学术月刊，2019，51（9）：57 – 69.

［83］洪俊杰，张宸妍．融资约束、金融财税政策和中国企业对外直接投资［J］．国际经贸探索，2020，36（1）：53 – 70.

［84］侯丽．粮食供应、人口增长与城镇化道路选择——谈小城镇在国家城镇化中的历史地位［J］．国际城市规划，2011（1）：24 – 27.

［85］侯杨方．20 世纪上半期中国的城市人口：定义及估计［J］．上海师范大学学报（哲学社会科学版），2010，39（1）：27 – 31.

［86］胡彬．从工业化与城市化的关系探讨我国城市化问题［J］．财经研究，2000，26（8）：46 – 51.

［87］胡家勇．中国私营经济：贡献与前景［J］．管理世界，2000（5）：41 – 48.

［88］胡象明，杨拓．政府职能创新：公共服务市场化改革的视角——评《我国公共服务市场化改革与政府管制创新》［J］．中国人口·资源与环境，2014，24（7）：175 – 176.

［89］胡小武．中国小城市的死与生：一种城市问题的视角［J］．河北学刊，2016，36（1）：159 – 163.

［90］胡序威．应厘清与城镇化有关的各种地域空间概念［J］．城市发展研究，2014，21（11）：1 – 4.

［91］胡扬名．我国政府社会管理职能创新问题与应对方略［J］．甘肃社会科学，2013（5）：193 – 196.

［92］华晨，洪祎丹，王颖芳，等．城镇建成区概念与界定方法体系研究——以浙江德清市武康镇为例［J］．城市规划学刊，2013（2）：57 - 62.

［93］华商报．"国际友人"常往来——西汉长安城已有国际范儿［N］．华商报，2014 - 06 - 04（A12）.

［94］黄佩红，李琴，李大胜．新一轮确权能促进农地流转吗？［J］．经济经纬，2018（4）：44 - 49.

［95］黄乾．城市农民工的就业稳定性及其工资效应［J］．人口研究，2009，33（3）：53 - 62.

［96］黄庆华，周志波，陈丽华．新型城镇化发展模式研究：基于国际比较［J］．宏观经济研究，2016（12）：59 - 66.

［97］黄文，张羽瑶．区域一体化战略影响了中国城市经济高质量发展吗？——基于长江经济带城市群的实证考察［J］．产业经济研究，2019（6）：14 - 26.

［98］黄永涛，李万鹏．城乡二元结构对社会发展的影响与消解［J］．人民论坛，2011（10）：172 - 173.

［99］黄渊基，匡立波．城乡一体化与生态文明建设的若干思考［J］．湖南科技大学学报（社会科学版），2017，20（5）：112 - 117.

［100］黄忠华，杜雪君．土地资源错配研究综述［J］．中国土地科学，2014，28（8）：80 - 87.

［101］纪颖波，窦玉丹．新型城镇化与交通基础设施协调发展［J］．学术交流，2016（7）：127 - 132.

［102］纪玉俊，张鹏．FDI、地区市场化进程与制造业集聚——基于门槛回归模型的实证检验［J］．中南财经政法大学学报，2014（2）：65 - 70.

［103］季小立，洪银兴．后金融危机阶段人才集聚启动创新型经济的机理［J］．学术界，2012（10）：36 - 44.

［104］贾冀南，王金营．河北省人力资本流失对京津冀经济一体化的影响及对策［J］．河北学刊，2009，29（3）：217 - 220.

［105］贾兴梅．新型城镇化与农业集聚的协同效应［J］．华南农业大学学报（社会科学版），2018，17（2）：1 - 10.

［106］姜爱林．城镇化与工业化互动关系研究［J］．财贸研究，2004（3）：1 - 9.

［107］姜洋．系统动力学视角下中国城市交通拥堵对策思考［J］．城市规

划，2011，35（11）：73-80.

[108] 蒋敏. 中国省域交通与城市化的耦合度分析 [J]. 新疆社会科学，2008（5）：19-24.

[109] 蒋三庚，王莉娜，李林君. 中国公共服务增量供给的户籍偏向：2007～2015年——基于省际差异测度视角 [J]. 云南财经大学学报，2019，35（4）：85-99.

[110] 焦晓云. 城镇化进程中"城市病"问题研究：涵义、类型及治理机制 [J]. 经济问题，2015（7）：7-12.

[111] 金江，李郐. 交通基础设施投资与经济发展——基于广东省的空间计量研究 [J]. 财政研究，2012（6）：55-59.

[112] 金士宣，徐文述. 中国铁路发展史：1876～1949年 [M]. 北京：中国铁道出版社，1986.

[113] 靳来群. 所有制歧视下金融资源错配的两条途径 [J]. 经济与管理研究，2015，36（7）：36-43.

[114] 景春梅. 中国城市化进程中的政府行为研究 [J]. 中国市场，2012（20）：65-71.

[115] 景普秋. 城镇化概念解析与实践误区 [J]. 学海，2014（5）：164-168.

[116] 柯善咨，赵曜. 产业结构、城市规模与中国城市生产率 [J]. 经济研究，2014，49（4）：76-88.

[117] 孔令池，李致平，徐璇莹. 中国服务业空间集聚：市场决定还是政府主导？[J]. 上海经济研究，2016（9）：73-81.

[118] 蓝庆新，陈超凡. 新型城镇化推动产业结构升级了吗？——基于中国省级面板数据的空间计量研究 [J]. 财经研究，2013，39（12）：57-71.

[119] 雷娜，郑传芳. 福建省县域城镇化水平测度 [J]. 调研世界，2017（10）：49-53.

[120] 雷绍锋. 臆说《清明上河图》[M]. 济南：山东画报出版社，2008.

[121] 冷智花，付畅俭. 城镇化失衡发展对粮食安全的影响 [J]. 经济学家，2014（11）：58-65.

[122] 李秉仁. 我国城市发展方针政策对城市化的影响和作用 [J]. 城市发展研究，2008，15（2）：26-37.

[123] 李秉仁. 我国城镇化道路问题的探讨 [J]. 城市规划，1983（2）：26-

28.

［124］李博，左停．从"去农"向"融农"：包容性城镇化的实践探析与路径选择——以京津冀区域 A 镇的城镇化为例［J］．现代经济探讨，2016（8）：63 - 67.

［125］李敢．城市，如何让生活更美好——欧洲城市管理创新经验与资鉴［J］．国外社会科学，2013（2）：22 - 29.

［126］李光勤．土地城镇化与人口城镇化协调性及影响因素研究——基于省级面板数据的分析［J］．地方财政研究，2014（6）：39 - 44.

［127］李国平．质量优先、规模适度：新型城镇化的内涵［J］．探索与争鸣，2013（11）：19 - 21.

［128］李晋．基于误差修正模型的河南省新型城镇化与经济增长关系研究［J］．河南大学学报（社会科学版），2016，56（6）：29 - 33.

［129］李力行，黄佩媛，马光荣．土地资源错配与中国工业企业生产率差异［J］．管理世界，2016（8）：86 - 96.

［130］李力行，申广军．经济开发区、地区比较优势与产业结构调整［J］．经济学（季刊），2015，14（3）：885 - 910.

［131］李娜，钟荣桂．生态型政府与深度城镇化的路径选择［J］．生态经济，2016，32（8）：209 - 212.

［132］李培林．巨变：村落的终结——都市里的村庄研究［J］．中国社会科学，2002（1）：168 - 179.

［133］李萍，田坤明．新型城镇化：文化资本理论视域下的一种诠释［J］．学术月刊，2014，46（3）：85 - 93.

［134］李强，陈宇琳，刘精明．中国城镇化"推进模式"研究［J］．中国社会科学，2012（7）：82 - 100.

［135］李世泰，孙峰华．农村城镇化发展动力机制的探讨［J］．经济地理，2006，26（5）：815 - 818.

［136］李天健，赵学军．新中国 70 年城市经济政策变迁、历史贡献及其启示［J］．改革，2019（8）：5 - 14.

［137］李仙娥，等．国内外有关城市化模式的比较［J］．唐都学刊，2003，19（3）：98 - 101.

［138］李小静．新中国成立 70 年来我国城镇化发展的模式变迁：问题分析与出路探索［J］．重庆社会科学，2019（8）：16 - 26.

[139] 李晓梅，赵文彦. 我国城镇化演进的动力机制研究 [J]. 经济体制改革，2013 (3)：20 - 24.

[140] 李筱乐. 市场化、工业集聚和环境污染的实证分析 [J]. 统计研究，2014，31 (8)：39 - 45.

[141] 李学. 城乡二元结构问题的制度分析与对策反思 [J]. 公共管理学报，2006，3 (4)：87 - 93.

[142] 李雪萍，丁波. 藏区新型城镇化发展路径研究——以四川藏区甘孜县为例 [J]. 西南民族大学学报（人文社会科学版)，2015 (2)：110 - 114.

[143] 李延军，史笑迎，李海月. 京津冀区域金融集聚对经济增长的空间溢出效应研究 [J]. 经济与管理，2018，32 (1)：21 - 26.

[144] 李云，王秀芬，王春光. 青海省城镇发展与差别化土地政策协调度研究 [J]. 中国农业资源与区划，2019，40 (10)：182 - 187.

[145] 李长亮. 中国省域新型城镇化影响因素的空间计量分析 [J]. 经济问题，2015 (5)：111 - 116.

[146] 李政，杨思莹. 科技创新的城乡二元收入结构效应及其传导机制 [J]. 经济问题探索，2018 (1)：23 - 29.

[147] 厉以宁. 农民工、新人口红利与人力资本革命 [J]. 改革，2018 (6)：5 - 12.

[148] 梁红艳. 中国城市群生产性服务业分布动态、差异分解与收敛性 [J]. 数量经济技术经济研究，2018，35 (12)：40 - 60.

[149] 廖盖隆，孙连成，陈有进，等. 马克思主义百科要览·下卷 [M]. 北京：人民日报出版社，1993.

[150] 廖永伦. 就地就近城镇化：新型城镇化的现实路径选择 [J]. 贵州社会科学，2015 (11)：123 - 127.

[151] 林琳，李冠杰. 广东省新型城镇化质量空间分异特征及成因机制分析 [J]. 现代城市研究，2018 (1)：111 - 118.

[152] 林珊，林发彬. 新型城镇化进程与产业集聚支撑能力研究——以福建省为例 [J]. 亚太经济，2018 (4)：94 - 102.

[153] 蔺雪芹，王岱，任旺兵，等. 中国城镇化对经济发展的作用机制 [J]. 地理研究，2013，32 (4)：691 - 700.

[154] 刘爱梅. 多维视角的新型城镇化战略研究 [J]. 现代经济探讨，2013 (9)：11 - 15.

［155］刘超，马玉洁，史同飞．我国实体经济发展困境与新动能探索研究——基于金融创新和技术创新视角［J］．天津财经大学学报，2019（12）：3－19.

［156］刘传江，王志初．重新解读城市化［J］．华中师范大学学报（人文社会科学版），2001，40（4）：65－71.

［157］刘德光，鲍洪杰．我国新型城镇化的模式选择——基于我国台湾地区和韩国的经验［J］．现代经济探讨，2015（4）：83－87.

［158］刘贵文，谢芳芸．基于人口经济数据分析我国城市收缩现状［J］．经济地理，2019，39（7）：50－57.

［159］刘国斌，高英杰，王福林．中国特色小镇发展现状及未来发展路径研究［J］．哈尔滨商业大学学报（社会科学版），2017（6）：98－107.

［160］刘国斌，朱先声．特色小镇建设与新型城镇化道路研究［J］．税务与经济，2018（3）：42－49.

［161］刘洪愧，刘霞辉．构建开放型经济新空间布局：理论基础、历史实践与可行路径［J］．改革，2019（1）：30－42.

［162］刘华芹．社区资本与农村城市化的现实路径——以七个农村社区为例［J］．云南民族大学学报（哲学社会科学版），2018，35（4）：72－77.

［163］刘建平，马彦琳．信息时代城市管理创新与城市的可持续发展［J］．科技进步与对策，2003，20（7）：8－10.

［164］刘洁泓．城市化内涵综述［J］．西北农林科技大学学报（社会科学版），2009，9（4）：58－62.

［165］刘晶，何伦志．"一带一路"沿线国家城镇化发展质量测度与分析［J］．工业技术经济，2019（11）：54－60.

［166］刘善仕，孙博，葛淳棉，等．人力资本社会网络与企业创新——基于在线简历数据的实证研究［J］．管理世界，2017（7）：88－98.

［167］刘世薇，张平宇，李静．黑龙江垦区城镇化动力机制分析［J］．地理研究，2013，32（11）：2066－2078.

［168］刘望辉，张奋勤，刘习平．产业集聚与新型城镇化的关系的实证研究［J］．统计与决策，2015（24）：140－143.

［169］刘维奇，焦斌龙．城市及城市化的重新解读［J］．城市问题，2007（10）：7－10.

［170］刘雅文，侯明，董大朋．交通基础设施对东北经济地域形成与经济增

长作用分析 [J]. 社会科学战线, 2009 (9): 269-271.

[171] 刘彦随. 新农村建设与城镇化应是一体的 [N]. 人民日报, 2010-04-08 (16).

[172] 刘勇, 田蕾, 金浩, 等. 中国四维城镇化协调性空间格局及演化研究 [J]. 天津大学学报 (社会科学版), 2015, 17 (6): 513-517.

[173] 刘育红. "新丝绸之路" 经济带交通基础设施投资与经济增长的动态关系分析 [J]. 统计与信息论坛, 2012, 27 (10): 64-70.

[174] 刘正桥, 张亚斌. 中国交通基础设施与农村经济增长的实证研究 [J]. 财经理论与实践, 2013, 34 (3): 98-102.

[175] 柳思维. 论城市内涵、起源及中国古代城市发展第一个高峰期 [J]. 求索, 2003 (3): 4-7.

[176] 柳卸林, 高雨辰, 丁雪辰. 寻找创新驱动发展的新理论思维——基于新熊彼特增长理论的思考 [J]. 管理世界, 2017 (12): 8-19.

[177] 龙翠红, 易承志. 新型城镇化与城市发展方式转型: 动因分析与路径选择 [J]. 经济问题探索, 2014 (7): 28-36.

[178] 龙奋杰, 王雪芹, 王爵, 邹迪. 产业发展与城镇化互动关系分析 [J]. 城市问题, 2015 (7): 19-25.

[179] 卢科. 集约式城镇化——开创有中国特色的新型城镇化模式 [J]. 小城镇建设, 2005 (12): 68-69.

[180] 鲁晓东. 金融资源错配阻碍了中国的经济增长吗 [J]. 金融研究, 2008 (4): 55-68.

[181] 陆大道, 樊杰, 陈明星. "新型城镇化新变化的科学认知" 专辑序言 [J]. 地理研究, 2019, 38 (1): 2.

[182] 陆铭, 陈钊. 城市化、城市倾向的经济政策与城乡收入差距 [J]. 经济研究, 2004 (6): 50-58.

[183] 陆铭, 高虹, 佐藤宏. 城市规模与包容性就业 [J]. 中国社会科学, 2012 (10): 47-66.

[184] 陆铭. 玻璃幕墙下的劳动力流动——制度约束、社会互动与滞后的城市化 [J]. 南方经济, 2011 (6): 23-37.

[185] 陆升军. 中国城市化模式的制度成因 [J]. 广西师范学院学报 (哲学社会科学版), 2003, 24 (2): 39-42.

[186] 逯宇铎, 杜小飞. 市场化改革与企业成本加成: 异质性与影响机制

［J］．改革，2019（6）：147－158.

［187］罗波阳．城市群区域城镇协调发展：内涵、特征与路径［J］．求索，2014（8）：52－56.

［188］罗岗．帝国、都市与现代性（《知识分子论丛》第四辑）［M］．南京：江苏人民出版社，2006.

［189］罗能生，李建明．产业集聚及交通联系加剧了雾霾空间溢出效应吗？——基于产业空间布局视角的分析［J］．产业经济研究，2018（4）：52－64.

［190］罗思东．从小城镇到大都市：改革开放以来我国城市化政策的演进［J］．马克思主义与现实，2014（6）：179－186.

［191］骆江玲．发达国家的城镇化模式［J］．农村工作通讯，2012（24）：62－63.

［192］骆许蓓．基础设施投资分布与西部地区经济发展——论交通运输枢纽的作用［J］．世界经济文汇，2004（2）：34－40.

［193］吕丹，叶萌，杨琼．新型城镇化质量评价指标体系综述与重构［J］．财经问题研究，2014（9）：72－78.

［194］吕志强，卿姗姗，邓睿，等．中国人口城市化与土地化协调性分析［J］．城市问题，2016（6）：33－38.

［195］马骏，童中贤，杨盛海．我国县域新型城镇化推进模式研究——以湖南省域71县为例［J］．求索，2016（4）：128－133.

［196］倪鹏飞．中国新型城镇化：理论与政策框架［M］．广州：广东经济出版社，2015.

［197］倪鹏飞．新型城镇化的基本模式、具体路径与推进对策［J］．江海学刊，2013（1）：87－94.

［198］牛文元．中国新型城市化报告［M］．北京：科学出版社，2012.

［199］牛文元．中国新型城市化战略的设计要点［J］．中国科学院院刊，2009，24（2）：130－137.

［200］帕克，等．城市社会学［M］．北京：华夏出版社，1987.

［201］潘冬，刘东皇，仝群旺．城镇化演进的时间差序及其要素匹配［J］．理论与改革，2014（4）：97－100.

［202］潘雅茹，高红贵．基础设施投资的资源错配效应研究［J］．改革，2019（7）：62－72.

［203］潘越，杜小敏．劳动力流动、工业化进程与区域经济增长——基于非参数可加模型的实证研究［J］．数量经济技术经济研究，2010，27（5）：34 - 48.

［204］齐孝福．我国城镇化路径选择［J］．宏观经济管理，2005（7）：29 - 30.

［205］钱纳里，塞尔昆．发展的型式（中译本）［M］．北京：经济科学出版社，1998.

［206］权衡．以要素市场化改革推进新型城镇化建设［J］．国家行政学院学报，2014（3）：29 - 30.

［207］饶会林．城市经济学［M］．大连：东北财经大学出版社，1999.

［208］山鹿诚次．城市地理学［M］．武汉：湖北教育出版社，1996.

［209］尚启君．论城市化模式的决定因素与我国的城市化道路［J］．经济经纬，2007（4）：52 - 54.

［210］沈东．新型城镇化、市民化与逆城镇化［J］．江淮论坛，2019（1）：89 - 93.

［211］石先进．为何城市总体规划不能准确预测未来人口规模？——对中国城镇化经济动因的空间计量分析［J］．北京社会科学，2019（11）：25 - 40.

［212］史恩义，王娜．金融发展、产业转移与中西部产业升级［J］．南开经济研究，2018（6）：3 - 19.

［213］司马迁．史记［M］．北京：线装书局，2006.

［214］宋春合，吴福象．制度环境对城市集聚经济强度的影响——基于市民化和市场化转型的双重视角［J］．云南财经大学学报，2018，34（6）：3 - 15.

［215］宋旭光，左马华青．工业机器人投入、劳动力供给与劳动生产率［J］．改革，2019（9）：45 - 54.

［216］宋瑛，廖萓，王亚飞．制造业集聚对新型城镇化的影响研究——基于空间溢出效应的视角［J］．重庆大学学报（社会科学版）：2019（5）：1 - 16.

［217］苏发金，田野．新型城镇化背景下宜昌农民养老体系建设研究［J］．三峡论坛（三峡文学理论版），2018（1）：88 - 93.

［218］孙斌栋，金晓溪，林杰．走向大中小城市协调发展的中国新型城镇化格局——建国以来中国城市规模分布演化与影响因素［J］．地理研究，2019，38（1）：75 - 84.

［219］孙久文．城乡协调与区域协调的中国城镇化道路初探［J］．城市发展研究，2013（5）：56 - 61.

[220] 孙林，傅康生．城市化进程中的二元结构难题破解 [J]．人民论坛，2015（2）：83-85.

[221] 孙祁祥，王向楠，韩文龙．城镇化对经济增长作用的再审视——基于经济学文献的分析 [J]．经济学动态，2013（11）：20-28.

[222] 孙文凯．中国的户籍制度现状、改革阻力与对策 [J]．劳动经济研究，2017，5（3）：50-63.

[223] 孙叶飞，夏青，周敏．新型城镇化发展与产业结构变迁的经济增长效应 [J]．数量经济技术经济研究，2016，33（11）：23-40.

[224] 孙中和．中国城市化基本内涵和动力机制研究 [J]．财经问题研究，2001（11）：38-43.

[225] 谭凤连，彭宇文．城镇化、经济增长、农民收入相关性分析 [J]．湖南农业大学学报（社会科学版），2018，19（5）：94-100.

[226] 谭清美，夏后学．市民化视角下新型城镇化与产业集聚耦合效果评判 [J]．农业技术经济，2017（4）：106-115.

[227] 檀学文．稳定城市化——个人口迁移角度的城市化质量概念 [J]．中国农村观察，2012（1）：2-12.

[228] 唐任伍．我国城镇化进程的演进轨迹与民生改善 [J]．宏观经济，2013（6）：27-33.

[229] 唐耀华．城市化概念研究与新定义 [J]．学术论坛，2013（5）：113-116.

[230] 唐志军，苏丽．资源错配与我国经济发展研究述评 [J]．湖北经济学院学报，2019，17（2）：16-28.

[231] 陶希东．转型期我国小城镇建设规划的战略思考 [J]．社会科学报，2009（4）：26-30.

[232] 宛群超，邓峰．FDI、科技创新与中国新型城镇化——基于空间杜宾模型的实证分析 [J]．华东经济管理，2017，31（10）：103-111.

[233] 万丽娟，刘媛．中国交通基础设施投资适度性理论及实证检验 [J]．重庆大学学报（社会科学版），2014，20（5）：34-40.

[234] 汪川．工业化、城镇化与经济增长：孰为因孰为果 [J]．财贸经济，2017，38（9）：111-128.

[235] 汪丽，李九全．新型城镇化背景下的西北省会城市化质量评价及其动力机制 [J]．经济地理，2014，34（12）：55-61.

[236] 王碧峰. 城乡一体化问题讨论综述 [J]. 经济理论与经济管理, 2004 (1): 75-79.

[237] 王春晖. 区域异质性、产业集聚与人力资本积累: 中国区域面板数据的实证 [J]. 经济经纬, 2019, 36 (1): 87-94.

[238] 王发曾, 程丽丽. 山东半岛、中原、关中城市群地区的城镇化状态与动力机制 [J]. 经济地理, 2010, 30 (6): 918-925.

[239] 王发曾. 中原经济区的新型城镇化之路 [J]. 经济地理, 2010, 30 (12): 1972-1977.

[240] 王弓, 叶蜀君. 金融集聚对新型城镇化影响的理论与实证研究 [J]. 管理世界, 2016 (1): 174-175.

[241] 王汉斌, 李春鹏. 工业化水平的测度和实证分析 [J]. 学术交流, 2012 (1): 71-75.

[242] 王会, 王奇. 中国城镇化与环境污染排放: 基于投入产出的分析 [J]. 中国人口科学, 2011 (5): 57-66.

[243] 王佳, 陈浩. 交通设施、人口集聚密度对城市生产率的影响——基于中国地级市面板数据的分析 [J]. 城市问题, 2016 (11): 53-60.

[244] 王金营, 李佳黛. 京津冀各市新型城镇化发展评价——基于京津冀协同发展的考察 [J]. 人口与经济, 2017 (6): 58-70.

[245] 王俊, 李佐军. 拥挤效应、经济增长与最优城市规模 [J]. 中国人口·资源与环境, 2014, 24 (7): 45-51.

[246] 王兰英, 杨帆. 创新驱动发展战略与中国的未来城镇化建设 [J]. 中国人口·资源与环境, 2014, 24 (9): 163-169.

[247] 王黎明. 中国特色的新型城镇化道路研究 [J]. 改革与战略, 2014 (2): 96-99.

[248] 王丽艳, 杨楠, 张颖, 等. 幸福感视域下我国新型城镇化质量提升路径探讨 [J]. 城市发展研究, 2016, 23 (8): 14-21.

[249] 王平, 王琴梅. 新型城镇化的经济增长效应及其传导路径 [J]. 新疆大学学报 (哲学·人文社会科学版), 2015, 43 (6): 1-8.

[250] 王琴梅, 方妮. 乡村生态旅游促进新型城镇化的实证分析——以西安市长安区为例 [J]. 旅游学刊, 2017, 32 (1): 77-88.

[251] 王绍芳, 王岚, 石学军. 创新驱动视角下县域新型城镇化发展对策研究 [J]. 经济纵横, 2017 (7): 69-73.

[252] 王树春, 王俊. 论新常态下提高城镇化质量的动力机制 [J]. 贵州社会科学, 2016 (1): 117 - 121.

[253] 王颂吉, 白永秀. 城乡要素错配与中国二元经济结构转化滞后: 理论与实证研究 [J]. 中国工业经济, 2013 (7): 31 - 43.

[254] 王颂吉, 黎思灏. 改革开放以来中国城镇化的规模扩张到质量提升 [J]. 江西社会科学, 2018, 38 (8): 55 - 65.

[255] 王婷, 缪小林. 中国城镇化: 演进逻辑与政策启示 [J]. 西北人口, 2016, 37 (5): 57 - 63.

[256] 王卫, 田红娜. 劳动力空间错配的测度与效率损失 [J]. 统计与决策, 2019 (22): 105 - 108.

[257] 王向清. "大跃进" 时期中国共产党重要会议及特点论述 [J]. 党史研究与教学, 2012 (4): 22 - 29.

[258] 王小鲁, 夏小林. 优化城市规模, 推动经济增长 [J]. 经济研究, 1999 (9): 22 - 29.

[259] 王小鲁. 中国城市化路径与城市规模的经济学分析 [J]. 经济研究, 2010, 45 (10): 20 - 32.

[260] 王晓玲. 以人为本的城市化实现途径研究 [J]. 济南大学学报 (社会科学版), 2009 (1): 16 - 19.

[261] 王秀芝, 孙妍. 我国城镇化进程中 "迁移谜题" 的解释——人力资本差异视角 [J]. 人口与经济, 2015 (3): 57 - 67.

[262] 王业强, 魏后凯. 大城市效率锁定与中国城镇化路径选择 [J]. 中国人口科学, 2018 (2): 24 - 38.

[263] 王勇, 王亮, 余升国. 自贸区离岸金融制度创新理论分析框架 [J]. 上海经济研究, 2018 (5): 93 - 104.

[264] 王雨飞, 冷志明, 丁如曦. 中国新型城镇化道路与房地产市场发展转型——"新型城镇化与房地产发展学术论坛" 综述 [J]. 经济研究, 2016, 51 (2): 181 - 185.

[265] 王玉波, 姚双双. 土地财政与城镇化关系时空差异研究 [J]. 华中农业大学学报 (社会科学版), 2017 (3): 105 - 115.

[266] 王振坡, 张馨芳, 宋顺锋. 我国城市交通拥堵成因分析及政策评价——以天津市为例 [J]. 城市发展研究, 2017, 24 (7): 118 - 124.

[267] 王政武. 基于现代农业支撑的广西新型城镇化发展路径探析 [J].

广西社会科学，2015（3）：80 - 84.

[268] 王周伟，柳闫. 金融集聚对新型城镇化支持作用的空间网络分解 [J]. 上海师范大学学报（哲学社会科学版），2016，45（2）：45 - 55.

[269] 魏后凯. 坚持以人为核心推进新型城镇化 [J]. 中国农村经济，2016（10）：11 - 14.

[270] 魏文轩. 新型城镇化条件下产业集聚政策的效用及创新 [J]. 湖北农业科学，2014，53（5）：1196 - 1200.

[271] 温铁军，温厉. 中国的"城镇化"与发展中国家城市化的教训 [J]. 中国软科学，2007（7）：24 - 30.

[272] 温忠麟，叶宝娟. 中介效应分析：方法和模型发展 [J]. 心理科学进展，2014，22（5）：731 - 745.

[273] 文魁，徐则荣. 制度创新理论的生成与发展 [J]. 当代经济研究，2013（7）：52 - 56.

[274] 吴福象，刘志彪. 城市化群落驱动经济增长的机制研究：来自长三角16个城市的经验证据 [J]. 经济研究，2008（11）：126 - 136.

[275] 吴鸣然，赵敏. 市场化的联结与推动对工业集聚与工业生态效率的影响——基于我国东部地区的分析 [J]. 南京工业大学学报（社会科学版），2017，16（4）：115 - 123.

[276] 吴松弟. 中国人口史 第3卷 辽宋金元时期 [M]. 上海：复旦大学出版社，2000.

[277] 吴巍，陈定，陈敏，等. 城乡一体化视角下农民就地城镇化影响因素研究——以南昌市边缘区为例 [J]. 城市发展研究，2017，24（8）：11 - 16.

[278] 吴闫. 我国小城镇概念的争鸣与界定 [J]. 小城镇建设，2014（6）：50 - 55.

[279] 吴翌琳，张心雨. 城镇化背景下农民进城定居意愿及影响因素分析 [J]. 经济学家，2018（2）：88 - 92.

[280] 吴又红，李旭红. 城镇化过程中的成本与收益——基于流动人口的视角 [J]. 现代经济探讨，2019（12）：126 - 132.

[281] 吴宗杰，刘广亮，董会忠. 山东省工业化、城镇化与农业现代化互动关系研究 [J]. 华东经济管理，2017，31（8）：12 - 17.

[282] 武廷海. 建立新型城乡关系走新型城镇化道路——新马克思主义视野中的中国城镇化 [J]. 城市规划，2013（11）：9 - 19.

［283］武勇杰，张梅青．新型城镇化、交通网络化与服务业集聚——基于时空耦合的视阈［J］．软科学，2016，30（6）：1-5.

［284］兀晶，高辉．基于VAR模型的经济增长、产业结构调整与城镇化的关系研究［J］．宏观经济研究，2017（9）：47-55.

［285］席强敏，李国平．超大城市规模与空间结构效应研究评述与展望［J］．经济地理，2018，38（1）：61-68.

［286］夏柱智．虚拟确权：农地流转制度创新［J］．南京农业大学学报（社会科学版），2014，14（6）：89-96.

［287］向春玲．中国特色城镇化道路的探索与选择［J］．江苏行政学院学报，2004（6）：61-66.

［288］向国成，江鑫．"小而无当"但"过犹不及"：人口规模与城市生产率的关系研究［J］．产业经济研究，2019（6）：115-126.

［289］肖峰，韩兆洲．区域新型城镇化水平测度与空间动态分析［J］．统计与决策，2017（5）：101-104.

［290］肖金成，刘保奎．改革开放40年中国城镇化回顾与展望［J］．宏观经济研究，2018（12）：18-29.

［291］肖磊，潘劼．人口流出地区城镇化路径机制再认识——以四川省县域单元为例［J］．地理科学进展，2020，39（3）：402-409.

［292］肖磊．信用创造、虚拟资本与现代经济运行——兼论我国实体经济与虚拟经济的关系［J］．当代经济研究，2019（12）：85-96.

［293］肖挺．中国城市交通基础设施建设对本地就业的影响［J］．中国人口科学，2016（4）：96-104.

［294］肖文，王平．外部规模经济、拥挤效应与城市发展：一个新经济地理学城市模型［J］．浙江大学学报（人文社会科学版），2011，41（2）：94-105.

［295］谢露露．产业集聚和创新激励提升了区域创新效率吗——来自长三角城市群的经验研究［J］．经济学家，2019（8）：102-112.

［296］谢天成，施祖麟．中国特色新型城镇化概念、目标与速度研究［J］．经济问题探索，2015（6）：112-117.

［297］熊湘辉，徐璋勇．中国新型城镇化进程中的金融支持影响研究［J］．数量经济技术经济研究，2015，32（6）：73-89.

［298］熊湘辉，徐璋勇．中国新型城镇化水平及动力因素测度研究［J］．数量经济技术经济研究，2018，35（2）：44-63.

[299] 徐维祥，杨蕾，刘程军，等．长江经济带创新产出的时空演化特征及其成因 [J]．地理科学，2017，37（4）：502-511.

[300] 徐有威，陈熙．三线建设对中国工业经济及城市化的影响 [J]．当代中国史研究，2015，2（4）：81-92.

[301] 徐至寒，金太军，徐枫．城市新移民社会融合路径的障碍及其消解——基于资本要素禀赋的视角 [J]．经济社会体制比较，2016（1）：57-66.

[302] 许经勇．分税制、土地资本化、土地财政与城镇化转型 [J]．福建论坛（人文社会科学版），2016（11）：5-9.

[303] 许维勤．区域城镇化发展的路径选择 [J]．福建论坛（人文社会科学版），2013（9）：155-159.

[304] 许文静，方齐云．城乡收入差距、市场化与城镇化 [J]．经济问题探索，2018（5）：100-109.

[305] 许学强，薛凤旋，阎小培．中国乡村——城市转型与协调发展 [M]．北京：科学出版社，1998.

[306] 严善平．城市劳动力市场中的人员流动及其决定机制——兼析大城市的新二元结构 [J]．管理世界，2006（8）：8-17.

[307] 颜德如，岳强．城乡基本公共服务均等化的实现路径探析 [J]．学习与探索，2014（2）：43-47.

[308] 杨超，刘彤．当前中国城乡利益格局失衡困境与调整路径 [J]．湖北社会科学，2016（1）：43-48.

[309] 杨刚强，邢艺竞．金融支持促进基本公共服务均等化了吗？——基于长江经济带11省（市）实证分析 [J]．上海经济研究，2020（4）：83-98.

[310] 杨君，贺际康，陈丹玲．长中城市群区域一体化与土地利用效率耦合关系演变 [J]．城市问题，2019（1）：63-69.

[311] 杨佩卿，姚慧琴．西部城镇化的历史演变、特征及未来路径 [J]．西北大学学报（哲学社会科学版），2016，46（2）：107-113.

[312] 杨佩卿．西部地区新型城镇化发展目标与动力机制的相关性分析 [J]．西北大学学报（哲学社会科学版），2020，50（2）：139-149.

[313] 杨其静，卓品，杨继东．质量底线竞争——基于2007~2011年中国地级市面板数据的经验研究 [J]．管理世界，2014（11）：24-34.

[314] 杨庆育，陈立洲．城镇化理论与案例研究 [M]．重庆：西南师范大学出版社，2016.

[315] 杨新华. 分工演变视域中的农村城镇化动力机制研究 [J]. 湘潭大学学报（哲学社会科学版），2015，39（4）：69-73.

[316] 杨新华. 新型城镇化的本质及其动力机制研究——基于市场自组织与政府他组织的视角 [J]. 中国软科学，2015（4）：183-192.

[317] 杨益明. 转型期我国城市化模式研究 [J]. 湖北社会科学，2007（7）：76-79.

[318] 姚士谋，管驰明，房国坤. 高速公路建设与城镇发展的相互关系研究初探——以苏南地区高速路段为例 [J]. 经济地理，2001（3）：300-305.

[319] 姚士谋，李青，武清华，等. 我国城市群总体发展趋势与方向初探 [J]. 地理研究，2010（8）：1345-1354.

[320] 姚士谋，张平宇，余成，等. 中国新型城镇化理论与实践问题 [J]. 地理科学，2014，34（6）：641-647.

[321] 姚旭兵，罗光强，吴振顺. 人力资本对新型城镇化的空间溢出效应 [J]. 华南农业大学学报（社会科学版），2016，15（6）：125-140.

[322] 叶超. 空间正义与新型城镇化研究的方法论 [J]. 地理研究，2019，38（1）：146-154.

[323] 叶克林. 论以小城镇为主体的中国城市化模式 [J]. 管理世界，1986（5）：25-37.

[324] 叶舜赞. 城市化与城市体系 [M]. 北京：科学出版社，1994.

[325] 尹鹏，刘曙光，段佩利. 城市群城镇化效率与经济增长耦合协调关系的实证分析 [J]. 统计与决策，2020，36（8）：102-105.

[326] 于斌斌，陈露. 新型城镇化能化解产能过剩吗？[J]. 数量经济技术经济研究，2019，36（1）：22-41.

[327] 于燕. 新型城镇化发展的影响因素——基于省级面板数据 [J]. 财经科学，2015（2）：131-140.

[328] 余欣荣. 坚持走中国特色农业现代化和新型城镇化协调发展道路 [J]. 农村工作通讯，2013，（18）：13-15.

[329] 余泳泽，宋晨晨，容开建. 土地资源错配与环境污染 [J]. 财经问题研究，2018（9）：43-51.

[330] 喻开志，黄楚蘅，喻继银. 城镇化对中国经济增长的影响效应分析 [J]. 财经科学，2014（7）：52-60.

[331] 袁伟彦. 城乡收入差距和城镇化对城镇居民收入不平等的影响——兼

析市场化程度和对外开放水平的调节作用 [J]. 西部论坛, 2018, 28 (3):
1 – 10.

[332] 袁志刚, 解栋栋. 中国劳动力错配对 TFP 的影响分析 [J]. 经济研究, 2011 (7): 4 – 17.

[333] 岳书敬, 杨阳, 许耀. 市场化转型与城市集聚的综合绩效——基于绿色发展效率的视角 [J]. 财经科学, 2015 (12): 80 – 91.

[334] 张呈琼. 中国人口发展史 [M]. 北京: 中国人口出版社, 1998.

[335] 张川川. 中国的产业政策、结构变迁和劳动生产率增长 1990 ~ 2007 [J]. 产业经济评论, 2017 (4): 17 – 33.

[336] 张芬. 中国的地区和城乡经济发展差异——从交通基础设施建设的角度来看 [J]. 武汉大学学报 (哲学社会科学版), 2007 (1): 25 – 30.

[337] 张福磊, 曹现强. 中国城市群的空间特性与治理体系 [J]. 学习与实践, 2018 (12): 5 – 15.

[338] 张光辉. 新型城镇化、户籍制度改革与农民工市民化研究 [J]. 产经评论, 2019, 10 (5): 108 – 123.

[339] 张光南, 宋冉. 中国交通对"中国制造"的要素投入影响研究 [J]. 经济研究, 2013, 48 (7): 63 – 75.

[340] 张合林, 刘颖. 我国城乡一体化与土地市场制度关系的实证分析 [J]. 财经科学, 2017 (9): 84 – 95.

[341] 张洪祥. 近代中国通商口岸与租界 [M]. 天津: 天津人民出版社, 1993.

[342] 张换兆, 郝寿义. 城市空间扩张与土地集约利用 [J]. 经济地理, 2008, 28 (3): 419 – 424.

[343] 张明斗, 葛于壮. 民族地区城镇化发展模式及路径创新——基于四川、广西、贵州等地的调研分析 [J]. 民族学刊, 2019 (2): 49 – 56.

[344] 张士杰, 李勇刚. 城镇化质量、动力因子与新型城镇化的路径选择——基于中部六省的实证研究 [J]. 华东经济管理, 2016, 30 (12): 86 – 91.

[345] 张泰城, 张小青. 中部地区城镇化的动力机制及路径选择研究 [J]. 经济问题, 2007 (2): 47 – 49.

[346] 张文婷, 温宗国. 资源环境约束下中国新型城镇化发展模式研究 [J]. 中国人口·资源与环境, 2016, 26 (5): 385 – 388.

[347] 张学良. 中国交通基础设施与经济增长的区域比较分析 [J]. 财经

研究，2007（8）：51 – 63.

［348］张雪玲，叶露迪．新型城镇化发展质量提升创新驱动因素的实证分析［J］．统计与决策，2017（9）：93 – 96.

［349］张延，张静．城镇化对房价的影响：理论与实证分析［J］．财政研究，2016（6）：95 – 102.

［350］张永岳．我国新型城镇化的推进路径［J］．华东师范大学学报：哲学社会科学版，2014（1）：92 – 102.

［351］张占斌．新型城镇化的战略意义和改革难题［J］．国家行政学院学报，2013（1）：48 – 54.

［352］张治栋，吴迪，周姝豆．生产要素流动、区域协调一体化与经济增长［J］．工业技术经济，2018，37（11）：58 – 66.

［353］张宗军，孙祁祥．外生型城镇化发展的驱动机制与融资路径转换——基于 SDM 的实证检验［J］．经济科学，2018（5）：56 – 67.

［354］赵冈．中国城市发展发展史论集［M］．北京：新星出版社，2006.

［355］赵晶晶，李清彬．我国交通基础设施建设与城市化的互动关系——基于省际面板数据的经验分析［J］．中央财经大学学报，2010（8）：69 – 74.

［356］赵静华．空间正义视角下城乡不平衡发展的治理路径［J］．理论学刊，2018（6）：124 – 130.

［357］赵康杰，景普秋．新中国 70 年城乡互动与城乡一体化演进［J］．南开学报（哲学社会科学版），2019（4）：23 – 35.

［358］赵莎莎，张东辉，陈汝影．中国城镇化水平和人力资本对全要素生产率的影响［J］．城市问题，2019（7）：59 – 67.

［359］赵新平，周一星．改革以来中国城市化道路及城市化理论研究述评［J］．中国社会科学，2002（2）：132 – 138.

［360］赵燕菁．城市的制度原型［J］．城市规划，2009（10）：9 – 18.

［361］赵永平，徐盈之．新型城镇化发展水平综合测度与驱动机制研究——基于我国省际 2000 – 2011 年的经验分析［J］．中国地质大学学报（社会科学版），2014，14（1）：116 – 124.

［362］赵永平．新型城镇化发展水平测度及其时空差异分析［J］．西安电子科技大学学报（社会科学版），2016，26（5）：60 – 68.

［363］赵永平．中国城镇化演进轨迹、现实困境与转型方向［J］．经济问题探索，2016（5）：130 – 137.

［364］赵玉红，陈玉梅. 我国城镇化发展趋势及面临的新问题［J］. 经济纵横，2013（1）：54 - 56.

［365］郑怡林，陆铭. 大城市更不环保吗？——基于规模效应与同群效应的分析［J］. 复旦学报（社会科学版），2018，60（1）：133 - 144.

［366］郑振源，蔡继明. 城乡融合发展的制度保障：集体土地与国有土地同权［J］. 中国农村经济，2019（11）：2 - 15.

［367］中国金融40人论坛课题组. 加快推进新型城镇化：对若干重大体制改革问题的认识与政策建议［J］. 中国社会科学，2013（7）：59 - 76.

［368］中国新型城镇化研究课题组. 中国新型城镇化的内涵特点及政策建议［J］. 新型城镇化建设专题，2014（6）：29 - 33.

［369］中华人民共和国中央人民政府. 国务院关于农民进入集镇落户问题的通知［EB/OL］. http://www. gov. cn/zhengce/content/2016 - 10/20/content _5122291. htm.

［370］中华人民共和国中央人民政府. 我国儿童福利机构十年增长3倍多［EB/OL］. http://www. gov. cn/xinwen/2019 - 05/31/content_5396447. htm.

［371］钟兵. 新型城镇化中新生代农民工人力资本化研究［J］. 宏观经济管理，2016（8）：53 - 57.

［372］周爱民. 当前我国养老保障制度改革的现状、面临的挑战及其对策探讨［J］. 湖南社会科学，2019（6）：133 - 140.

［373］周慧，曾冰. 交通基础设施促进了中部地区城镇化发展吗？——基于面板数据的空间计量证据［J］. 华东经济管理，2016，30（9）：75 - 79.

［374］周加来. 城市化、城镇化、农村城市化、城乡一体化——城市化概念辨析［J］. 中国农村经济，2001（5）：40 - 44.

［375］周其仁. 工业化超前、城市化滞后［J］. 中国对外贸易，2012（5）：37.

［376］周祥胜，陈洋，赵嘉新，等. 城镇化发展的"差异化"路径研究——以广东省为例［J］. 城市发展研究，2012（8）：3 - 8.

［377］周一星. 城市地理学［M］. 北京：商务印书馆，1995.

［378］周一星. 城市发展战略要有阶段论观点［J］. 地理学报，1984，39（4）：359 - 369.

［379］周泽炯，陆苗苗. 战略性新兴产业自主创新能力的驱动因素研究［J］. 吉首大学学报（社会科学版），2019，40（1）：30 - 38.

［380］朱广黔．论我国城市管理创新的动因与模式研究［J］．理论与改革，2013（1）：120－122.

［381］朱洪祥，雷刚，吴先华，等．基于预警指标体系的城镇化质量评价——对山东省城镇化质量评价体系的深化［J］．城市发展研究，2011，18（12）：7－12.

［382］朱孔来，李静静，乐菲菲．中国城镇化进程与经济增长关系的实证研究［J］．统计研究，2011，28（9）：80－87

［383］朱绍侯，齐涛，王育济．中国古代史［M］．福州：福建人民出版社，2010.

［384］庄林德，张京祥．中国城市发展与建设史［M］．南京：东南大学出版社，2002.

［385］邹农俭．城市化与城市现代化［J］．城市问题，2007（10）：7－10.

英文部分：

［1］Alonso W. Location and Land Use：Towarda General Theory of Land Rent［M］．MA：Harvard University Press，1964.

［2］Alonso W. The Economics of Urban Size［J］．Paper in Regional Science，1971，26（1）：67－83.

［3］Arora R U. Financial Sector Development and Smart Cities：The Indian Case［J］．Sustainable Cities and Society，2018，42（10）：52－58.

［4］Aschauer D A. Is Public Expenditure Productive?［J］．Journal of Monetary Economies，1989（2）：177－200.

［5］Atis E E, IneseL E. From Industrial City to the Creative City：Development Policy Challenges and Liepaja Case［J］．Procedia Economics and Finance，2016（39）：122－130.

［6］Braunerhjelm, Pontus, Ding, et al. The Knowledge Spillover Theory of Intrapreneurship, Labour Mobility and Innovation by Firm Size［J］．small business economics，2018，51（1）：1－30.

［7］Brymer R A, Chadwick C, Hill A D, et al. Pipelines and their Portfolios：A More Holistic View of Human Capital Heterogeneity via Firm－wide Employee Sourcing［J］．Academy of Management Perspectives，2019，33（2）：207－233.

［8］Chenery H B, Syrquin M. Patterns of Development：1950~1970［M］．Oxford：Oxford University Press，1975.

[9] Childe V G. The Urban Revolution [J]. Town Planning Review, 1950, 21 (1): 3 – 19.

[10] Christopher Wilson. The Dictionary of Demogra – phy [Z]. Oxford: Basil Blackwell Ltd, 1986.

[11] Downs A. Can Traffic Congestion be Cured? [J] . The Washington Post, 2006 (4): 955 – 974.

[12] Earl M. Knowledge Management Strategies: Toward a Taxonomy [J]. Journal of management information systems, 2001, 18 (1): 215 – 233.

[13] Gisser M . Schooling and the Farm Problem [J]. Econometrica, 1965, 33 (3): 582 – 592.

[14] Hansen B E. Sample Splitting and Threshold Estimation [J]. Econometrica, 2000, 68 (3): 575 – 603.

[15] Henderson J V, Logan J R, Choi S. Growth of China's Medium – size cities [J]. Brookings – Wharton Papers on Urban Affairs, 2005, 33 (3): 263 – 303.

[16] Julio A B, Soloaga I. Small and Medium Cities and Development of Mexican Rural Areas [J]. World Development, 2018, 107 (7): 277 – 288.

[17] Juraschek M, Bucherer M, Schnabel F, et al. Urban Factories and Their Potential Contribution to the Sustainable Development of Cities [J]. Procedia CIRP, 2018, 69 (4): 72 – 77.

[18] Kizilkaya O, Ay A, Akar G. Dynamic Relationship Among Foreign Direct Investments, Human Capital, Economic Freedom and Economic Growth: Evidence from Panel Cointegration and Panel Causality Analysis [J]. Theoretical & Applied Economics, 2016, 23 (3): 127 – 140.

[19] Le Sage J P, Pace R K. Introduction to Spatial Econometrics [M]. Boca Raton, US: CRC Press Taylor & Francis Group, 2009.

[20] Le Sage J, Pace R K. Introduction to Spatial Econometrics [M]. New York: Taylor & Francis Group, LLC, 2009.

[21] Louis Wirth. Urbanism As a Way of Life [J]. American Journal of Sociology, 1938 (44): 1 – 24.

[22] McKinnon R I. Money and Capital in Economic Development [J]. World Development, 1973, 2 (3): 87 – 88.

[23] Michaels G, Rauch F and Redding S J. Urbanization and Structural Trans-

formation [J]. Quarterly Journal of Economics, 2012, 127 (2): 20.

[24] Northam. New Approaches to Crop Yield Insurance in Developing Countries [J]. International Food Research Institute, 1979 (2): 22 - 25.

[25] Peres R, Muller E, Mahajan V. Innovation Diffusion and New Product Growth Models: A Critical Review and Research Directions [J]. International Journal of Research in Marketing, 2010, 27 (2): 91 - 106.

[26] Puga D. The Rise and Fall of Regional Inequalities [J]. European Economic Review, 1999, 43 (2): 303 - 334.

[27] Qadeer M A. Urbanization by Implosion [J]. Habitat International, 2004, 28 (1): 1 - 12.

[28] Rauf A, Khan A A, Ali S, et al. Fiscal Decentralization and Delivery of Public Services: Evidence from Education Sector in Pakistan [J]. Studies in Business and Economics, 2017, 12 (1): 174 - 184.

[29] Romer P M. Increasing Returns and Long - run Growth [J]. Journal of political economy, 1986, 94 (5): 1002 - 1037.

[30] Rudra P. Pradhan. Investigating the Causal Relationship between Transportation Infrastructure, Financial Penetration and Economic Growth in G - 20 Countries [J]. Research in Transportation Economics, 2019, 78 (12): 100766.

[31] Scott A J. Regional Motors of the Global Economy [J]. Future, 1996, 28 (5): 391 - 411.

[32] Stuart S. Rosenthal. Chapter 49 Evidence on the Nature and Sources of Agglomeration Economies [J]. Handbook of Regional and Urban Economics, 2004 (4): 49 - 51.

[33] Sunanda Sen. Finance in China after WTO [J]. Economic & Political Weekly, 2005, 40 (6): 565 - 571.

后　记

城镇化是现代化的必由之路。积极稳妥和高质量推进城镇化，能够为2035年基本实现社会主义现代化提供强大动力和重要支撑。以人为核心的新型城镇化是一个全新的中国式命题，既没有现成的国际经验和模式可循，也没有其他国家的城市化路径可复制，因此，如何有效推动以人为核心的新型城镇化发展成为我国各级政府、专家学者和社会各界人士共同关注的重大问题。

我们长期致力于城镇化问题的研究，积极服务国家战略需求和地方经济发展需要，及时对上述重要问题进行了学术思考，认为在新发展阶段有效推进以人为核心的新型城镇化重点在于寻求新动力和重构新路径，并以此成功获批2016年度国家社会科学基金一般项目"以人为核心的新型城镇化动力机制与路径重构研究"（项目编号：16BJL064），本书是该项目的最终研究成果，在此感谢国家社会科学基金对本书的支持！

自本研究立项以来，我们经过不断思考、讨论、优化、再思考、再讨论、再优化……的艰辛探索，历时五载，最终成稿，在此对课题组成员的通力合作和不懈努力表示衷心的感谢！本书的写作任务分工如下：赵永平总体负责设计研究提纲，并且撰写第一章、第七章内容；廖世春撰写第二章内容；王可苗撰写第三章内容；王义龙撰写第四章内容；熊帅撰写第五章内容；吴旭撰写第六章内容；田万慧完成了部分章节的文献成果梳理工作；王佩珺完成了部分章节数据搜集与整理工作，全书最终由赵永平负责统稿。此外，朱威南、王彦雯、汉玉玲、张静、李倩倩、刘巍、刘轰、蒲若馨、王雨晨、林鑫、王彦平、王俊超、刘艳玲、王洁蕊、廖惠琴等人也参与了本书的研讨工作。

在此，对研究过程中参阅文献的作者表示诚挚的谢意！由衷感谢兰州财经大学校长王必达教授、东南大学经济管理学院徐盈之教授、兰州财经大学经济学院高云虹教授、西安交通大学经济与金融学院马草原教授、西北师范大学社会发展与公共管理学院韩建民教授等给予的指导和帮助！感谢兰州财经大学学术文库基金的资助支持！

　　由于作者学术水平和能力所限，书中也难免出现不足之处，敬请广大读者和学界同仁批评指正。

赵永平

2023 年 12 月于兰州